Aménagez votre *Jardin*

Aménagez votre *Jardin*

Anna Pavord

Sélection du Reader's Digest

PARIS - BRUXELLES - ZURICH

UN LIVRE DORLING KINDERSLEY

AMÉNAGEZ VOTRE JARDIN
est l'adaptation française de *The Border Book*

Pour Oenone et son futur jardin

ÉDITION ORIGINALE
Directrice éditoriale : Claire Calman • **Directrice artistique :** Gillian Andrews
Assistante éditoriale : Melanie Tham • **Graphiste :** Bob Gordon
Production : Jane Aspden • **Production artistique :** Ina Stradins
Principaux illustrateurs : Sharon Beeden, Martine Collings

ADAPTATION FRANÇAISE
sous la direction de l'équipe éditoriale de Sélection du Reader's Digest
Direction éditoriale : Gérard Chenuet
Responsable de l'ouvrage : Elizabeth Glachant
Lecture-correction : Emmanuelle Dunoyer
Couverture : Françoise Boismal, Dominique Charliat
Fabrication : Jacques Michiels

Réalisation de l'adaptation française :
AMDS (Atelier Martine et Daniel Sassier)
5, rue Sivel 75014 Paris
Traducteurs : Claude Lauriot Prévost, Hervé Lauriot Prévost, Martine Sassier
Conseillère de la rédaction : Catherine Ruetschmann, ingénieur horticole

Montage PAO : Atelier Lauriot Prévost
Montage maquette : Évelyne Brochard

COUVERTURE : PERDEREAU : The Old Rectory Burghfield
4e de couverture : *Plate-bande tropicale pour l'été,* pp. 32-35
Page 2 : *L'intérêt du feuillage dans une composition printanière ombragée.*
Les feuilles pourpre foncé de Viola labradorica *contrastent avec les rubans vert doré de* Milium effusum *'Aureum'.*
*Les fleurs rose pâle d'*Anemone nemorosa *forment un bel écrin pour les autres plantes plus colorées.*

PREMIÈRE ÉDITION

ISBN : 2-7098-0550-2

Printed in Great Britain

PRÉFACE

Pourquoi jardinons-nous ? Les psychologues ne se sont heureusement pas encore penchés sur la question. Leur réponse nous aurait certainement profondément déroutés. Cette activité nous libère en effet de notre calendrier organisé autour des soucis pratiques et quotidiens et nous transporte dans un monde différent qui échappe entièrement à notre contrôle. Un monde où le temps s'écoule au rythme de la naissance, de la vie, de la reproduction et de la mort des plantes. Pour bien réussir dans ce domaine, nous devons respecter ce cycle de la vie, et même y participer.

Mais un jardin est une construction artificielle. Dans l'enceinte d'un mur, le paysage ne ressemblera jamais à ce qu'il serait en pleine nature. Nous nous efforçons d'en faire un endroit qui nous plaît, dans lequel nous nous sentons bien. Nous jardinons parce que nous aimons protéger, élever nos fragiles plantations. Nous jardinons pour créer, même si nous ne savons ni peindre, ni sculpter.

Les débutants espèrent toujours bénéficier de bons conseils : quand mettre en terre les narcisses, comment tailler les clématites, où semer les graines. Comme l'éducation d'un enfant, le jardinage est le fruit d'expériences, et non de connaissances livresques. Ici, les règles n'existent que pour être transgressées. Au départ, elles jouent le rôle d'un garde-fou, mais elles peuvent se révéler décevantes. En fait, un jardinier n'est jamais mieux servi que par son sens de l'observation. Les modifications du climat, des saisons et du sol l'obligent sans cesse à édicter ses propres lois. Le jardinage est un perpétuel apprentissage. Plus vous en savez, plus vous vous sentez ignorant.

Votre jardin sera classique, campagnard, structuré ou dépouillé, ou encore tellement original que personne, nulle part, n'aura créé le même. Ne permettez pas que l'on détruise vos rêves. Suivez votre instinct. Ne craignez pas les essais les plus fous. Et surtout, laissez parler – haut et fort – votre imagination.

ANNA PAVORD

Sommaire

Les plates-bandes mixtes 22

Les îlots et autres massifs 56

Les angles 86

COMMENT UTILISER CET OUVRAGE

Il existe plusieurs milliers d'espèces de plantes, et un nombre incalculable de façons de les associer. *Aménagez votre jardin* vous propose de créer des compositions originales et adaptées à toutes sortes de sites, depuis le grand parterre classique convenant aux jardins chauds et ensoleillés jusqu'aux minuscules îlots informels qui animent une terrasse. Vous pouvez vous servir des plans proposés comme vous le feriez d'une recette de cuisine – en les respectant scrupuleusement ou seulement en vous en inspirant. Une grande illustration présente chacun d'entre eux tel qu'il sera si vous le reproduisez à la lettre. Des variations vous suggèrent des espèces convenant éventuellement mieux à vos goûts ou à votre jardin.

INTRODUCTION – À LA RECHERCHE DE L'HARMONIE

L'harmonie des plantations se fonde sur des principes qui permettent de créer des massifs dans les meilleures conditions, en combinant agréablement les plantes pour réaliser un ensemble équilibré et un contraste de formes et de couleurs. Cette introduction présente aussi les styles, l'intérêt du feuillage, de la texture et des parfums, et vous guide dans votre choix.

LES PLANS

Ce livre est divisé en cinq chapitres consacré chacun à un espace particulier. «Les plates-bandes mixtes» propose des compositions destinées à n'être vues que d'un seul côté, tandis que «Les îlots et autres massifs» présente des ensembles que l'on peut admirer sous toutes leurs faces. «Les angles», comme son nom l'indique, s'intéresse aux parterres en coin, et «Les jardins verticaux» aux espèces susceptibles de couvrir murs, pergolas et treillages. «Les endroits oubliés» prend en compte les lieux délaissés du jardin, comme les dallages et les marches. Chacune des compositions présentées forme un tout, avec la liste des plantes, le plan du massif et une illustration le représentant en plein épanouissement.

PLAN

Les légendes ci-dessous précisent les symboles utilisés pour indiquer les types de plantes qui figurent dans le massif – arbres, arbustes, vivaces, annuelles ou bulbes, par exemple.

LES POINTS FORTS

Les qualités essentielles d'un massif ou les caractères d'une composition – combinaisons de couleurs, intérêt des feuillages ou des formes – sont précisés pour vous aider à choisir les plantes qui conviendront le mieux à vos goûts et à votre jardin.

LE SCHÉMA DU MASSIF

Une grande illustration en couleurs, créée spécialement pour représenter chaque composition d'une manière vivante, montre clairement à quoi elle ressemblera quand elle sera pleinement épanouie. Une illustration complémentaire présente les plantes qui fleurissent plus tôt ou plus tard dans l'année, prolongeant ainsi le plaisir.

LISTE DES PLANTES

Chaque plan comporte la liste complète des plantes qui le composent, ainsi que la mention de leur nombre. Les noms latins sont accompagnés des noms communs, quand ils existent. Les quantités sont données à titre indicatif. Elles dépendent bien sûr de la surface dont vous disposez.

PLAN

Un plan précis du massif indique le nom, le nombre de pieds et la situation de chacune des espèces retenues. Le nombre donné correspond à celui qui figure sur la liste des plantes. Les dimensions du massif sont indicatives et vous pouvez les adapter facilement à un emplacement plus petit ou plus grand ou à une forme différente, tout en gardant les mêmes combinaisons.

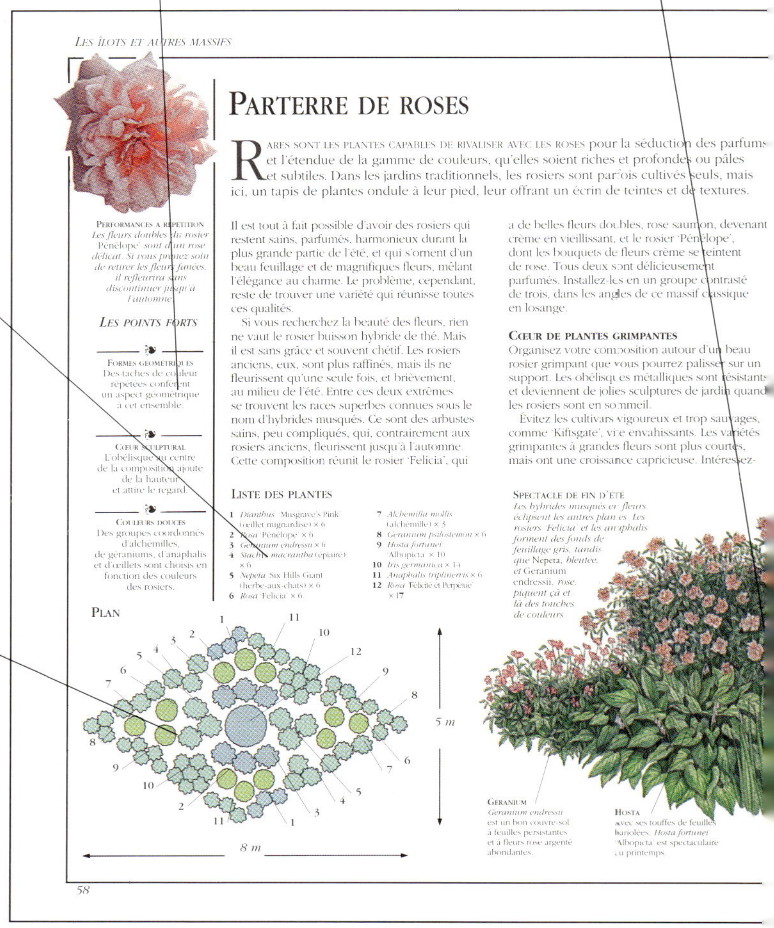
LES ÎLOTS ET AUTRES MASSIFS

PARTERRE DE ROSES

RARES SONT LES PLANTES CAPABLES DE RIVALISER AVEC LES ROSES pour la séduction des parfums et l'étendue de la gamme de couleurs, qu'elles soient riches et profondes ou pâles et subtiles. Dans les jardins traditionnels, les rosiers sont parfois cultivés seuls, mais ici, un tapis de plantes ondule à leur pied, leur offrant un écrin de teintes et de textures.

PERFORMANCES À RÉPÉTITION
Les fleurs doubles du rosier 'Pénélope' sont d'un rose délicat. Si vous prenez soin de retirer les fleurs fanées, il refleurira sans discontinuer jusqu'à l'automne.

LES POINTS FORTS

FORMES GÉOMÉTRIQUES
Des taches de couleur répétées confèrent un aspect géométrique à cet ensemble.

CŒUR SCULPTURAL
L'obélisque au centre de la composition ajoute de la hauteur et attire le regard.

COULEURS DOUCES
Des groupes coordonnés d'alchémilles, de géraniums, d'anaphalis et d'œillets sont choisis en fonction des couleurs des rosiers.

Il est tout à fait possible d'avoir des rosiers qui restent sains, parfumés, harmonieux durant la plus grande partie de l'été, et qui s'ornent d'un beau feuillage et de magnifiques fleurs, mêlant l'élégance au charme. Le problème, cependant, reste de trouver une variété qui réunisse toutes ces qualités.

Si vous recherchez la beauté des fleurs, rien ne vaut le rosier buisson hybride de thé. Mais il est sans grâce et souvent chétif. Les rosiers anciens, eux, sont plus raffinés, mais ils ne fleurissent qu'une seule fois, et brièvement, au milieu de l'été. Entre ces deux extrêmes se trouvent les races superbes connues sous le nom d'hybrides musqués. Ce sont des arbustes sains, peu compliqués, qui, contrairement aux rosiers anciens, fleurissent jusqu'à l'automne. Cette composition réunit le rosier 'Felicia', qui a de belles fleurs doubles, rose saumon, devenant crème en vieillissant, et le rosier 'Pénélope', dont les bouquets de fleurs crème se teintent de rose. Tous deux sont délicieusement parfumés. Installez-les en un groupe contrasté de trois, dans les angles de ce massif classique en losange.

CŒUR DE PLANTES GRIMPANTES
Organisez votre composition autour d'un beau rosier grimpant que vous pourrez palisser sur un support. Les obélisques métalliques sont résistants et deviennent de jolies sculptures de jardin quand les rosiers sont en sommeil.

Évitez les cultivars vigoureux et trop sauvages, comme 'Kiftsgate', vite envahissants. Les variétés grimpantes à grandes fleurs sont plus courtes, mais ont une croissance capricieuse. Intéressez-

LISTE DES PLANTES

1 *Dianthus* 'Musgrave's Pink' (œillet mignardise) × 6
2 *Rosa* 'Pénélope' × 6
3 *Geranium endressii* × 6
4 *Stachys macrantha* (épiaire) × 6
5 *Nepeta* 'Six Hills Giant' (herbe-aux-chats) × 6
6 *Rosa* 'Felicia' × 6
7 *Alchemilla mollis* (alchémille) × 3
8 *Geranium psilostemon* × 6
9 *Hosta fortunei* 'Albopicta' × 10
10 *Iris germanica* × 14
11 *Anaphalis triplinervis* × 6
12 *Rosa* 'Félicité et Perpétue' × 17

PLAN

5 m

8 m

SPECTACLE DE FIN D'ÉTÉ
Les hybrides musqués en fleurs éclipsent les autres plantes. Les rosiers 'Felicia' et les anaphalis forment des fonds de feuillage gris, tandis que Nepeta, *bleutée, et* Geranium endressii, *rose, piquent çà et là des touches de couleurs.*

GÉRANIUM
Geranium endressii est un bon couvre-sol à feuilles persistantes et à fleurs rose argenté abondantes.

HOSTA
avec ses touffes de feuilles bariolées, *Hosta fortunei* 'Albopicta' est spectaculaire au printemps.

58

LE PANORAMA DES PLANTES ET LES VARIATIONS
Chaque composition est complétée par les photographies de toutes les plantes citées, tandis que les conseils pratiques d'entretien sont indiqués sous la rubrique Soins et culture. Lorsque quatre pages sont consacrées à un thème particulier, un ou deux paragraphes proposent des idées pour remplacer certaines espèces par d'autres, voire pour en ajouter. Vous pourrez ainsi adapter le massif ou créer un effet visuel différent, en changeant les couleurs, par exemple.

TEXTE PRÉSENTANT LES VARIATIONS
Ce texte suggère comment transformer la composition originelle pour l'adapter à des conditions particulières – croissance, équilibre des couleurs ou saison de floraison recherchée.

ILLUSTRATION PRÉSENTANT LES VARIATIONS
Elle visualise l'effet obtenu par les modifications du plan. Les plantes originelles apparaissent en grisé, tandis que les nouvelles espèces figurent en couleurs.

SOINS ET CULTURE
De brefs rappels sur les soins qu'il faut apporter à chaque massif apparaissent dans la colonne de gauche. Ces conseils sont regroupés par saison pour faciliter leur mise en pratique.

DESCRIPTION DES PLANTES
Pour chacune des compositions figurent les photographies en couleurs de toutes les plantes citées, accompagnées d'une légende descriptive et d'une estimation de la hauteur et de l'encombrement au sol de l'espèce.

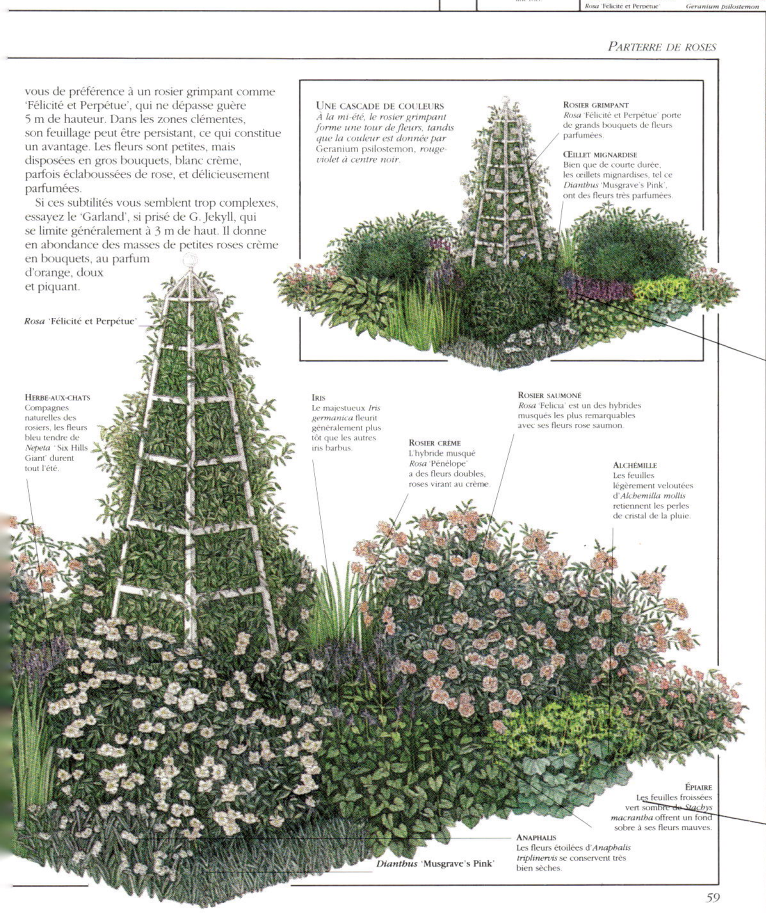

SECONDE SAISON DU MASSIF
Les massifs qui ont un intérêt particulier à une autre saison que celle évoquée dans le texte principal sont représentés par une seconde illustration soulignant leur aspect à une période de l'année différente – au printemps, par exemple, lorsque les bulbes sont en pleine floraison alors qu'ils auront disparu au cours de l'été.

LES CARACTÉRISTIQUES DES PLANTES
Les points forts de chacune des plantes qui figurent dans le massif ainsi que leur rôle spécifique dans l'ensemble sont clairement indiqués.

CONSEILS PRATIQUES
Toutes les informations dont vous avez besoin pour créer vos massifs sont réunies dans le chapitre « Soins et culture » (p. 146-153). Vous y trouverez des conseils pratiques pour planter, nourrir, tuteurer, tailler et multiplier les plantes de votre jardin.

Pour adapter les thèmes proposés à une situation particulière, reportez-vous au « Guide du jardinier » qui regroupe les plantes selon les milieux qui leur conviennent le mieux.

Si vous recherchez une plante précise, vous la trouverez dans l'index à la fois sous son nom latin et sous son nom commun.

À LA RECHERCHE DE L'HARMONIE

Assortir les plantes à l'emplacement choisi est la clé du bon jardinage. Mais vous devrez considérer leurs besoins autant que vos propres goûts. Il est inutile de désirer une plante si vous ne pouvez pas lui offrir les conditions qu'elle demande.

Le rhododendron, par exemple, nécessite un sol acide, de même que le piéris. Il serait stupide d'essayer de les cultiver dans un milieu alcalin. Si vous voulez vraiment en avoir mais que vous ne possédiez pas le sol qui convient, cultivez-les impérativement en pots dans de la terre de bruyère.

L'espace a aussi son importance. Un arbuste qui réclame 3 m^2 de terrain ne sera jamais à l'aise s'il doit sans cesse lutter pour s'enfermer dans 1 m^2. Réfléchissez donc quand vous envisagez de faire des plantations, et tentez d'offrir à vos plantes la garantie d'une vie heureuse à l'endroit que vous aurez choisi pour elles. Un jardin qui n'offrirait que des visions éphémères ne vous donnerait pas satisfaction.

▲ **EXPLOITER L'ESPACE**
Un coin retiré dans cette cour recouverte de gravier est transformé par une masse de plantes, pour la plupart en pots. Il convient aux agaves épineuses, aux succulentes aéoiums (près de la porte), au gingembre feuillu et aux gazanias jaunes.

► **ADAPTEZ VOTRE CHOIX AU TERRAIN**
Un sol riche et humide, tel celui des rives d'un étang, est idéal pour Rodgersia podophylla*. Ses grandes feuilles parfois veinées de bronze, palmées, mettent en valeur les fleurs en candélabre de* Primula pulverulenta *et celles, bleues, d'*Iris sibirica.

À l'état sauvage, certaines plantes s'adaptent à toutes sortes de conditions. Elles pousseront donc dans les endroits les moins favorisés de votre jardin. Une allée gravillonnée peut faire office de rocaille ; un coin sombre dans une cour peut être animé par la présence de plantes qui fleurissent à l'ombre.

Les meilleures conditions

Les mesures données dans ce livre pour les plantes et les compositions ne sont qu'indicatives. Le taux de croissance d'une plante dépend du climat, du sol, et – il faut bien le dire – de la compétence du jardinier.

Il sera peut-être nécessaire de revoir vos arrangements à mesure que les plantes grandiront, et de procéder à des transplantations.

Les compositions ont été classées par types : plates-bandes, massifs, angles, mais rien ne vous empêche d'adapter le plan d'une plate-bande à un angle. N'espérez pas, cependant, que des plantes comme le rodgersia, qui ont besoin d'un sol humide, celui des rives d'un étang par exemple, prospèrent sur un terrain pentu exposé au soleil. Et n'oubliez pas que les caprices du climat et des saisons font parfois échouer les projets les plus soigneusement préparés – ou qu'ils les réalisent au-delà de toutes les espérances !

▲ **Pour terrain sec et ensoleillé**
Les plantes architecturales dominent cet arrangement. Le palmier à éventail, Chamaerops humilis, *surplombe l'ensemble, derrière* Aeonium arboreum *'Atropurpureum'. À droite,* Yucca filamentosa *'Variegata' dont la forme fait écho à celle des feuilles du palmier.*

► **COULEURS PRINTANIÈRES**
L'hellébore orientale s'épanouit au début du printemps ; ses fleurs vont du pourpre profond au blanc le plus pur. L'intérieur des pétales est souvent tacheté de couleurs plus foncées. Les feuilles sont aussi belles que les fleurs.

►► **ATTRAIT PERMANENT**
Les fougères sont assez belles pour se passer de fleurs. Leur forme fait tout leur charme, sans qu'elles aient besoin des attraits de la couleur. Elles sont séduisantes durant une longue période, même lorsque leurs frondes ne sont pas encore déroulées, comme ici, à la fin du printemps.

L'INSTANT OU LA CONTINUITÉ

Au printemps, il est difficile de résister à la séduction des jardineries, où éclate partout le renouveau. Fasciné par les rangées de plantes gorgées de vie, vous allez d'un magnolia à un rhododendron, d'un céanothe à un cognassier, emporté dans un beau rêve.

Cette euphorie printanière présente un gros inconvénient : vous risquez de vous retrouver avec un jardin foisonnant de fleurs au printemps et au début de l'été, et de ne plus rien avoir à admirer ensuite.

Les différentes parties d'un jardin ne peuvent pas être également séduisantes tout au long de l'année. Organisez-vous pour qu'une plate-bande soit belle en automne et en hiver, par exemple, tandis qu'une autre le sera au printemps et en été. Cependant, votre jardin doit présenter une structure stable, faite d'arbustes qui sont un peu comme les meubles importants d'une pièce.

Quand vous choisirez ces plantes de base, préférez celles qui gardent longtemps de l'intérêt en raison de leur forme architecturale remarquable ou de leur très beau feuillage. Certaines doivent avoir des feuilles persistantes : ainsi, en hiver, le jardin ne se transformera pas en un fouillis de feuilles mortes et de branches squelettiques. L'euphorbe *Euphorbia characias* subsp. *wulfenii* est un très bon exemple de plante agréable tout au long de l'année. Ces éléments clés mis en place, comblez les espaces

◄ **PARADE SAISONNIÈRE**
Installez parmi vos plantes vivaces des dahlias de semis à feuilles sombres et des capucines pour leurs belles couleurs d'été. Ces compositions sont une bonne façon d'introduire la diversité dans la vie du jardin.

▲ **DÉLICES D'AUTOMNE**
Les baies et les feuilles aux couleurs changeantes sont des plaisirs d'automne. Le sorbier 'Joseph Rock' porte des baies crème qui évoluent vers le jaune foncé à maturité. Les feuilles, vertes, deviennent orange, rouges ou pourpres en automne.

qu'ils laissent. Dans ce genre de composition, le feuillage est aussi important que l'allure générale. Toutes les plantes ne se font pas remarquer. Il vous faut donc de brillantes plages d'annuelles d'été, mais aussi des faire-valoir. Au bout d'un certain temps, ces dernières deviendront peut-être vos préférées.

Les plantations peuvent s'organiser sur trois niveaux. Dans ce cas, trois groupes de plantes, qui ne s'épanouissent pas nécessairement au même moment, occuperont un même terrain : en hauteur pousseront des arbres et des arbustes, au milieu, des plantes herbacées vivaces et, au ras du sol, des plantes basses, des couvre-sols et des bulbeuses. En utilisant soigneusement l'espace, vous ferez en sorte qu'un arbre à floraison printanière ait à son pied des plantes à floraison d'été et des bulbeuses, des colchiques par exemple, qui s'épanouissent en automne. De cette façon, ce coin de terrain offrira des trésors renouvelés tout au long de l'année.

▲ **ATOUTS DU FEUILLAGE**
Pour un effet durable, choisissez des plantes à feuillage attractif plutôt qu'à brève floraison. Le mélange des crocosmias 'Lucifer' et des dahlias 'Bishop of Llandaff' offre de belles couleurs à la fin de l'été. Ces deux plantes doublent l'espace qu'elles occupent grâce à leurs feuilles. On peut admirer les épées dressées des crocosmias et les feuilles sombres des dahlias bien avant l'apparition des fleurs.

◀ **CAPSULES SCULPTURALES**
Ces pavots, Papaver somniferum, *ont terminé leur floraison, mais leurs capsules impressionnantes dureront jusqu'à la fin de l'été. Elles se conservent bien et entrent dans la composition de bouquets séchés pour la maison. Ces pavots se ressèment naturellement, offrant l'écrin de leur feuillage glauque aux premières fleurs du printemps.*

CHOIX D'UN STYLE

On conseille généralement aux jardiniers novices de dessiner un plan du jardin qu'ils veulent créer. Mais, avant même de vous attaquer à cette tâche, vous devez décider du style : classique, exotique, sauvage, campagnard. Dans un grand espace, on peut combiner plusieurs de ces styles dans différents endroits, séparés par des rideaux d'arbres, des haies ou des murets. S'il est plus petit, vous aurez davantage de contraintes.

L'esprit d'un jardin est dicté par son dessin d'ensemble, mais les plantes qu'il accueillera ont aussi leur importance. Certaines d'entre elles renforcent des styles particuliers. Dans un jardin classique, on s'attend à voir des gazons et des ifs bien taillés, des arbres fruitiers en espalier ou en palmette. Les compositions d'une seule couleur y seront à leur place, ainsi que celles comprenant des plantes originales comme les tritomas ou les acanthes placées à intervalles réguliers pour rompre la monotonie. Bien que ce style se soit épanoui à la Renaissance italienne avec ses balustrades, ses bancs de pierre, ses urnes et ses terrasses, il s'adapte mieux que les autres aux petits jardins citadins. Il a besoin de symétrie, d'arbres à feuilles persistantes, de pierres et – si possible – d'eau.

Dans un jardin sauvage s'adapteront toutes les fleurs sauvages : les coquelicots, aux pétales chiffonnés, les narcisses, aux petites corolles si fraîches, les digitales, à la gorge curieusement tachetée, plantées à la diable sous un pommier. Ici règne la variété : plantes luxuriantes au bord d'un ruisseau, prairie ondulante aux longues herbes et aux fleurs colorées, verger envahi de végétation, sous-bois où des azalées flamboient sur un tapis de jacinthes. Le secret de la réussite n'est pas dans la sophistication : un délicieux désordre est le bienvenu. On ne peut être traditionnel et sauvage à la fois.

Mais les jardins les plus intéressants n'appartiennent souvent à aucune catégorie, car ils sont le fruit d'une vision personnelle. Même s'ils ont joué l'originalité, leurs créateurs restent toujours très attentifs aux plantes et à leur développement. Vous apprendrez, vous aussi, à vous affranchir du joug du conformisme.

► **OPULENCE INFORMELLE**
*Des massifs d'*Euphorbia characias *subsp.* wulfenii *dominent cette plate-bande informelle, composée de plus de feuillage que de fleurs. Le pot en terre est le pivot de l'ensemble, mais n'attire pas trop l'attention. Du feuillage gris, abondant, fait le lien entre les différentes plantes et atténue les contrastes de couleurs.*

▼ **CLASSICISME**
Des touffes de plantes régulièrement répétées – alchémilles et coussins d'acaénas sur le devant, bouquets de rudbeckias au fond – renforcent le classicisme de cette composition. Les urnes disposées symétriquement l'accentuent encore.

▲ **Du côté sauvage**
La bourrache et l'aneth, herbes aromatiques à croissance rapide, s'allient en un ensemble informel qui s'épanouira au milieu de l'été. Les plantes qui se ressèment spontanément, comme le pavot à fleurs roses, sont vos alliées si vous désirez donner un air naturel à votre composition.

Plantes sociables

Certaines plantes, comme certaines personnes, sont à l'aise partout et s'adaptent à tous les styles. C'est le cas des euphorbes. Leurs fleurs, d'un vert acide extraordinaire, s'harmonisent avec toutes sortes de couleurs. Elles sont élégantes avec du blanc, fraîches avec du bleu, étonnantes avec du rose, sophistiquées avec du jaune. Leur structure est aussi un atout : elles ont une bonne tenue et un excellent feuillage. Vous apprendrez vite à reconnaître vos meilleures alliées en commençant à faire des projets pour vos plantations. Quel que soit le style que vous choisirez, préférez les plantes qui ont d'autres qualités que la couleur de leurs fleurs.

► **Mélange de styles**
Le cadre est classique, l'arche en fer semble fixée au sol par deux beaux buis taillés en boule, mais les plantes dans le grand pot sont merveilleusement exubérantes : Melianthus major, *immortelles et ribambelles de marguerites de l'espèce* Argyranthemum foeniculaceum *'Chelsea Girl'.*

Jouer avec les couleurs

La couleur a dominé les théories d'aménagement de jardins durant presque tout ce siècle, surtout depuis que Gertrude Jekyll a mis à la mode ses fameux massifs dégradés du jaune pâle au rouge flamboyant Or, il n'existe pas de règle absolue dans ce domaine. Un jardinier n'est en fait jamais mieux servi que par ses propres observations.

Les plates-bandes unicolores sont en vogue mais, contre toute attente, elles sont difficiles à réussir. Sans compter qu'en faisant ce choix, vous vous privez du plaisir qu'offre une vaste palette. Séparez plutôt par des plantes à feuillage les couleurs que vous craignez de juxtaposer ; et jurez de ne jamais, au grand jamais, planter de jardin blanc. Vous ne le regretterez pas.

Le jaune est la couleur dont se méfient le plus les jardiniers, mais en réalité, il n'entre vraiment en conflit qu'avec une certaine nuance de rose bonbon. Avec du bleu, il produira l'effet Monet. Avec du blanc et associé au vert acide des alchémilles, il donnera un ensemble extrêmement frais. Créez des associations plus paisibles à l'aide de teintes pastel entrecoupées de feuillage gris : mais méfiez-vous tout de même que leur douceur ne vous fasse bâiller d'ennui quand vous les regarderez.

► **Assouplir les règles**
La plante vedette de ce groupe est le crocosmia jaune, qui s'accorde splendidement, contre toute attente, avec les anémones du Japon roses (derrière) et avec les phuopsis d'un rose plus profond (devant). Certains jaunes sont plus harmonieux que d'autres, mais il serait dommage de les bannir tous, comme le font certains jardiniers. Si vous avez des doutes, associez-les au bleu des agapanthes, comme ici.

► **Couleurs fraîches**
Un mélange de fleurs bleues et blanches, vipérines et némophiles, par exemple, donne une fraîcheur très attirante. On peut obtenir cet effet très simplement, en été, par semis de printemps.

◄ **Mur de feuillage**
Le feuillage sombre du sumac 'Royal purple' est idéal pour séparer le rouge vif des tritomas et le rose des phlox. Le feuillage pourpre, qui absorbe et adoucit la lumière, n'a pas toujours sa place dans un jardin, mais il convient bien ici.

► **PALETTE DOUCE**
Dans cette délicate composition, la blancheur crayeuse des fleurs du premier plan est soutenue subtilement par le rose pâle des roses 'Alba' dans le fond et par le crème et le bleu à droite. Elles se détachent toutes avantageusement sur un solide feuillage.

▼ **ARCHE PARFUMÉE**
Des rosiers grimpant sur un simple arceau de métal vous offrent leur parfum là où vous le désirez, à hauteur de votre nez. L'été, les jardins regorgent de senteurs : rosiers grimpants, chèvrefeuille, pois de senteur.

PLAISIRS DES PARFUMS

L'odorat nous permet d'évoquer mille souvenirs. Il crée une quatrième dimension dans le jardin, un paysage à part, invisible, flottant dans l'air, variant selon les saisons. Les fleurs très parfumées sont souvent blanches – seringat, jasmin, lis, muguet – et sont encore plus belles si elles se détachent sur un arrière-plan sombre. Certaines, comme les onagres, libèrent leur parfum le soir venu : délicate attention, car c'est souvent à cette heure du jour que nous pouvons les admirer.

Trop souvent, les horticulteurs sacrifient le parfum à d'autres objectifs : fleurs plus grosses, palette de couleurs plus étendue. Paradoxalement, la perte des arômes naturels des fleurs cultivées va de pair avec la renommée croissante de l'aromathérapie... Or, les parfums sont indispensables à notre équilibre, et nous devons pourtant acheter le privilège de les respirer. Ignorons ces flacons coûteux et cultivons des fleurs odorantes.

► **FEUILLES ODORANTES**
Des plantes au feuillage parfumé comme ce géranium, Pelargonium capitatum, *sont un vrai délice. Froissez une feuille pour libérer le parfum de rose qu'elle renferme.*

FORME ET ALLURE

La forme et l'allure sont aussi importantes que la couleur quand il s'agit d'assortir des plantes. La juxtaposition intelligente de formes contrastées peut au premier abord être moins surprenante qu'un mariage de rouge et d'orange, mais la subtile composition de hauteurs, d'envergures et de textures différentes aura un effet plus durable. Vous ne serez sensible qu'une fois à la surprise provoquée par l'association rose-orange, alors que le contraste entre des rodgersias et de solides fougères comme *Adiantum pedatum*, d'où émergent de grandes tiges de lis blanc, vous enchantera jour après jour.

L'importance des formes est capitale dans un jardin. Si elles manquent dans le plan initial, introduisez-les au fur et à mesure de l'installation de vos plantes. Cela ne signifie pas qu'il faille adopter une seule formule – une plante comme ceci, deux comme cela, et encore une comme ceci –, mais il faut souvent trancher entre trop et trop peu. Dans un petit jardin, ce choix est très contraignant, car on désire toujours y amasser le plus de plantes possible.

En renforçant le tracé des allées, on peut beaucoup influer sur l'aspect général du jardin. Si elles sont droites et larges, elles n'en auront sans doute pas besoin ; les chemins étroits et sinueux, eux, sont fréquemment détrempés et boueux. Pensez à les border avec les mêmes plantes sur toute leur longueur : ils sembleront immédiatement plus importants. Une bordure unifie aussi les plantes de l'arrière-plan : elles semblent aussitôt s'organiser de façon plus cohérente Évidemment, il faut choisir les espèces qui conviennent. Évitez celles qui s'étalent ou celles qui sont trop hautes, car elles porteraient ombrage à leurs voisines.

▲ FORMES CONTRASTÉES
Les grandes feuilles en forme de parapluie des gunnéras sont très étonnantes et constituent un bel arrière-plan. Les feuilles bleu métallique en forme de cœur des hostas forment des touffes bien nettes, tandis que des iris de Sibérie bleus et de grandes tiges aériennes séchées offrent un contraste saisissant.

◀ PLANTES SCULPTURALES
Le panicaut Eryngium giganteum *est une plante bisannuelle imposante. Ses fleurs sont posées comme des cierges dans des candélabres.*

COMPOSITIONS STRUCTURÉES

Les jardins ont besoin eux aussi de phares. Une plante phare est le contraire d'une plante de bordure. Elle doit être audacieuse, fortement architecturée, extravertie : un loup dans la bergerie. Ses feuilles sont généralement plus importantes que ses fleurs. L'aralia est une plante phare classique, mais ses feuilles sont hélas caduques. Le mahonia possède toutes les qualités requises, y compris le parfum. La façon dont vous disposerez les plantes phares guidera vos regards sur le jardin, ainsi que vos déplacements. Utilisez un grand crambé pour créer un obstacle visuel qui dissimule ce que vous voulez cacher tout en intriguant.

TAILLE ET HAUTEUR

Le rapport entre la taille d'une plante et l'espace où elle se trouve offre tout un éventail de possibilités. Les plus hautes ne doivent pas forcément se trouver à l'arrière d'une plate-bande. Disposée devant, une touffe de grandes plantes vivaces élancées, comme *Verbena bonariensis*, introduit une note spectaculaire. Ne croyez pas que, dans un petit jardin, vous ne devrez mettre que des plantes miniatures. En trop grande quantité, elles risquent de lui donner un air apprêté, prétentieux. Un figuier installé dans un petit enclos peut avoir beaucoup de caractère, tout comme un yucca. À vous d'en juger.

► CASCADE DE FEUILLAGE
La fougère Matteucia struthiopteris *n'a pas besoin de fleurs pour faire de l'effet. Ses frondes arquées s'étendent comme les rayons d'une roue en une architecture puissante.*

▼ STRUCTURE DANS L'INFORMEL
Ici, l'euphorbe structure cette plate-bande informelle. Elle est aussi attractive en automne qu'en hiver. La palette de couleurs, bien contrôlée, laisse le regard s'intéresser à la forme des plantes.

▲ LIMITE VIVANTE
Le squelette épuré d'un grand chardon (Onopordon) *ainsi que les flèches bien galbées de delphiniums pourpres dominent cette zone informelle. Des plantes architecturales comme celles-ci sont idéales pour renforcer la structure et la texture d'une composition de plantes aériennes ou en coussinets.*

FEUILLAGE ÉTUDIÉ

Certaines plantes convenant bien pour les plates-bandes, comme les asters, les penstémons et les diverses marguerites, sont assez dépourvues de feuillage. Quand la floraison est terminée, elles sont peu décoratives. Bien qu'un jardinier débutant pense en termes de fleurs, il comprend rapidement l'avantage des feuilles. Elles font la forme, la masse et la texture d'une composition. Elles donnent aussi de la couleur, mais de façon plus subtile que les fleurs, avec des pourpres, des dorés, des bleus, des gris, des argents et des verts par milliers.

Les compositions les plus réussies comptent toujours des plantes à feuillage fort – feuilles grasses des bergénias, aériennes des armoises, épées des phormiums et des yuccas. Les feuilles en épée sont particulièrement utiles pour ponctuer les touffes basses et rondes de très nombreuses plantes herbacées. Il n'en faut pas trop, mais, bien utilisées, elles sont inestimables.

TEXTURES DE SURFACE

Quand vous cherchez à assortir des plantes, pensez aux contrastes et aux échos de texture autant qu'à la forme. Certaines feuilles, comme celles de *Melianthus major*, glauques, cireuses, offrent le plaisir de l'une et de l'autre. Opposez-les au lisse, brillant, pourpre *Hebe* 'La Séduisante' ou à un phormium piquant. La texture est donnée par la surface de la feuille – voyez la couverture épaisse et feutrée de *Stachys byzantina* – et par l'effet de masse. Les feuilles en chevelure légère, comme celles de l'alchémille et de *Meconopsis regia*, retiennent les gouttes de pluie et les transforment en perles argentées. Ces feuillages seront vos alliés dans le jardin.

▲ BUISSON ARDENT
Les feuilles de cet arbuste rustique, Rhus typhina *(sumac amarante), s'enflamment d'orange et de rouge vif quand vient l'automne.*

◄ FEUILLES DESSINÉES
Les feuilles brillantes, éclaboussées d'or du fusain animent cet ensemble de trilliums. Elles sont aussi variées que les plumes des oiseaux : tachées, rayées, pointillées d'argent, de crème ou d'or. Les feuilles luxuriantes des trilliums offrent un sobre arrière-plan à leurs fleurs, en forme de pagode.

► COLLECTION DE FOUGÈRES
Les fougères sont les plantes à feuillage par excellence. Leurs fines frondes découpées contrastent ici avec la surface lisse des grosses pierres. Les scolopendres luisantes, à l'avant, mettent en valeur le feuillage divisé des autres fougères, à l'arrière. Adiantum venustum *orne le mur, à côté de* Dryopteris affinis, *à gauche, et de* Woodwardia unigemmata, *à droite, au dernier rang. Elles poussent partout où le terrain est frais et humide et sont idéales dans les jardins sombres.*

◄ **CONTRASTES DE TEXTURES**
Un léger brouillard de fenouil entoure les fleurs nouvellement écloses de l'alchémille. Cette plante rampante, qui se ressème spontanément, est magnifique tant par ses fleurs que par ses feuilles. Celles-ci, lobées et plissées, ont une forme particulière et une texture veloutée qui complète à merveille le feuillage diaphane du fenouil.

▲ **HABIT LUSTRÉ**
Les feuilles de ce houx commun, Ilex aquifolium *'Argentea Marginata', sont panachées de crème. Mais à ce charme s'ajoute celui de leur texture : elles brillent comme si elles avaient été cirées.*

LES PLATES-BANDES MIXTES

Dans le domaine des plates-bandes, la fantaisie est à l'ordre du jour. Les vieux principes, qui se fondaient sur des plantes herbacées vivaces soigneusement sélectionnées et parfois très difficiles à entretenir, sont loin. Désormais, les arbustes structurent et élargissent l'espace, les bulbes tapissent le sol au printemps, les annuelles explosent de couleurs en été. Et tous savent se contenter de très peu de terrain.

Inflorescences d'hydrangéa
Sur cet Hydrangea aspera villosa, *des têtes serrées de minuscules fleurs sont entourées par des fleurs stériles plus voyantes, rose pâle ou même blanches.*

Les points forts

Ombre sereine
Une composition calme tire le meilleur parti d'un lieu ombragé. Les couleurs sont en général atténuées par le rayonnement chaud de la laîche élevée, *Carex elata* 'Bowles Golden'.

Un tapis vivant
Les épimédiums, les arums bigarrés, les bugles et la menthe noble, amateurs d'ombre, forment sous les arbustes un joli tapis qui évite la croissance des mauvaises herbes.

Couleurs fraîches pour ombre humide

La luxuriance et le mystère caractérisent les plantes qui poussent à l'ombre et n'apprécient pas le plein soleil. En effet, les couleurs pâles y règnent comme des papillons au crépuscule, tandis qu'en plein soleil elles sembleraient délavées. Malgré tout, de nombreux jardiniers sont rebutés par les zones d'ombre. Elles sont pourtant un don du ciel : bien des plantes s'y épanouissent beaucoup mieux qu'ailleurs.

Les ombres transforment l'atmosphère d'un jardin. Elles lui donnent un air recueilli, introverti. Elles vous forcent à ralentir et à prendre le temps de remarquer l'incroyable et extravagante diversité des plantes et des fleurs. De loin, par exemple, vous pourriez penser que les fleurs en dentelle d'*Hydrangea aspera villosa,* qui font partie de cette plate-bande, sont d'un violet soutenu. Mais si vous vous arrêtez et vous penchez sur elles, vous verrez que les bractées externes sont roses et que l'effet de violet vient du bleu brillant des étamines de ces petites fleurs roses, en bouton, au centre des inflorescences.

Liste des plantes

1 *Polygonatum* × *hybridum* (sceau-de-Salomon) × 12
2 *Arum italicum* 'Pictum' × 3
3 *Hydrangea quercifolia* (hortensia à feuilles de chêne) × 1
4 *Scilla siberica* 'Spring Beauty' (scille de Sibérie) × 75
5 *Cotoneaster horizontalis* × 2
6 *Carex elata* 'Bowles Golden' (laîche élevée) × 3
7 *Viburnum plicatum* 'Mariesii' × 1
8 *Epimedium perralderianum* × 5
9 *Mentha* × *gentilis* 'Variegata' × 3
10 *Hydrangea aspera villosa* × 1
11 *Ajuga reptans* 'Atropurpurea' (bugle) × 3
12 *Decaisnea fargesii* × 1

Plan

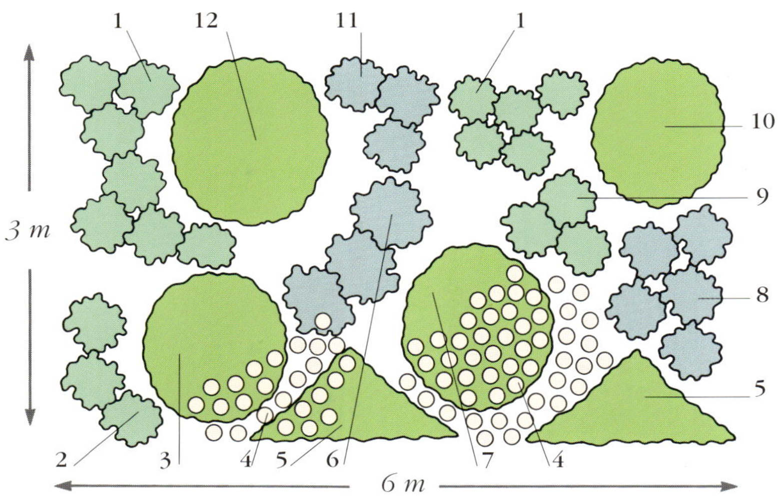

Plantations étagées

Les grands arbustes forment la partie haute de cette composition à trois niveaux. Vous pouvez choisir des plantes herbacées comme des sceaux-de-Salomon (*Polygonatum* × *hybridum*) pour le niveau intermédiaire, et un groupe de plantes basses plus près du sol. Certains des petits arbustes, comme les cotonéasters, proposés pour le premier niveau, ont besoin de beaucoup de terrain et ne supportent de cohabiter qu'avec de très petits bulbes, comme les scilles, qui n'occuperont pas beaucoup d'espace.

Les deux hydrangéas sont les pièces maîtresses de cet agencement, avec la viorne, qui fleurit à la fin du printemps : un cultivar de *Viburnum plicatum* que l'on installe en gradins comme une pièce montée. Les hydrangéas sont très beaux à la fin de l'été, lorsqu'ils sont en fleur. Les espèces utilisées ici ont également un feuillage élégant qui fait durer le plaisir.

Comme les hydrangéas, la viorne reste longtemps intéressante ; elle est donc

Un spectacle pour la fin de l'été
En été, les hydrangéas sont pleinement épanouis avec leurs sommités florales blanches et rose pâle. Des couleurs plus vives sont apportées par les gousses de Decaisnea, *d'un bleu étonnamment foncé, et par les brillantes baies en épi des arums.*

Hortensia à feuilles de chêne
Hydrangea quercifolia est installé ici autant pour son feuillage que pour ses têtes de fleurs blanches.

Sceau-de-Salomon
Polygonatum × *hybridum* est une plante gracieuse aux tiges courbées, chargées de petites fleurs en clochettes.

Arum
Arum italicum 'Pictum' a des feuilles en forme de lame, marbrées de crème, très belles en hiver.

particulièrement appréciée dans les petits jardins, où chaque pouce de terrain doit être valorisé. Sa forme générale, avec ses branches déployées selon des lignes horizontales légèrement ascendantes, la rend agréable même quand elle n'est pas en fleur. Elle a besoin de beaucoup d'espace afin de pouvoir se déployer. Ses fleurs blanches ressemblent à celles de l'hydrangéa : un anneau d'inflorescences stériles entoure un groupe central de fleurs beaucoup plus petites.

COULEURS FRAÎCHES ET BEAU FEUILLAGE
Le blanc prédomine dans cette composition, avec les fleurs pendant des tiges recourbées du sceau-de-Salomon et celles, verdâtres, de *Decaisnea fargesii.* Cette plante a en outre un autre agrément : la vraie surprise qu'elle nous réserve vient de son fruit, longue gousse bleuâtre en forme de saucisse. Quant à son feuillage, il est extrêmement élégant, avec ses feuilles longues disposées par paires autour d'une nervure centrale.

VEDETTE DES BEAUX JOURS
La viorne tient la vedette à la fin du printemps et en été avec ses fleurs en étages. Ses lignes architecturales sont adoucies par les fleurs pendantes de Decaisnea.

VIORNE
Chaque tête plate des petites fleurs de *Viburnum plicatum* 'Mariesii' est entourée de fleurs blanches éclatantes, stériles.

SCILLE
Scilla siberica 'Spring Beauty' fleurit au début du printemps. Elle se reproduit spontanément quand elle se plaît.

DÉCAISNÉA
Aucun autre arbuste ne porte de fruits d'un bleu marine aussi étrange que *Decaisnea fargesii.*

LAÎCHE ÉLEVÉE
De curieuses fleurs ressemblant à des chenilles velues grimpent le long des tiges de la laîche élevée, *Carex elata* 'Bowles Golden', au printemps. Mais son principal attrait réside dans son feuillage brillant.

BUGLE
Bien qu'un peu envahissant, le bugle rampant, *Ajuga reptans* 'Artropurpurea', offre des tapis brillants de feuillage surmontés d'épis de fleurs bleues.

***Viburnum plicatum* 'Mariesii'**

HYDRANGÉA
Des feuilles veloutées et des inflorescences délicatement teintées font d'*Hydrangea aspera villosa* le roi des hydrangéas.

MENTHE NOBLE
Bien plus décorative que les menthes culinaires, la menthe noble, *Mentha × gentilis* 'Variegata', a des feuilles très bigarrées.

ÉPIMÉDIUM
Epimedium perralderianum, avec ses grandes feuilles brillantes, est un excellent couvre-sol et offre, en outre, de belles fleurs jaunes.

COTONÉASTER
Cotoneaster horizontalis 'Variegatus' a des feuilles éclaboussées de taches crème.

PLANTES POUR COINS D'OMBRE

BIEN DES PLANTES QUI AIMENT LE SOLEIL fleurissent mieux quand on ne leur apporte pas trop d'engrais. Celles qui préfèrent l'ombre, en revanche, ont besoin qu'on les nourrisse. Cette composition convient bien à un endroit ombragé, mais régulièrement enrichi et pas trop sec.

Donnez à la viorne beaucoup d'espace et résistez à l'envie de la tailler. Cet arbuste est la symétrie même : si vous coupez une seule branche, vous risquez de détruire tout l'équilibre.

Tenez les décaisnéas en respect en retirant complètement chaque année une ou deux des plus vieilles tiges. La bugle et la menthe noble s'étendent rapidement par stolons et, si on ne les surveille pas, elles risquent d'étouffer les scilles. Laissez en place les têtes des hydrangéas jusqu'au printemps : elles sont particulièrement belles quand elles sont frangées de givre.

SOINS ET CULTURE

PRINTEMPS

Plantez les carex, les menthes et les bugles. Paillez les sceaux-de-Salomon. Plantez les hydrangéas, à cette saison ou à l'automne, et paillez abondamment les plantes déjà installées afin de conserver les racines à l'humidité. Retirez les sommités florales mortes. Une taille régulière n'est pas nécessaire, mais, si les plantes deviennent trop grandes, raccourcissez-les à cette saison. Coupez les vieilles feuilles d'épimédiums et répandez en surface du bon compost avant que les épis de fleurs n'apparaissent.

ÉTÉ

Si nécessaire, retirez quelques-unes des plus vieilles tiges de décaisnéa après la floraison. Plantez les arums dormants.

AUTOMNE

Plantez les viornes, les sceaux-de-Salomon, les décaisnéas et les cotonéasters. Empêchez les plantes voisines de s'accrocher à eux, ce qui risquerait de les faire mourir. Plantez les épimédiums et les bulbes de scille, ces derniers à 8 cm de profondeur.

HIVER

Retirez les vieilles tiges de sceau-de-Salomon.

Polygonatum* × *hybridum (sceau-de-Salomon) *Vivace de forme arquée, à fleurs pendantes verdâtres au printemps. H. 1,20 m ; E. 1 m.*

Decaisnea fargesii *Arbuste à feuilles caduques et grappes de fleurs vert pâle, suivies de grandes gousses bleuâtres. H. et E. 3 m.*

Ajuga reptans 'Atropurpurea' (bugle) *Couvre-sol vivace à feuilles brillantes et fleurs bleues au printemps. H. 15 cm ; E. 1 m.*

Hydrangea aspera villosa *Arbuste à feuilles caduques et fleurs de fin été à mi-automne. H. 3 m ; E. 2,50 m.*

Hydrangea quercifolia (hortensia à feuilles de chêne) *Arbuste en dôme, à feuilles caduques. Joli feuillage en automne et fleurs blanches à partir de la mi-été. H. 2 m ; E. 2,20 m.*

Carex elata 'Bowles Golden' (laîche élevée) *Plante vivace herbeuse à feuilles persistantes jaune doré et petits épis de fleurs brunes en été. H. 40 cm ; E. 15 cm.*

Viburnum plicatum 'Mariesii' (viorne) *Arbuste touffu à feuilles caduques, branches étagées et grosses inflorescences rondes, de fin printemps à début été. H. 3 m ; E. 4 m.*

Mentha gentilis 'Variegata' (menthe noble) *Plante vivace étalée à feuilles aromatiques vert foncé tachetées d'or et fleurs mauves. H. 45 cm ; E. 60 cm.*

Arum italicum 'Pictum' *Plante vivace fleurissant au début du printemps, à feuilles à veines crème en automne, suivies d'épis de baies rouges. H. 25 cm ; E. 30 cm.*

Scilla siberica 'Spring Beauty' (scille de Sibérie) *Bulbeuse vivace à feuilles brillantes et fleurs bleu intense en clochette au début du printemps. H. 15 cm ; E. 5 cm.*

Cotoneaster horizontalis 'Variegatus' *Arbuste à branches rigides portant des feuilles caduques tachetées de crème et des fruits rouges en automne. H. 60 cm ; E. 1,50 m.*

Epimedium perralderianum *Plante semi-persistante, couvre-sol vivace à feuillage luisant et fleurs jaunes au printemps. H. 30 cm ; E. 45 cm.*

VARIATIONS SUR LE PLAN

IL EXISTE PLUSIEURS MOYENS d'adapter ces plantations à des conditions spécifiques. Les hydrangéas poussent facilement dans toutes sortes de sols, pourvu qu'ils soient humides et enrichis de compost. Si vous avez un sol acide, vous pouvez remplacer un hydrangéa par un piéris, ou un cotonéaster par un rhododendron. Vous pouvez également changer de couvre-sol : ici, par exemple, on a utilisé un mélange de blancs, d'ors et de bleus.

Omphalodes cappadocica Vivace à fleurs bleu vif au printemps et en été, émergeant de feuilles parcheminées. H. 15-20 cm ; E. 25 cm ou plus.

COUVRE-SOLS COLORÉS

Les tapis monotones de millepertuis ont fait aux couvre-sols une mauvaise réputation : en pleine maturité pourtant, certains d'entre eux sont aussi chatoyants qu'un tapis d'Orient. Essayez d'introduire des plantes peu envahissantes, à caractères complémentaires et à intérêt durable.

Choisissez des hostas à feuilles chaleureuses. Pour cette composition, la variété de muguet à fleurs blanches, d'une pureté saisissante, est préférable à la variété rose.

***Hosta* 'Gold Standard'** *Vivace à feuilles vert pâle devenant dorées à la mi-été, bordées de vert foncé. H. 75 cm ; E. 1 m.*

Tiarella wherryi *Vivace à fleurs plumeuses. H. 10 cm ; E. 15 cm.*

***Convallaria majalis* (muguet)** *Vivace à croissance lente, à feuilles mates vert foncé et épis de petites fleurs parfumées en forme de clochette. H. 30 cm; E. variable.*

PLATE-BANDE PRINTANIÈRE POUR SOL ACIDE

Certains arbustes comme les rhododendrons, les camélias et les piéris ne se développent qu'en sol acide. À l'état sauvage, ils poussent généralement dans les bois ; dans les jardins, ils recherchent l'ombre. Prenez des rhododendrons à fleurs pâles qui se mêleront aux autres plantes. Compensez la force qu'ils dégagent en les mariant à des couvre-sols à feuilles divisées ou à feuillage vaporeux.

Le piéris est un arbuste élégant à feuilles persistantes. Il est somptueux au printemps, avec son jeune feuillage rouge cuivré. Les petites fleurs crème, parfumées, pendent en grappes.

***Rhododendron* 'Snow'** *Arbuste bas, de forme arrondie, couvert de fleurs d'un blanc immaculé au début du printemps. H. et E. 60 cm.*

***Pieris* 'Forest Flame'** *Arbuste à feuilles brillantes, passant du rouge au rose et au crème dans sa jeunesse, puis au vert foncé. H. 4 m ; E. 2 m.*

DES FORMES TRANCHANTES
*Les feuilles déchiquetées d'*Eryngium × oliverianum *accompagnent audacieusement les inflorescences bleu lavande à la fin de l'été.*

PASTELS DÉLICATS

LE MÉLIANTHE, LA VEDETTE DE CETTE PLATE-BANDE, a le plus somptueux feuillage dont un jardinier puisse rêver. Il porte en effet de magnifiques feuilles d'un vert étrange et glauque. En bourgeons, elles sont fortement plissées, mais, en s'ouvrant, elles se transforment en véritables chefs-d'œuvre aux bords dentelés.

Le mélianthe est originaire d'Afrique du Sud. Il craint le gel et les vents glacés. Comme toutes les vedettes, il apprécie le luxe et prend ses aises. Traitez-le donc avec respect et il surpassera les autres plantes de votre jardin.

MÉLANGES SUBTILS DE PASTELS

Les mauves et les bleus pâles sont les dominantes de ce massif ; les touches de gris et de vert marin des plantes à feuillage comme le mélianthe et l'épiaire laineux (*Stachys byzantina*) sont rejetées à l'extérieur. Même le genêt présent ici est d'un crème atténué et non pas jaune vif comme beaucoup d'espèces de cette famille.

Des plantes aux formes audacieuses apportent du caractère. Les têtes sphériques de l'ail sèchent bien et restent en place longtemps après la floraison. Le panicaut, quant à lui, ressemble à du fer forgé.

Si vous voulez encore accentuer cette tendance, ajoutez des plantes aux tons doux : penstémon, campanule à grosses fleurs *(Campanula medium)*, lavande *(Lavandula)*, abutilon et géranium vivace.

Les plantes aux feuilles argentées comme l'épiaire laineux sont du plus bel effet à côté de fleurs pâles aux feuilles peu originales. Intercalez-les avec des bulbeuses comme les tulipes, les lis et l'ail d'ornement. N'en mettez cependant pas trop, vous perdriez les contrastes de couleurs et de textures.

Vous pouvez même employer des immortelles grises ou tilleul, une teinte très délicate. Ces deux espèces poussent prodigieusement bien, mais elles ont tendance à se faufiler parmi les autres plantes et à devenir légèrement envahissantes si l'on n'y prend garde.

LES POINTS FORTS

INTÉRÊT PERSISTANT
Le genêt crème et les tulipes roses et blanches s'épanouissent bien au printemps, tandis que les têtes de panicaut persistent en hiver.

COULEURS REPOSANTES
Les fleurs aux tons pastel et les feuillages frais se combinent pour créer une ambiance sereine et reposante.

SPECTRE CHANGEANT
Si vous plantez des tulipes, qui ne durent pas toujours très longtemps, vous pourrez modifier l'équilibre des couleurs chaque année. Des tulipes perroquets sombres contrasteront avec le feuillage pâle environnant.

LISTE DES PLANTES

1 *Eryngium × oliverianum* (panicaut d'Oliver) × 10
2 *Lilium regale* (lis royal) × 25
3 *Aster × frikartii* 'Mönch' × 8
4 *Melianthus major* × 2
5 *Viola cornuta* (pensée cornue) × 15
6 *Stachys byzantina* (épiaire laineux) × 3
7 *Tulipa* 'Angélique' et 'White Triumphator' × 50
8 *Helichrysum petiolare* (immortelle) × 8
9 *Astrantia major* × 4
10 *Cytisus × praecox* (genêt) × 1
11 *Allium giganteum* (ail géant) × 16
12 *Eupatorium ligustrinum* × 1

PLAN

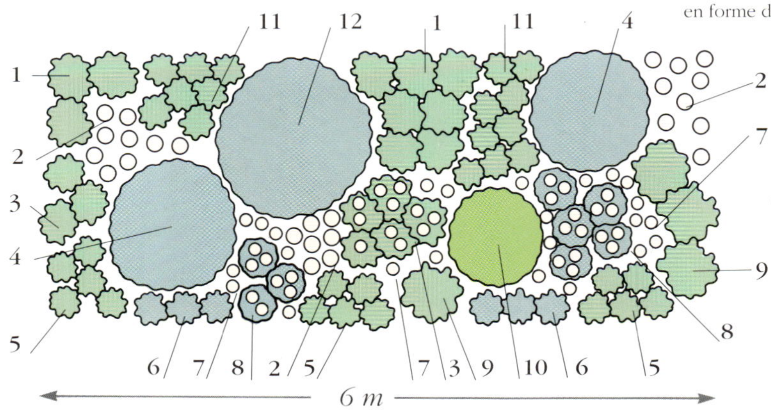

UN OCÉAN DE FEUILLAGES ET DE FLEURS
À la fin de l'été, les mélianthes sont splendides et offrent en arrière-plan un océan de verdure où se mêlent les têtes globuleuses de l'ail et celles, métalliques, des panicauts.

PANICAUT
Dans une famille réputée pour son élégance, ce panicaut, *Eryngium × oliverianum*, est un des plus beaux.

ASTER
Beaucoup moins sensible à l'oïdium que les asters courants, *Aster × frikartii* 'Mönch' a des fleurs bleu lavande tendre en forme de marguerite.

MÉLIANTHE
Bien que délicat, *Melianthus major* vaut la peine qu'on s'occupe de lui tant son feuillage est magnifique.

PENSÉE CORNUE
La force florale des pensées est étonnante malgré leur petite taille. Ici, on a placé *Viola cornuta.*

ARBUSTES POUR L'HARMONIE ET LE SPECTACLE

Les arbustes sont là pour donner du volume et de la hauteur à la plate-bande. Le genêt *Cytisus × praecox* réclame les mêmes conditions de croissance que les plantes à feuillage gris. À la fin du printemps, les fleurs pendent des branches comme des crèmes glacées fondues.

L'eupatoire vivace (*Eupatorium ligustrinum*) compense la mauvaise forme hivernale des plantes à feuillage gris. Il est peu flatteur de ne voir en lui qu'un arbuste utile, mais il faut bien avouer que ce n'est pas une vedette. Ses feuilles foncées ressemblent exactement à celles du troène (*Ligustrum vulgare*), dont il tire son nom. Mais, à la fin de l'été, il perd sa sobriété et se couvre d'une masse de capitules aplatis faits chacun de centaines de minuscules fleurs blanches en forme de filament, dont l'effet est charmant.

SPECTACLE PRINTANIER
Le genêt a la vedette au milieu du printemps, des touffes de tulipes prennent le relais, puis viennent des vivaces à floraison tardive.

GENÊT
Un parfum fort et épicé est un atout supplémentaire pour ce genêt *Cytisus* x *praecox*, couvert de fleurs blanc crémeux au printemps.

TULIPES
Utilisez des tulipes pour créer des changements de couleur. Ici, les 'White Triumphator' aux fleurs de lis et les 'Angélique' roses reprennent le thème pastel.

ÉPIAIRE LAINEUX
Plante favorite des jardins, *Stachys byzantina* fait un excellent couvre-sol sous des plantes plus hautes.

AIL
Les ombelles globuleuses d'*Allium giganteum* se dessèchent et deviennent très décoratives pour l'hiver.

EUPATOIRE
Sous des climats peu rigoureux, *Eupatorium ligustrinum* peut fleurir en hiver, ses sommités florales blanches contrastant avec son feuillage discret.

IMMORTELLE
Le feuillage de l'immortelle *Helichrysum petiolare* 'Limelight' trace son chemin parmi les autres plantes, et les emmêle les unes aux autres.

GRANDE ASTRANCE
'Shaggy', cultivar particulier d'*Astrantia major*, s'ouvre au-dessus d'une masse dense de feuilles.

LIS ROYAL
L'un des lis les plus populaires des jardins, *Lilium regale*, a de longues corolles d'un blanc très pur.

PLANTES POUR TERRAINS BIEN DRAINÉS

TOUTES LES PLANTES DE CETTE PLATE-BANDE ont besoin d'une exposition dégagée et ensoleillée. Dans les zones froides, traitez le mélianthe semi-rustique comme un géranium. Rabattez-le en automne et mettez-le à l'abri pour l'hiver. Vous pouvez aussi le renouveler chaque année. Une fois bien installé, il supporte des températures proches de zéro. Il faut simplement l'aider à passer son premier hiver. Il est souvent efficace de le protéger avec de la paille. S'il n'est pas abîmé par le gel, il s'élèvera un jour sans doute à 3 m, mais s'il doit à chaque printemps repartir à zéro, il n'atteindra pas la moitié de cette hauteur. L'humidité de l'hiver est, pour lui, un ennemi aussi redoutable que le froid. Cela vaut également pour les familles de plantes à feuilles argentées comme l'épiaire laineux. Toutes poussent mieux dans un sol léger et bien drainé.

Allium giganteum (ail géant) *Bulbeuse à tige solide portant en été une ombelle ronde, pourpre, de 12 cm de diamètre. H. 1,20 m ; E. 35 cm.*

Eupatorium ligustrinum syn. ***Eupatorium. micranthum*** *Arbuste de forme arrondie à feuilles persistantes et fleurs odorantes. H. et E. 2 m.*

Eryngium× oliverianum **(panicaut d'Oliver)** *Vivace dressée portant en fin d'été des ombelles bleu lavande, ressemblant au chardon. H. 1 m ; E. 60 cm.*

Lilium regale **(lis royal)** *Bulbeuse portant en été des fleurs parfumées en forme d'entonnoir tourné vers l'extérieur. H. 2 m ; E. 30 cm.*

Aster × frikartii 'Mönch' *Vivace touffue portant des fleurs ressemblant aux marguerites en automne. H. 75 cm ; E. 45 cm.*

Melianthus major *Arbuste à feuilles persistantes et fleurs brun-rouge au printemps et en été. H. et E. 2 à 3 m.*

Tulipa 'White Triumphator' *Bulbeuse portant en fin de printemps des fleurs blanches à pétales récurvés. H. 65 cm ; E. 20 cm.*

Cytisus × praecox (genêt) *Arbuste ramifié à feuilles caduques fleurissant du milieu à la fin du printemps. H. et E. 1,50 m.*

Viola cornuta (pensée cornue) *Vivace à feuilles dentées et fleurs bleu violacé au printemps et en été. H. 12-20 cm ; E. 20 cm ou plus.*

Stachys byzantina syn. ***Stachys lanata*** **(épiaire laineux)** *Vivace persistante à fleurs rose-mauve en été. H. 38 cm ; E. 60 cm.*

Helichrysum petiolare 'Limelight' *Arbuste vivace en boule à feuilles grises feutrées et fleurs crème en été. H. 30 cm ; E. 1,50 m.*

Astrantia major 'Shaggy' *Vivace en touffes portant une masse de petites fleurs en été et en automne. H. 60 cm ; E. 45 cm.*

SOINS ET CULTURE

PRINTEMPS

Plantez les épiaires laineux. Retirez les feuilles et les tiges mortes et coupez les pousses qui empiètent sur les autres plantes. Plantez les genêts et les panicauts et, à la fin de la saison, les immortelles et les mélianthes. Paillez autour des bulbes de lis.

ÉTÉ

Retirez régulièrement les fleurs de pensée fanées et aussi celles des tulipes, en laissant les tiges et les feuilles sécher sur place. Coupez les genêts après la floraison aux deux tiers de leur taille. À la fin de l'été, faites des boutures d'immortelles et de mélianthes pour l'hiver.

AUTOMNE

Plantez à cette saison ou au printemps les pensées, les asters, les astrances et les lis. *Lilium regale* est une espèce à racines adventives qui doit être enfoncée profondément. Plantez les eupatoires et les tulipes, et ajoutez au sol de l'engrais d'os. Coupez les tiges de panicaut avant qu'elles ne fanent pour en faire des bouquets séchés. Dans les régions froides, recouvrez les mélianthes en place d'une fine couche de paille.

HIVER

Retirez les têtes fanées des eupatoires. Taillez les panicauts, les asters et les astrances.

VARIATIONS SUR LE PLAN

TOUTES LES PLANTES DE REMPLACEMENT devront aimer les sols secs et bien drainés. Pour obtenir un contraste de feuillages plus spectaculaire, tâchez de remplacer les eupatoires par un arbuste à feuilles pourpres. Et, pour accompagner les mélianthes à l'époque de leur épanouissement, remplacez quelques-unes des plantes à bulbe par des plantes qui fleurissent à la fin de l'été.

Agapanthus 'Headbourne Hybrid' *Vivace à longues feuilles étroites et grosses ombelles de fleurs bleu-violet, portées par des tiges dressées.*
H. 1 m ; E. 50 cm.

DES COULEURS POUR TOUTES LES SAISONS

Pour avoir un feuillage richement coloré, choisissez un sumac ou arbre à perruques, *Cotinus coggygria*, à feuilles rouges comme 'La Séduisante', ou un berbéris pourpre (dont les fleurs peuvent être d'un orange particulièrement violent). Plantez une clématite fleurissant au printemps, qui s'entrelacera avec l'arbre à perruques, et des pavots roses qui contrasteront avec le feuillage estival. Pour la fin de l'été, remplacez des tulipes et des lis par des nérines roses et des agapanthes bleues.

Cotinus coggygria 'Royal Purple' (arbre à perruques) *Arbuste à feuilles caduques pourpre rougeâtre. Pour privilégier les feuilles plutôt que les fleurs, taillez largement en automne.*
H. et E. 5 m.

Clematis alpina 'Frances Rivis' *Plante grimpante à feuilles caduques, fleurs bleu-violet au printemps et fruits plumeux en été.*
H. 3 m ; E. 1,50 m.

Papaver orientale (pavot d'Orient) *Plante vivace, rustique, formant des touffes de feuillage découpé. De grandes fleursapparaissent au bout d'une tige, au début de l'été : rose saumon, blanc, orange ou rouge acajou, avec une tache noire à la base des pétales.*
H. 75 cm ; E. 30 cm.

Nerine bowdenii *Bulbeuse fleurissant en automne, à partir d'une rosette de feuilles lancéolées. Chaque tige porte une ombelle de jolies fleurs roses dont les pétales ont des extrémités recourbées.*
H. 45-60 cm ; E. 12-15 cm.

CLÉOMES COLORÉS
De longues étamines dépassent des fleurs de Cleome hassleriana, *la faisant ressembler à une araignée. Elle fleurit abondamment, notamment durant les étés chauds.*

PLATE-BANDE TROPICALE POUR L'ÉTÉ

INSPIREZ-VOUS DE LA JUNGLE pour cette création. L'effet en sera luxuriant, étrange, exotique. Une telle plate-bande est inconcevable dans les régions où l'été est tardif et les gelées hivernales précoces. L'entretien n'en est pas facile non plus, mais, pour qui est prêt à s'investir et à ne pas ménager ses efforts, cette composition somptueuse constitue une attraction de premier choix.

Dans les grands jardins de l'Angleterre édouardienne où l'on ne rechignait pas devant le travail, de semblables massifs sont légion. Les propriétaires terriens rivalisaient d'ingéniosité pour créer des effets toujours plus remarquables, et les jardiniers étaient aussi familiers avec les bananiers d'Abyssinie qu'avec les choux de leur pays. Ce style est celui des célèbres massifs de Hidcote Manor, dans le Gloucestershire, où en été, les tendres cannas, les cordylines, les somptueux lobélias rouges et les dahlias cohabitent avec les plantes les plus robustes.

PLAN CLASSIQUE

Une plate-bande aussi spectaculaire sera valorisée au maximum si l'artifice est souligné et non pas étouffé. Installez de façon tout à fait classique des groupes de plantes que vous répéterez comme les motifs d'un papier peint ; vous pourrez alors donner à votre composition la longueur que vous voudrez. Variez la position de certaines plantes de premier plan, afin que l'effet général ne soit pas trop lassant.

Les poids-lourds de cette plate-bande sont les bananiers d'Abyssinie, les ricins communs et les cannas ; associés, ils donnent un résultat impressionnant.

Les bananiers fournissent hauteur et volume : peu de plantes sont aussi massives et amples. Vous les apprécierez pour leurs grandes feuilles, qui se déploient avec l'art du meilleur prestidigitateur. Loin des tropiques, ils ne donnent pas de fruits comestibles. Durant l'hiver, ils ont besoin d'un emplacement qui leur rappelle leur pays d'origine – une serre chauffée, par exemple – en attendant l'été suivant. Les ricins communs et les cannas ont également un riche feuillu essentiel pour une telle composition ;

UN SPECTACLE COMPLET
Les plantes à feuillage vigoureux – bananiers, ricins, cannas – donnent le ton tropical, tandis que les cléomes, les cosmos et les tabacs offrent couleurs et parfums.

RICIN COMMUN
Ricinus communis est cultivé pour ses feuilles luxuriantes et palmées.

COSMOS
Cosmos 'Sensation' forme des touffes de jolies feuilles plumeuses et de fleurs roses.

CHRYSANTHÈME
Chrysanthemum frutescens 'Jamaica Primrose' a des fleurs jaunes tout l'été.

AÉONIUM
Aeonium arboreum 'Schwarzkopf' a des feuilles grasses, pourpres, disposées en rosette.

LES POINTS FORTS

UNE PLATE-BANDE INSOLENTE
Elle se caractérise par son audace. Des formes fortes, des feuillages luxuriants et des couleurs chaudes se combinent pour créer un ensemble éblouissant.

KALÉIDOSCOPE DE COULEURS
Les cannas et les ricins, vus en pleine lumière, sont du plus bel effet : le bronze des feuilles se disperse en une centaine de couleurs différentes. À la fin de l'été, les plantes s'illuminent de fleurs flamboyantes.

EN PREMIÈRE POSITION
Cette plate-bande est conçue pour être vue de face. Elle serait idéale, par exemple, située au fond d'une cour abritée : vous pourriez la voir des fenêtres de la maison. Un inconvénient : elle serait nue en hiver.

il en va de même du grand tabac *Nicotiana sylvestris*. D'autres plantes exotiques, comme le phormium, le tétrapanax, le yucca et l'arbre japonais à port étalé *Trochodendron aralioides*, seront à leur place dans ce massif.

Parfums et couleurs

Les cosmos, les cléomes et les tabacs offrent à la fois parfums et couleurs. Toutes ces plantes annuelles existent en rose, en mauve et en blanc. À vous de décider si vous préférez une teinte unique ou une palette variée. Trop de blanc risque de lasser, mais peut également adoucir l'atmosphère générale du massif.

Plan

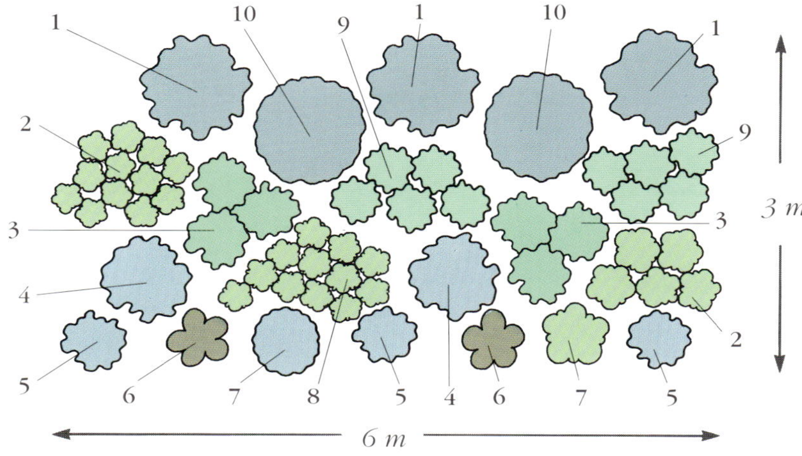

Liste des plantes

1 *Ensete ventricosum* (bananier d'Abyssinie) × 3
2 *Cleome hassleriana* × 17
3 *Canna indica* × 6
4 *Chrysanthemum frutescens* 'Jamaica Primrose' × 2
5 *Pelargonium* 'Royal Oak' × 3
6 *Aeonium arboreum* 'Schwarzkopf' × 2
7 *Felicia amelloides* 'Santa Anita' (marguerite du Cap) × 2
8 *Cosmos* 'Sensation' × 12
9 *Nicotiana sylvestris* (tabac d'ornement) × 10
10 *Ricinus communis* (ricin commun) × 1 et *Ricinus communis* 'Carmencita' × 1

Ricin commun
Ricinus communis 'Carmencita' est l'une des formes de ricin aux feuilles bronze ou rougeâtres.

Bananier d'Abyssinie
Les feuilles allongées du bananier d'Abyssinie, *Ensete ventricosum*, apportent leur hauteur et leur structure architecturale.

Tabac
Ce grand tabac d'ornement, *Nicotiana sylvestris*, offre le parfum et la touche de blanc pur de ses fleurs.

Canna
Les larges feuilles bronze et les fleurs de feu de *Canna indica* posent une note exotique.

Cléome
Cleome hassleriana offre de grandes tiges portant des têtes florales roses, pourpres ou blanches.

Félicia
Le bleu de *Felicia amelloides* 'Santa Anita' apporte une note de fraîcheur qui contrebalance les couleurs chaudes de l'ensemble.

Pélargonium
Choisissez *Pelargonium* 'Royal Oak' pour ses feuilles à tache centrale brune et au parfum épicé.

SOINS ET CULTURE

PRINTEMPS
Au début du printemps, rempotez les bananiers dans du terreau, et plantez les cannas dans des pots sous abri. Semez des graines de cléome et faites-les pousser en pots. Fortifiez les cosmos, les tabacs et les ricins, et plantez-les dehors avec les félicias et les pélargoniums après les derniers gels. Les grands ricins ont souvent besoin de tuteurs.

ÉTÉ
Plantez les cannas et les anthémis et retirez régulièrement les fleurs fanées. Placez les pots d'aéoniums dans la plate-bande. Arrosez bien les bananiers et donnez de l'engrais liquide à toutes les plantes. Coupez les félicias après la floraison. Bouturez les félicias et les géraniums pour l'hiver.

AUTOMNE
Rentrez les bananiers et les aéoniums avant les premières gelées et conservez-les à 10° au moins. Faites des boutures d'anthémis. Retirez les cannas après les premières gelées et mettez les rhizomes à sécher.

HIVER
Semez des graines de cosmos, de tabac et de ricin à la fin de l'hiver ou au début du printemps. Coupez les feuilles et les racines des cannas avant de conserver les rhizomes dans du compost humide.

PLANTES POUR EMPLACEMENTS CHAUDS

DANS LES RÉGIONS FRAÎCHES OU TEMPÉRÉES, les plantes fragiles comme les bananiers et les aéoniums doivent passer l'hiver dans une serre chauffée. La meilleure façon de procéder avec les bananiers est de les garder toujours dans des pots que vous placez en terre quand il n'y a plus de risque de gel. À l'approche de l'hiver, déterrez les pots, lavez-les au jet et mettez-les à l'abri pour les mois les plus froids.

Les deux autres vedettes de ce massif exotique – les ricins et les cannas – sont également assez fragiles. En automne, installez les seconds bien à l'abri. Les ricins sont originaires d'Afrique tropicale. Ce sont des arbustes persistants, mais, sous un climat tempéré, il faut traiter ces plantes à croissance rapide comme des annuelles semi-vivaces, et semer des graines chaque année.

Cleome hassleriana 'Colour Fountain' *Annuelle touffue à croissance rapide, à feuilles divisées et floraison en été. H. 1,20 m ; E. 60 cm.*

Ensete ventricosum (bananier d'Abyssinie) *Grande plante à feuilles persistantes veinées, portant des nervures centrales rougeâtres. H. 6 m ; E. 3 m ou plus.*

Ricinus communis (ricin commun) *Arbuste persistant à croissance rapide, à panicules de fleurs vertes et rouges en été. H. 1,50 m ; E. 90 cm.*

Canna indica (canne d'Inde) *Plante vivace à larges feuilles, portant des fleurs parfois pourpres ou rouges et orange en été. H. 1,20 m ; E. 45 cm.*

Chrysanthemum frutescens 'Jamaica Primrose' (anthémis) *Vivace touffue à feuilles 'de fougère' et fleurs jaunes tout l'été. H. et E. 1 m.*

Nicotiana sylvestris (tabac d'ornement) *Plante ramifiée annuelle, à panicules de fleurs blanches, tubulaires et parfumées, à la fin de l'été. H. 1,50 m ; E. 75 cm.*

Pelargonium 'Royal Oak' *Vivace, buissonnante et compacte, à feuilles aromatiques et petites fleurs rose-mauve. H. 38 cm ; E. 30 cm.*

Aeonium arboreum 'Schwarzkopf' *Vivace succulente touffue à rosettes d'étroites feuilles rigides pourpre foncé. H. 60 cm ; E. 1 m.*

Cosmos 'Sensation' *Annuelle touffue à feuilles plumeuses et fleurs en marguerite, du début de l'été au début de l'automne. H. 90 cm ; E. 60 cm.*

Felicia amelloides 'Santa Anita' (marguerite du Cap) *Buisson à fleurs en forme de marguerite de la fin du printemps à l'automne. H. et E. 30 cm.*

VARIATIONS SUR LE PLAN

DANS LES RÉGIONS OÙ L'ÉTÉ EST COURT, vous devrez préférer aux espèces les plus fragiles des espèces plus résistantes. Elles vous demanderont moins de travail, vous y consacrerez moins de temps, mais l'effet sera moins spectaculaire. Les bananiers, qui ont besoin de soins particuliers tout au long de l'hiver, sont les premiers à remplacer.

Cortaderia selloana **'Sunningdale Silver' (herbe des pampas)** *Herbe à longues inflorescences plumeuses en fin d'été. H. 2,10 m ; E. 1,20 m.*

PANACHES POUR CLIMAT FRAIS

Sous les climats frais, les herbes des pampas vous faciliteront la tâche, car elles peuvent rester en place toute l'année. Choisissez une espèce précoce qui déploiera son panache avant que les autres plantes ne meurent.

La cordyline sera installée en pot, puis mise pour l'hiver dans un abri où il ne gèlera pas. Liez les feuilles ensemble pour qu'elles soient encore mieux protégées. Les tubercules de dahlia doivent être retirés après les premières gelées.

Cordyline australis **'Purpurea'** *Arbre à croissance lente, à feuilles arquées. H. 1,20 m ; E. 1 m.*

Dahlia **'Bishop of Llandaff'** *Tubéreuse vivace aux feuilles vert bronze qui complète la palette de plantes. En été-automne, il donne de grandes fleurs rouge vif. H. et E. 1 m.*

MÉLANGE DE RICHES COULEURS

Choisissez la verveine *Verbena tridens* au bleu violacé, et les glaïeuls magenta, cramoisis et violets, qui se détacheront sur une toile de fond d'aralias et de ricins bronze brillant. Préférez la variété d'aralia argentée à la dorée : son feuillage convient mieux aux fleurs vibrantes. Les glaïeuls ont de magnifiques épis de fleurs qui rehaussent l'effet exotique de l'ensemble.

Aralia elata **'Variegata'** *Arbre ou arbrisseau caduc à feuilles bordées de blanc. En fin d'été et à l'automne, il donne de grosses ombelles de petites fleurs blanc crème. H. et E. 2,50 m.*

Gladiolus **'Robin' (glaïeul Robin)** *Plante bulbeuse qui donne des épis de fleurs dressés à la fin de l'été. Les tiges ont besoin de tuteurs discrets. H. 1,20 m ; E. 20 cm.*

Verbena tridens **(verveine de Patagonie)** *Grande plante vivace à tiges dressées, couronnées de fleurs rose-pourpre en été-automne. Les graines se ressèment d'elles-mêmes. H. 1,50 m ; E. 50 cm.*

MAGNIFIQUES FEUILLAGES
Les feuilles nettement veinées de Rodgersia podophylla *sont balayées de bronze. En été, elles forment un beau feuillage pour de longs panicules de fleurs blanc crème.*

LES POINTS FORTS

CONTINUITÉ SAISONNIÈRE
Cette plate-bande présente un intérêt durable. Les premières fleurs apparaissent à la fin du printemps sur les iris et les primevères. Les lobélies et les hostas seront en fleurs au début de l'automne. Celles des hostas dégagent un parfum délicat.

MODÈLE CHANGEANT
La réflexion de la lumière sur l'eau peut avoir un effet spectaculaire. Par un jour ensoleillé, des rides de vert et de bronze dessinent des variations sans fin sur le feuillage.

BEAUTÉ ROYALE
La fougère royale, *Osmunda regalis*, peut mettre un certain temps à s'installer, mais cela vaut la peine de persévérer. Grande et particulièrement belle, elle a des frondes fertiles couvertes de spores noires qui ressemblent aux panicules séchées des astilbes.

AU BORD DE L'EAU

LE FEUILLU EST LE SECRET DE CETTE PLATE-BANDE qui offre un grand luxe de plantes présentant d'autres atouts que leurs fleurs. Feuillages et eau vont naturellement bien ensemble, mais, pour obtenir le meilleur effet, assurez-vous que l'échelle des plantes est en harmonie avec la taille du bassin ou du cours d'eau

Cette composition convient pour un bassin plutôt petit. Si vous installez une plate-bande au bord d'une vaste étendue d'eau, il vous faudra des plantes de dimensions plus importantes : gunnéras géants pourvus de feuilles suffisamment grandes pour s'y abriter lors d'un pique-nique pluvieux, saules imposants.

BELLE COLLECTION DE FEUILLAGES

Les conditions d'humidité permanente qui règnent au bord d'un bassin ou d'une mare sont favorables à la croissance de feuillages luxuriants. Vous allez également découvrir ici une grande variété de formes : solides épées de l'iris des marais, *Iris pseudacorus* 'Variegata', feuilles palmées des rodgersias, frondes imbriquées des fougères. Les feuilles des rodgersias sont composées de grandes folioles disposées comme les rayons d'une roue, partant à angle droit de la tige centrale. Quand elles apparaissent au printemps, elles sont richement teintées de bronze. Elles forment une excellente toile de fond pour les touffes herbeuses de la laîche élevée, *Carex elata* 'Bowles Golden'. Au sens botanique du mot, les laîches ne sont pas des graminées, mais elles leur ressemblent, se comportent comme telles et ont l'avantage d'être à l'aise dans les sols humides. Elles sont idéales au bord de l'eau ; elles ont un feuillage persistant plutôt doré, un atout pour cette plate-bande dont la plupart des plantes se fanent en hiver.

ACCENTS DE JAUNE ET DE ROUGE

Les couleurs les plus éclatantes sont fournies par les têtes rouge magenta des primevères, *Primula japonica*, et les fleurs jaunes des iris. On dirait que celles-ci aspirent leur jaune des feuilles, car, après la floraison, en début d'été, le feuillage perd beaucoup de ses raies bigarrées jaune-vert. Soyez attentifs lorsque vous choisirez vos astilbes. Certaines sont d'un rose corail assez particulier. Ce massif comportant une grande variété de jaunes et de bronzes, préférez des astilbes blanches ou couleur brique pour ne pas vous tromper.

LISTE DES PLANTES

1 *Primula florindae* × 16
2 *Astilbe* × *arendsii* × 3
3 *Hosta plantaginea* × 6
4 *Osmunda regalis* (fougère royale) × 3
5 *Lobelia siphilitica* × 3
6 *Rodgersia aesculifolia* × 3
7 *Primula japonica* × 16
8 *Carex elata* 'Bowles Golden' (laîche élevée) × 2
9 *Ligularia przewalskii* × 3
10 *Eupatorium rugosum* × 3
11 *Rodgersia podophylla* × 3
12 *Iris pseudacorus* 'Variegata' (iris des marais) × 9

LE MASSIF EN PLEIN ÉTÉ
Quand les primevères se fanent, les ligulaires et les eupatoires fleurissent. Rodgersia aesculifolia *offre aussi ses fleurs, d'épais plumets parfumés, blanc rosâtre.*

PRIMEVÈRE GÉANTE
Primula florindae donne de grandes inflorescences de fleurs jaunes dressées au-dessus de touffes de feuilles.

LOBÉLIA
Lobelia siphilitica s'épanouit dans les sols lourds et humides. Il a des tiges dressées couronnées de fleurs bleu clair.

PLAN

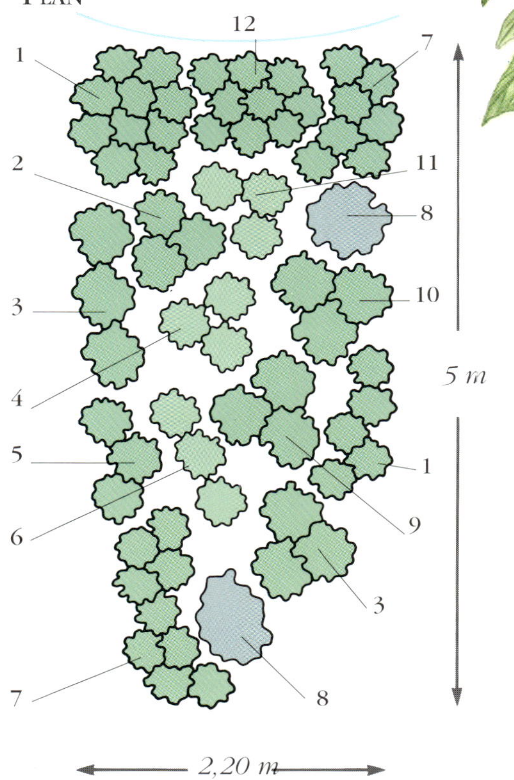

FIN DU PRINTEMPS
*Des bouquets d'*Iris pseudacorus 'Variegata' *et de* Primula japonica *ajoutent des touches de couleurs vives à cette composition de feuilles de formes et de textures variées.*

IRIS
L'iris des marais, *Iris pseudacorus* 'Variegata', donne de joyeuses taches de jaune vif.

PRIMEVÈRE
Primula japonica dresse sa tête au-dessus d'une rosette de feuilles.

Iris pseudacorus 'Variegata'

ASTILBE
Bronze cramoisi et ambre habillent les pousses de printemps d'*Astilbe* × *arendsii*, couleurs que l'on retrouve dans les tiges sèches en hiver.

FOUGÈRE ROYALE
La fougère royale, *Osmunda regalis*, est la plus grande fougère qui puisse être cultivée à l'extérieur dans des régions tempérées.

Primula japonica

RODGERSIA
Rodgersia podophylla se reconnaît à ses grandes feuilles largement découpées. Elles sont bronzées dans leur jeunesse et vertes à maturité.

EUPATOIRE
Les tiges élancées d'*Eupatorium rugosum* portent, à la fin de l'été, des têtes plates et duveteuses de fleurs blanches.

LIGULAIRE
Plante élégante aux feuilles profondément divisées, *Ligularia przewalskii* porte de fins épis de fleurs jaune clair.

RODGERSIA
De larges feuilles gaufrées, ressemblant à celles du marronnier, caractérisent *Rodgersia aesculifolia*.

HOSTA
Des fleurs blanches au parfum de lis sont la surprise que réserve *Hosta plantaginea* au début de l'automne.

LAÎCHE ÉLEVÉE
Bien que difficile à cultiver, la laîche élevée, *Carex elata* 'Bowles Golden', mérite notre intérêt pour la couleur originale de ses feuilles.

PLANTES POUR RIVES D'EAU DOUCE

AVANT DE VOUS LANCER dans de telles plantations, assurez-vous que votre terrain est bien étayé. Il faut que l'eau puisse se répandre sans pour autant arracher les plantes. Durant un été long et chaud, cet emplacement restera-t-il assez humide ? Une bâche spéciale de plastique épais sera éventuellement nécessaire.

Les iris peuvent être plantés directement dans l'eau, ou juste au bord, dans la partie la plus humide du terrain. Si vous installez des plantes dans l'eau, il faudra mettre les racines dans des paniers en plastique lestés de pierres.

***Iris pseudacorus* 'Variegata'**
Plante vivace rhizomateuse, à longues feuilles rubannées et à fleurs jaunes.
H. 2 m ; E. variable.

Primula japonica
(primevère)
Plante vivace à fleurs tubulaires rose foncé.
H. 60 cm ; E. 30 cm.

Primula florindae
(primevère commune)
Plante vivace à fleurs pendantes, en clochette, jaune soufre.
H. 1 m ; E. 60 cm.

Astilbe × arendsii
Plante vivace à feuilles ressemblant à des fougères et panicules plumeuses.
H. 90 cm ; E. 45 cm.

Rodgersia podophylla
Plante vivace en touffe, à larges feuilles et panicules de fleurs blanc crème en été.
H. 1,20 m ; E. 1 m.

Eupatorium rugosum
Plante vivace qui porte au bout de longues tiges des têtes plates de fleurs blanches à la fin de l'été.
H. 1,20 m ; E. 45 cm.

Hosta plantaginea
Plante vivace à feuilles luisantes et fleurs odorantes à la fin de l'été et en automne.
H. 60 cm ; E. 1,20 m.

Osmunda regalis
(fougère royale)
Caduque à larges frondes et épis fertiles brun rouille.
H. 2 m ; E. 1 m.

Ligularia przewalskii
Plante vivace à feuilles profondément divisées et épis de fleurs jaunes à la mi-été.
H. 2 m ; E. 1 m.

Rodgersia aesculifolia
Plante vivace à feuilles gaufrées, vert bronze, et plumets de fleur à la mi-été.
H. et E. 1 m.

Lobelia siphilitica
Vivace à fleurs bleues portées par de grands épis, en fin d'été et en automne.
H. 1 m ; E. 23 cm.

***Carex elata* 'Bowles Golden' (laîche élevée)**
Vivace à feuilles ressemblant à des herbes.
H. 40 cm ; E. 15 cm ;

SOINS ET CULTURE

PRINTEMPS
Plantez les iris en plein soleil. Si vous le faites dans l'eau, la profondeur ne doit pas dépasser 15 cm. Plantez les rodgersias juste au-dessous de la surface du sol, les fougères au ras du sol, et les lobélias à l'ombre d'une plante voisine. Retirez les tiges mortes des laîches. Protégez des limaces les jeunes hostas. Stabilisez les plantes avec un bon terreau.

ÉTÉ
Retirez les têtes d'iris fanées après la floraison. Divisez et replantez les rhizomes tous les trois ans, juste après la floraison. Retirez les tiges florales fanées des rodgersias à la fin de la saison.

AUTOMNE
Plantez les astilbes dès cette époque, et les laîches, les ligulaires, les eupatoires, les hostas et les primevères en même temps, ou au printemps. Taillez les astilbes au niveau du sol, retirez et divisez les touffes tous les trois ans. Éliminez les tiges d'eupatoire après la floraison, coupez les fougères royales et ne laissez que les épis reproducteurs.

HIVER
Rabattez les ligulaires au niveau du sol.

VARIATIONS SUR LE PLAN

IL Y A DE NOMBREUSES FAÇONS de transformer votre plan initial. Vous pouvez modifier la palette des couleurs, en atténuant les teintes trop violentes, par exemple : pour cela, installez davantage de plantes à fleurs blanches. Si le plan d'eau est surélevé, vous allongerez la saison d'intérêt avec des plantes qui s'épanouissent en hiver ou au début du printemps.

Zantedeschia aethiopica **'Crowborough' (arum d'Éthiopie)** *Plante rhizomateuse à feuilles vert foncé et spathes blanches du début à la mi-été. H. 1 m ; E. 45 cm.*

CRÉER UNE AMBIANCE PLUS FRAÎCHE

Certains jardiniers sont très susceptibles quand il s'agit de fleurs jaunes. Les opposants inconditionnels ne veulent pas entendre parler de cette couleur agressive et adoucissent cette plate-bande en utilisant des plantes blanches ou argentées. Ils remplacent les laîches par *Iris laevigata,* au feuillage rayé de vert et de blanc, l'iris des marais par l'arum d'Éthiopie, et les ligulaires par des cimicaires. Cette combinaison sera moins gaie, mais plus calme et très agréable au crépuscule.

Cimicifuga simplex **'White Pearl'** *Plante vivace dressée à feuilles brillantes et divisées. En automne, grappes arquées de petites fleurs blanches en étoile, parfumées. H. 1,50 m ; E. 60 cm.*

Iris laevigata **'Variegata'** *Vivace à feuilles longues et dressées. Une seconde floraison en automne suit celle de la mi-été. H. 25 cm ; E. variable.*

PLANTES POUR L'HIVER ET LE PRINTEMPS

Pour prolonger l'intérêt, choisissez un cornouiller comme *Cornus alba* Elegantissima' : ses jeunes rameaux sont rouge vif en hiver, et son feuillage est bariolé en automne. Pour obtenir les meilleurs résultats en matière de couleur, rabattez-le fortement à la fin de l'hiver et nourrissez-le bien afin de stimuler la pousse des jeunes rameaux. Installez des lysichitons pour leurs brillantes spathes jaunes. Les angéliques apportent leurs dimensions spectaculaires grâce à leurs larges feuilles divisées et à leurs hautes tiges couronnées d'une énorme inflorescence verdâtre en boule.

Cornus alba **'Elegantissima ' (cornouiller blanc)** *Arbuste à feuillage marqué de crème et fleurs blanc crème à la fin du printemps, suivies de fruits blancs. H. et E. 1,50 m.*

Lysichiton americanus *Vivace vigoureuse à spathes jaune vif au début du printemps, puis à feuilles vert tendre caduques, ressemblant à celles du chou. H. 1 m ; E. 75 cm.*

Angelica archangelica **(angélique officinale)** *Grande plante bisannuelle ou vivace, aux feuilles vert vif très divisées. Ses ombelles de fleurs verdâtres sont spectaculaires en fin d'été. H. 2 m; E. 1 m.*

TEINT VERMEIL
Les fruits ovoïdes de Malus *'John Downie' sont jaune foncé éclaboussé de rouge. On en fait une excellente gelée.*

BAIES RUTILANTES POUR L'AUTOMNE

PLANTEZ CETTE PLATE-BANDE ARRONDIE le long de l'allée menant à votre maison : elle vous accueillera chaleureusement, vous et vos visiteurs, en automne comme en hiver. Ou encore, installez-la le long d'une clôture : elle vous offrira un abri ou dissimulera un voisinage désagréable. Elle exige peu d'entretien. En outre, ses plantes paient généreusement leur redevance deux fois par an, avec au printemps une abondance de fleurs et à l'automne des fruits d'une grande diversité de couleurs.

Les rosiers, les pommiers sauvages, les sorbiers et les fusains offrent toute une gamme de baies et de fruits. La viorne, quant à elle, porte de gros groupes de fruits brillants et globuleux. Au printemps, ces plantes fleurissent abondamment : cimes aplaties de fleurs blanches de la viorne, bouquets de pétales blanc rosé le long des branches du pommier sauvage, lourdes têtes des sorbiers. Les rosiers donnent plus tard des fleurs isolées rouge clair.

FRUITS ET BAIES COLORÉS

Le pommier sauvage *Malus* 'John Downie' est un arbre net, bien équilibré, donnant des fruits éclatants. Dans les régions où le feu bactérien est un problème, choisissez *Malus floribunda*. Si vous disposez de peu d'espace, essayez 'Golden Hornet' ou 'Red Sentinel'.

Le fusain d'Europe, *Euonymus europaeus*, a de brillants fruits en automne – des capsules rose vif qui s'ouvrent en montrant des graines orange, étonnante combinaison de couleurs. 'Red Cascade' a des branches recourbées, lourdement chargées de capsules rouges. Ses feuilles rougissent en automne, offrant un dernier spectacle avant la venue de l'hiver.

Le sorbier 'Joseph Rock' est un arbre à cime compacte. Il porte de gros bouquets de fleurs crème à la fin du printemps, et des feuilles à nombreuses folioles vert lustré qui deviennent rouges et pourpres en automne. À cette saison également, il porte des baies jaune pâle qui tournent à l'ambre en vieillissant. Si vous voulez que ce massif s'étende largement, préférez le sorbier à feuilles d'aune, qui donne de curieux fruits ovoïdes orange.

Ici, le houx est un pied femelle et ne produira des baies que si un arbre mâle est proche et que des insectes le pollinisent. Le mâle ne doit pas forcément se trouver dans votre jardin.

LES POINTS FORTS

RENAISSANCE DES COULEURS
Cette plate-bande est intéressante quand presque tout le jardin s'est endormi.

ARBUSTES VIGOUREUX
Les arbres et les arbustes apportent hauteur et texture, mais servent aussi d'abri et d'écran.

OMBRES DOUCES
Les teintes rousses des feuilles et des fruits d'automne offrent chaleur et vitalité.

ÉCLAT DE BLANC
Les perce-neige et les narcisses posent de joyeux éclats de lumière et de couleur à la fin de l'hiver.

LISTE DES PLANTES

1 *Lunaria annua* 'Variegata (monnaie-du-pape) × 23
2 *Euonymus europaeus* 'Red Cascade' (fusain d'Europe) × 1
3 *Galanthus nivalis* (perce-neige) × 170
4 *Helleborus foetidus* × 8
5 *Rosa moyesii* 'Geranium' × 2
6 *Narcissus* 'Thalia' (narcisse) × 55
7 *Callicarpa bodinieri* × 2
8 *Ilex aquifolium* 'Argentea marginata' (houx commun) × 1
9 *Iris foetidissima* (iris gigot) × 10
10 *Viburnum opulus* 'Compactum' (viorne obier) × 1
11 *Sorbus* 'Joseph Rock' (sorbier) × 1
12 *Malus* 'John Donwie' (pommier d'ornement) × 3

PLAN

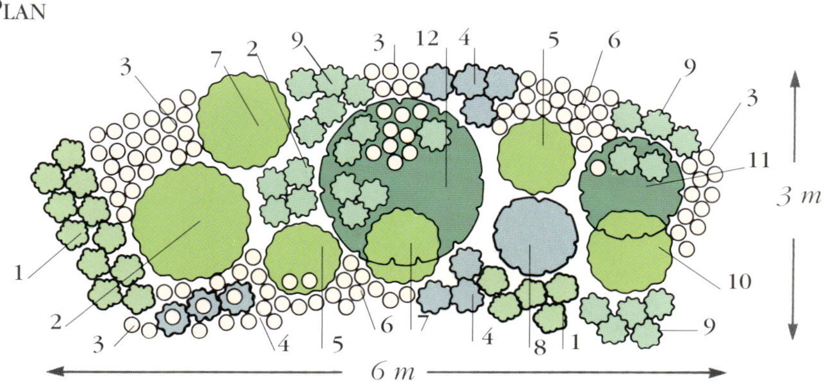

UNE FLAMBÉE DE BRILLANTES COULEURS
En automne, beaucoup de plantes sont couvertes de baies et de fruits colorés. Les mélanges ardents de rouge, d'orange et de jaune se marient aux couleurs changeantes des feuilles.

FUSAIN
Particulièrement heureux dans un sol calcaire, le fusain *Euonymus europaeus* 'Red Cascade' se courbe sous le poids de ses abondants fruits d'automne.

MONNAIE-DU-PAPE
Une fois installée, la monnaie-du-pape, y compris la variété *Lunaria annua* 'Variegata', se reproduira ici d'elle-même.

Helleborus foetidus

BEAUTÉ D'HIVER ET DE PRINTEMPS

Ce massif est longtemps intéressant. Les perce-neige entrent les premiers en scène, mis en valeur par les longues capsules brillantes et brunes des iris et le beau feuillage des hellébores. Une fois les perce-neige fanés, celles-ci fleurissent à leur tour, suivies par les narcisses. Ensuite, les monnaies-du-pape retiendront l'attention jusqu'à l'explosion florale des arbres.

PARADE POUR LA FIN DU PRINTEMPS
Bien que conçue pour l'automne, cette plate-bande offre des plaisirs à d'autres saisons. À la fin du printemps, les hellébores seront encore en fleur quand s'ouvriront les clochettes crème des narcisses, créant un spectacle en vert et blanc.

NARCISSE
Narcissus 'Thalia' porte trois fleurs blanches, ou même plus, sur chaque tige.

HELLÉBORE FÉTIDE
De belles feuilles vert foncé accompagnent les fleurs printanières pâles d'*Helleborus foetidus*.

PERCE-NEIGE
Toujours attendus au début du printemps, les perce-neige *Galanthus nivalis* s'étendent lentement et forment un tapis sous les arbres et les arbustes.

CALLICARPA
Une couleur toute nouvelle dans ce massif : le pourpre des baies de *Callicarpa bodinieri*.

POMMIER D'ORNEMENT
Tous les pommiers d'ornement sont d'excellents petits arbres, mais le *Malus* 'John Downie' porte les plus gros et les plus jolis fruits.

ROSIER
Les fleurs de ce rosier, *Rosa moyesii* 'Geranium', montrent ce que l'on peut attendre de ses fruits : tous deux sont d'un rouge écarlate.

SORBIER
Quand ils sont pleinement épanouis sous un climat humide, les sorbiers comme *Sorbus* 'Joseph Rock' offrent leurs beaux fruits d'automne.

HOUX COMMUN
Ilex aquifolium 'Argentea marginata', aux larges feuilles bordées de crème, pousse lentement, mais il est très apprécié dans tous les jardins.

VIORNE OBIER
Viburnum opulus 'Compactum' est le meilleur cultivar de cette espèce. Il a d'abondantes fleurs blanches, puis des baies rouges.

IRIS GIGOT
Les fleurs d'*Iris foetidissima* sont discrètes, mais ses capsules rouge vif se remarquent.

PLANTES POUR PLATE-BANDE D'AUTOMNE

LES PLANTES CLÉS DE CETTE PLATE-BANDE sont des arbres et des arbustes. Il est essentiel de leur assurer un bon départ dans la vie. Enrichissez le sol avec du compost ou de l'engrais. Les espèces caduques comme le sorbier et le pommier doivent être plantées en automne ou au début de l'hiver : cela leur donne le temps d'installer leurs racines avant de devoir produire des feuilles au printemps.

Sélectionnez des arbres à racines nues, car elles sont généralement mieux développées que chez ceux qui ont été cultivés en pots. Si vous choisissez un de ceux-là, vérifiez que la pelote de racines n'est pas trop serrée.

SOINS ET CULTURE

PRINTEMPS

Plantez les perce-neige dans les pelouses aussi vite que possible après la floraison. Plantez les houx. Installez un paillis autour des pommiers et des rosiers. Taillez sévèrement les rosiers au printemps qui suit leur plantation. Par la suite, retirez simplement les branches mortes ou malades. Coupez les fleurs fanées des narcisses, et les feuilles mortes et les capsules des iris.

ÉTÉ

Semez les monnaies-du-pape au début de la saison. Arrosez les arbres et les arbustes récemment plantés qui en ont besoin, et entourez-les de paillis afin de retenir l'humidité.

AUTOMNE

Plantez les arbres et arbustes à feuilles caduques. Plantez les iris à 30 cm les uns des autres, et les narcisses à 15 cm de profondeur. Installez les hellébores à l'ombre. Transplantez les monnaies-du-pape à l'emplacement où vous voulez qu'elles fleurissent au début de l'automne.

HIVER

Coupez les pousses de callicarpa de l'année précédente pour laisser la place au bois nouveau. Dans les endroits exposés, protégez la base des jeunes plantes avec des fougères ou de la paille.

Helleborus foetidus (hellébore fétide) *Plante en touffes, à feuilles persistantes et fleurs vertes. H. et E. 45 cm.*

Iris foetidissima (iris gigot) *Rhizomateuse vivace à capsules renfermant des fruits écarlates. H. 1 m ; E. variable.*

Euonymus europaeus 'Red Cascade' (fusain d'Europe) *Arbre ou arbuste à feuilles caduques et fruits rouges. H. et E. 2,50 m.*

Malus 'John Downie' (pommier d'ornement) *Arbre à feuilles caduques et fleurs blanches qui apparaissent au milieu d'un feuillage vert vif à la fin du printemps, et à fruits orange teintés de rouge en automne. H. 9 m ; E. 5 m.*

Sorbus 'Joseph Rock' (sorbier) *Arbre à feuilles caduques, fleurs blanches au printemps et baies jaunes en automne. H. et E. 15 m.*

Lunaria annua 'Variegata' *Bisannuelle à graines en forme de disque argenté. H. 75 cm ; E. 30 cm.*

Rosa moyesii 'Geranium' *Fleurs écarlate sombre et longs cinorrhodons rouges en automne. H. 3 m ; E. 2,50 m.*

Ilex aquifolium 'Argentea Marginata' (houx commun) *Arbre à feuilles persistantes sombres bordées de crème. H. 14 m ; E. 5 m.*

Viburnum opulus (viorne obier) *Arbuste dense à feuilles caduques, fleurs blanches au printemps puis baies rouges. H. et E. 1,50 m.*

Galanthus nivalis (perce-neige) *Plante bulbeuse à fleurs blanches et feuilles lancéolées. H. 15 cm ; E. 8 cm.*

Narcissus 'Thalia' (narcisse) *Plante bulbeuse à gracieuses fleurs blanc laiteux à la mi-printemps. H. 38 cm ; E. 20 cm.*

Callicarpa bodinieri *Arbuste à feuilles caduques, portant des petites fleurs lilas à la mi-été, puis des baies violettes. H. 3 m ; E. 2,50 m.*

VARIATIONS SUR LE PLAN

SI VOUS VOULEZ SUBLIMER LES BEAUTÉS DE L'ÉTÉ, plantez des rosiers en quantité. Choisissez ceux qui ont de beaux cynorrhodons et des feuillages d'automne colorés pour allonger leur durée d'intérêt. Si le sol est acide, votre choix s'en trouvera considérablement élargi. Vous pourrez cultiver toutes sortes de bruyères et d'arbustes comme les pernettyas, les hamamélis et les érables.

Rosa virginiana *Feuillage brillant et fleurs roses. Il a de belles couleurs en automne. H. 1,50 m ; E. 1 m.*

LES ROSES, GLOIRE DE L'ÉTÉ

Les rosiers rugueux sont des arbustes de grande classe qui ne souffrent jamais ni de la rouille ni des taches noires. *Rosa rugosa* 'Frau Dagmar Hastrup' a des fleurs isolées rose pâle qui fleurissent longtemps. Les dernières fleurs apparaissent en même temps que les premiers cynorrhodons, des fruits rouges voyants, de la taille de petites tomates, terminés par une touffe de sépales. *R. virginiana* est un arbuste plus petit, drageonnant, à fruits orange.

Rosa rugosa **'Frau Dagmar Hastrup'** *Plante vigoureuse qui porte des fleurs roses en été et en automne, puis de gros fruits rouges. H. et E. 2 m.*

Clematis macropetala *Vigoureuse plante grimpante à feuilles découpées et petites fleurs en forme de clochette au printemps. H. 3 m ; E. 1,50 m.*

ARBUSTES POUR SOLS ACIDES

Dans un sol acide, remplacez les iris par des bruyères roses à floraison hivernale en guise de couvre-sol. Tandis que les callicarpas du plan initial n'offrent que des baies pourpres, les pernettyas présentent un choix de couleurs, du blanc au rose et au pourpre soutenu, et leurs feuilles sont persistantes. Les hamamélis ont des fleurs en araignée à pétales étroits, qui sont les bienvenues aux jours les plus sombres de la fin de l'hiver. En outre, elles embaument.

Pernettya mucronata **'Mulberry Wine'** *Arbuste dense buissonnant à fleurs blanches au printemps et en été, et baies rouges plus ou moins sombres. H. et E. 1,35 m.*

Hamamelis × intermedia **'Arnold Promise'** *Arbuste à feuilles caduques et fleurs jaunes en hiver. H. 4 m ; E. 3 m.*

Erica × darleyensis **'Ghost Hills' (bruyère)** *Bruyère au feuillage taché de crème au printemps, et fleurs roses en hiver. H. 45 cm ; E. 1 m.*

Bien rebondie
Une des plantes phares de cette plate-bande est l'exquise pivoine Paeonia *'Sarah Bernhardt'. Elle donne de magnifiques fleurs rebondies aux doux pétales rose pâle.*

PLATE-BANDE POUR JARDIN CAMPAGNARD

Les rêves de campagne sont souvent plus idylliques que la réalité. L'idée d'un jardin campagnard évoque l'image d'un charmant désordre : des roses grimpant sur les murs, et des chemins bien nets ! Mais un charme incontrôlé peut facilement glisser vers un chaos illimité. Au jardinier de trouver l'équilibre précaire entre ces deux extrêmes.

C'est une des ironies du jardinage : le style campagnard à l'ancienne est devenu très en vogue durant les années 1930, années qui ont vu l'explosion du phénomène urbain. Le style campagnard n'est pas une tradition historique, mais un artifice contemporain et romantique qui tente de faire revivre le passé. Il doit respirer la spontanéité, mais à vous de tenir le rôle d'arbitre, afin d'être sûr que des plantes solides comme les pivoines ne font pas de tort aux plus délicates comme les ancolies.

Plantes au style démodé

Les pivoines, les ancolies et les pâquerettes vivaces sont les grands classiques d'une plate-bande de jardin campagnard. La pivoine 'Sarah Bernhardt' a de gros pétales gaufrés, roses comme des bourgeons de pommier, et beaucoup de parfum. Son feuillage, très découpé, devient parfois d'un rouge roux et chaud en automne. Quant aux ancolies, il est préférable de choisir l'espèce à éperon court plutôt que l'espèce à éperon long. Toutes les pâquerettes vivaces sont d'un charmant effet ; ces plantes ont une existence brève, mais elles se reproduisent spontanément. Il en est de même pour les ancolies que vous découvrirez parfois dans des endroits tout à fait surprenants. Tirez-en des leçons. Vous découvrirez aussi peut-être une lignée d'une couleur nouvelle. En la cultivant, vous perpétuerez les meilleures traditions des jardins campagnards. Prenez une daphné parfumée comme la semi-persistante *Daphne × burkwoodii*, qui fleurit au printemps, ou la persistante *Daphne bholua*, qui illumine les jours d'hiver.

Les points forts

Une note traditionnelle
Cette plate-bande peu conventionnelle prend des airs nostalgiques en incluant des plantes campagnardes traditionnelles.

Vieilles habitudes
Des variétés démodées sont utilisées en même temps que des cultivars modernes car leurs habitudes, leurs couleurs et leurs formes s'accordent bien avec l'aspect décontracté de ce massif.

Organisation informelle
Ce massif ne s'organise pas autour d'un centre. Il serait trop net, trop apprêté. C'est un aimable désordre que vous devez tenter de créer ici.

Liste des plantes

1. *Viola labradorica* 'Purpurea' (violette) × 12
2. *Bellis perennis* 'Pomponnette' (pâquerette vivace) × 23
3. *Camassia leichtlinii* × 16
4. *Aquilegia vulgaris* (ancolie) × 12
5. *Daphne × burkwoodii* 'Somerset' × 1
6. *Geranium pratense* 'Plenum caeruleum' × 3
7. *Paeonia* 'Sarah Bernhardt' (pivoine) × 3
8. *Salvia sclarea* var. *turkestanica* (sauge sclarée) × 5
9. *Thalictrum delavayi* (pigamon) × 5
10. *Campanula lactiflora* 'Prichard Variety' (campanule) × 5
11. *Gypsophila paniculata* 'Bristol Fairy' (gypsophile brouillard) × 3
12. *Lychnis coronaria* × 7

Plan

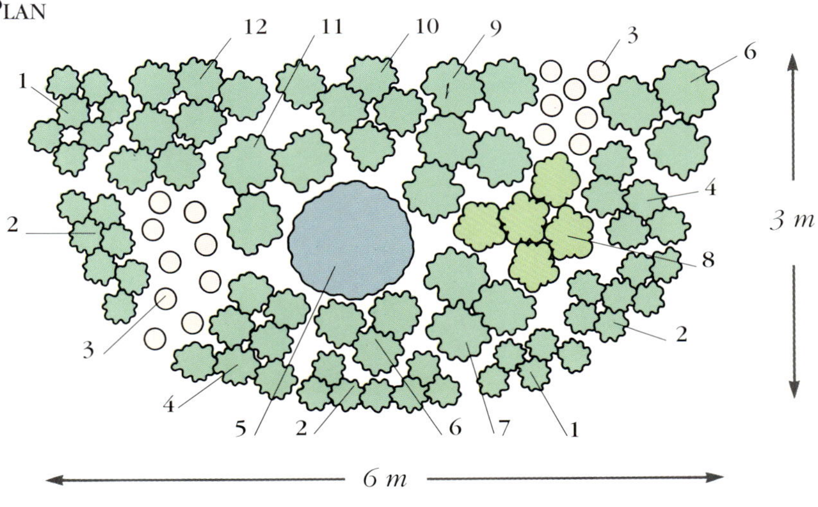

Lychnis
Des feuilles grises à texture de flanelle forment des touffes d'où s'élèvent les bouquets de fleurs magenta de *Lychnis coronaria*.

Camassia
Plante d'origine américaine, *Camassia leichtlinii* a des tiges élancées portant une grappe de fleurs étoilées en été.

Pâquerette vivace
La grosse pâquerette vivace *Bellis perennis* 'Pomponnette' fleurit abondamment et se ressème spontanément.

Une approche reposante

Les créateurs de ce massif n'ont pas cherché à accorder les bleus des campanules. N'essayez pas non plus. La réussite ou l'échec d'un tel ensemble dépend souvent d'un détail imprévu. Laissez donc faire votre imagination et votre goût.

Des harmonies de couleurs

À l'apogée de l'été, le massif regorge de fleurs – tendres monticules de bleus, de mauves et de roses, accompagnés du rouge vif clair de Lychnis coronaria.

Spectacle de fin de printemps

À la fin du printemps, les pivoines sont le point de mire, épaulées par les daphnés roses et complétées par les ancolies aériennes.

SOINS ET CULTURE

PRINTEMPS
Plantez les pigamons et tuteurez si nécessaire. Plantez les ancolies et les gypsophiles en pots. Plantez en extérieur les sauges sclarées à la fin de la saison. Paillez les pivoines et les pigamons avec un bon engrais. Coupez les pousses éparses des daphnés après la floraison.

ÉTÉ
Semez les ancolies et les pâquerettes vivaces en lignes au début de la saison. Tuteurez les campanules avant qu'elles n'atteignent leur pleine croissance. Enlevez les têtes fanées des pivoines et des lychnis, et coupez les tiges des géraniums après la floraison. Séparez et replantez les gros bouquets de camassias après la floraison.

AUTOMNE
Coupez les vieilles tiges fleuries des ancolies et des campanules. Plantez les camassias et installez les ancolies et les pâquerettes vivaces à leur place définitive au début de la saison. Plantez les pivoines et donnez-leur beaucoup d'engrais à base de poudre d'os. Plantez à cette époque ou au printemps les violettes, les géraniums, les campanules, les lychnis et les daphnés.

HIVER
Coupez les pivoines, les gypsophiles, les pigamons et les lychnis. Mettez en ordre les bouquets de géraniums.

PLANTES EN LIBERTÉ POUR EFFET SURPRISE

PLUSIEURS DE CES PLANTES – la sauge sclarée, les ancolies et les pâquerettes – se ressemant spontanément, transforment rapidement en un joli fouillis tout plan préparé à l'avance. Laissez-les faire. Ce massif n'a rien d'apprêté. Et la sauge, notamment, a besoin d'essaimer pour survivre, car c'est une bisannuelle.

Il vous faudra décider de l'emplacement des pivoines. Elles n'aiment pas être transplantées ; si on passe outre, elles refusent de fleurir pendant plusieurs années. Il est donc important de bien les installer. Les enfouir à trop grande profondeur les empêche également de fleurir ; en fait, 2,5 cm de terre au-dessus des racines suffisent.

Campanula lactiflora **'Prichard Variety' (campanule)** *Vivace fleurissant du début de l'été à la fin de l'automne. H. 1,20 m ; E. 60 cm.*

Thalictrum delavayi **(pigamon)** *Vivace à feuilles très divisées fleurissant au milieu de l'été. H. 1,50 à 2 m ; E. 60 cm.*

Lychnis coronaria **(coquelourde des jardins)** *Plante vivace, souvent cultivée en bisannuelle, à belles fleurs rouge vif sur des tiges ramifiées, feutrées et grises, du milieu à la fin de l'été. H. 45-60 cm ; E. 45 cm.*

Gypsophila paniculata **'Bristol Fairy' (gypsophile brouillard)** *Vivace à petites feuilles vert foncé et à tiges ramifiées et filiformes, recouvertes d'une écume de petites fleurs blanches et doubles en été. H. 60 à 75 cm ; E. 1 m.*

Daphne × burkwoodii **'Somerset'** *Arbuste à feuilles semi-persistantes et fleurs très parfumées à la fin du printemps. H. 1,50 m ; E. 1,20 m.*

Salvia sclarea var. ***turkestanica*** **(sauge sclarée)** *Bisannuelle érigée à feuilles aromatiques. H. 75 cm ; E. 30 cm.*

Geranium pratense **(géranium des prés)** *Vivace à fleurs bleues et feuilles bronze en automne. H. 75 cm ; E. 60 cm.*

Paeonia **'Sarah Bernhardt' (pivoine)** *Grande plante vivace à fleurs doubles, très parfumées. H. et E. 1 m.*

Camassia leichtlinii *Bulbeuse à fleurs en étoile, blanches ou bleu violacé. H. 1,50 m ; E. 30 cm.*

Aquilegia vulgaris **(ancolie)** *Vivace à feuilles découpées et fleurs inclinées. H. 75 cm ; E. 50 cm.*

Bellis perennis **'Pomponnette' (pâquerette vivace)** *Vivace à fleurs doubles au printemps. H. et E. 15-20 cm.*

Viola labradorica **'Purpurea'** *Vivace à fleurs pourpres au printemps. H. 12 cm ; E. variable.*

Variations sur le plan

Les mariages de couleurs sont ici nombreux. En choisissant des pivoines rouge foncé, des ancolies pourpres et des lychnis rouges, vous obtiendrez un effet beaucoup plus spectaculaire qu'avec les mêmes fleurs en rose, bleu et blanc. Mais ici, un autre choix a prédominé : donner de l'ampleur à la plate-bande et l'adapter aux sols lourds et humides.

Un plan efficace pour agrandir l'espace
Si vous adaptez le plan à un espace plus grand, choisissez des plantes de même espèce mais de couleurs différentes, ou d'autres plantes un peu démodées comme des œillets (*Dianthus*), des coquelicots (*Papaver rhoeas*), des giroflées (*Matthiola*) et des œillets de poète (*Dianthus barbatus*). Vous pouvez aussi ajouter des arbustes qui donneront du volume et de la hauteur. Préférez ceux qui poussent bien droit, sinon ils envahiront les plantes qui les entourent. Avec du seringat ou du chèvrefeuille, vous obtiendrez un massif délicieusement parfumé.

Dans les sols lourds et humides, le gypsophile et la sauge sclarée ne sont pas à l'aise et risquent de pourrir. Il vaut mieux alors les remplacer par des anémones du Japon roses ou blanches et par des primevères légèrement colorées.

Clematis 'Perle d'Azur'
Plante grimpante à feuillage caduc qui porte une profusion de grandes fleurs ouvertes bleu azur en été.
H. 3 m ; E. 1 m.

Lonicera periclymenum **'Belgica' (chèvrefeuille)**
Plante grimpante en buisson à fleurs très parfumées, fin printemps, début été.
H. jusqu'à 7 m.

Philadelphus **'Belle Étoile' (seringat)** *Arbuste à branches arquées couvert de fleurs blanches parfumées, fin printemps, début été.*
H. et E. jusqu'à 3 m.

Anemone* × *hybrida, syn. ***A. japonica*** **'Honorine Jobert' (anémone du Japon)** *Vivace à fleurs blanches en coupe, fin été, début automne. Tiges raides et feuilles vert sombre profondément découpées.*
H. 1,50 m ; E. 60 cm.

Primula vulgaris **'Gigha White' (primevère acaule)**
Fleurs blanches à œil jaune au ras du sol.
H. et E. 15-20 cm.

BIENVENUE À L'HIVER
*Au cœur de l'hiver, la délicate fleur en forme de coupe de l'*Helleborus lividus *subsp.* corsicus *est un signe de bienvenue.*

UNE PRÉSENCE HIVERNALE

L'HIVER EST, PENSE-T-ON GÉNÉRALEMENT, l'époque où toute la vie du jardin s'endort. Le printemps et l'été lui apporteraient ses plus beaux joyaux, alors que l'hiver devrait se contenter des restes des saisons précédentes. Mais le jardin ne disparaît pas pour autant avec les premières grisailles. Il est toujours là, devant vos fenêtres, et il ne se passe guère de journée où vous ne mettiez le nez dehors !

LES POINTS FORTS

UN INTÉRÊT PERMANENT
Des plantes à feuillage persistant demandent un entretien minimal. De plus, elles offrent toute l'année des feuilles attractives.

DES FEUILLAGES CARACTÉRISTIQUES
La générosité du feuillage est un des signes particuliers du mahonia, du cyclamen, du lierre et de l'hellébore.

LES AMOUREUX DE L'OMBRE
Toutes les plantes citées ici sont bien adaptées à des terrains ombragés, et poussent volontiers sous les arbres.

Un des principaux attraits de cette plate-bande hivernale est d'offrir un feuillage toujours vert, qui occupe l'espace du jardin avec beaucoup plus de présence que les fleurs. Il agit, en outre, d'une manière plus subtile, apportant un plaisir tranquille, les fleurs ayant alors généralement perdu leur séduction.

ARBUSTES ODORIFÉRANTS
Beaucoup d'arbustes qui fleurissent en hiver – comme la viorne, le daphné, le chimonanthe, le corylopsis, l'hamamélis, l'osmanthus, aussi bien que le mahonia, qui forme le point central de ces plantations hivernales – ont un atout supplémentaire : leur senteur. C'est un des plaisirs les plus délicats qui puissent exister. Et en hiver, lorsque le jardin sollicite beaucoup moins nos sens, le parfum d'une fleur paraît encore plus précieux et plus délicat qu'au beau milieu de l'été.

BEAUTÉ DES FLEURS ET DES FEUILLAGES
L'avantage du mahonia sur les autres arbustes odoriférants de l'hiver réside dans sa forme. Grand et généreusement étendu, toujours vert, il ne change jamais. Ses feuilles sont pennées, chacune de leurs folioles étant disposée de part et d'autre de la nervure principale, qui se termine par une foliole unique. Certaines espèces présentent jusqu'à vingt paires de folioles sur la même nervure. Si vous choisissez *Mahonia × media* 'Charity', sachez que son meilleur moment se situe au début de l'hiver, lorsque l'arbuste dresse ses pointes terminales formées de fleurs jaune citron à l'odeur de lis.

Les deux groupes d'hellébores fleurissent successivement. Le groupe verdâtre d'*Helleborus lividus* subsp. *corsicus* apparaît souvent vers Noël. La rose de carême, *H. orientalis*, avec ses fleurs pouvant aller du blanc tacheté au prune foncé, lui succède à la fin de l'hiver et au début du printemps. Leur feuillage est persistant, les nouvelles feuilles apparaissant avant que les vieilles ne tombent.

LISTE DES PLANTES

1 *Helleborus orientalis* (rose de carême) × 7
2 *Cyclamen coum* × 20
3 *Cyclamen hederifolium* (cyclamen de Naples) × 2
4 *Erythronium dens-canis* (dent-de-chien) × 24
5 *Galanthus nivalis* (perce-neige) × 100
6 *Hyacinthoides hispanica* (jacinthe espagnole) × 30
7 *Helleborus lividus* subsp. *corsicus* × 3
8 *Phyllitis scolopendrium* (scolopendre) × 5
9 *Mahonia media* 'Charity' × 1
10 *Hedera helix* 'Adam' (lierre ommun) × 3

PLAN

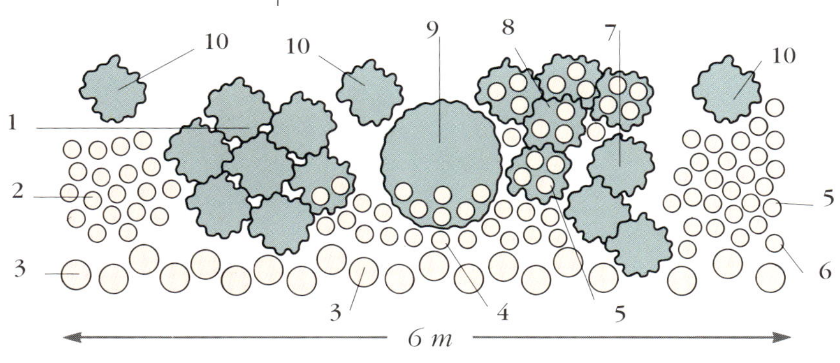

CYCLAMEN D'HIVER
Des fleurs au nez retroussé, soit blanches, soit roses, apparaissent au milieu des feuilles brillantes de *Cyclamen coum* à la fin de l'hiver.

ROSE DE CARÊME
Les fleurs d'*Helleborus orientalis* ont des couleurs variées, pâles ou foncées, unies ou tachetées.

CYCLAMEN D'AUTOMNE
Un feuillage durable et marbré caractérise le cyclamen de Naples (*Cyclamen hederifolium*) qui fleurit en automne.

TAPIS COLORÉ

Les plantes qui se situent au niveau du sol doivent assurer une continuité de couleur et de texture de longs mois durant. Les frondes brillantes des fougères, les feuilles marbrées du cyclamen de Naples et celles du lierre panaché se maintiennent bien après la fin de l'hiver. Au début de l'été, les cyclamens entrent en repos, sans feuilles, avant de produire quantité de petites fleurs, version miniature de celles du cyclamen de Perse, notre cyclamen d'appartement. La floraison de *Cyclamen hederifolium* est suivie par celle de *Cyclamen coum,* qui a lieu du milieu de l'hiver au début du printemps. Les fleurs de ces espèces sont en général roses, parfois blanches.

Les perce-neige fleurissent en même temps que la rose de carême. Les autres plantes à bulbe, telles la dent-de-chien et la jacinthe espagnole, apportent de la couleur et fleurissent jusqu'à la fin du printemps.

LES JOIES DU PRINTEMPS

La jacinthe espagnole et la dent-de-chien fleuriront à la fin du printemps. Elles piquent des taches de couleur qui contrastent avec la texture du fond, formée par les plantes persistantes.

CONSEILS POUR LA SAISON FROIDE

À la fin de l'hiver, les hellébores sont de toute beauté avec leurs fleurs élégantes se détachant sur le fond sombre de leurs feuilles. Le mahonia compose un motif central fourni tout au long de l'année.

SOINS ET CULTURE

PRINTEMPS

Plantez les mahonias et les lierres à cette saison ou en automne. Une fois installé, le mahonia réclame peu de soins, excepté, régulièrement, une bonne couche de paillis. Plantez les perce-neige en vert dès qu'ils ont fini de fleurir. Coupez les vieilles tiges fleuries des hellébores fétides et paillez autour des jeunes pousses.

ÉTÉ

Plantez les dents-de-chien à la fin de la saison, ainsi que les fougères, en prenant soin de bien les arroser jusqu'à ce qu'elles soient solidement installées. Avant la floraison des cyclamens, nourrissez-les avec un engrais potassique et recouvrez-les d'une couche de terreau de feuilles de 2,5 cm d'épaisseur.

AUTOMNE

Plantez les hellébores. Elles n'aiment pas être dérangées : ne vous en occupez pas après leur installation. Plantez les cyclamens au début de la saison, en recouvrant à peine les tubercules d'un peu de terre. Plantez les jacinthes espagnoles à 10 cm de profondeur environ.

HIVER

Coupez les vieilles feuilles des roses de carême quand de nouvelles tiges fleuries apparaissent. Coupez les frondes fanées des fougères.

PLANTES D'ENTRETIEN FACILE POUR PLAISIR HIVERNAL

ABANDONNÉ À LUI-MÊME, le mahonia s'étirera vers le ciel : il vous faudra lever les yeux pour admirer ses fleurs les plus élevées. Luttez contre cette tendance naturelle en rabattant chaque hiver certaines tiges. Mais il continuera à pousser vers le haut, et vous pouvez cultiver d'autres plantes à son pied.

Installez les plantes présentées ici à l'ombre de grands arbres, où règne souvent une légère sécheresse ; vous la compenserez en étendant une bonne couche de compost ou en paillant abondamment.

Les plantes couvre-sols sont peu exigeantes, mais encouragez les lierres à s'étendre dans la direction souhaitée en fixant les longues pousses au sol à l'aide de petits arceaux.

Les cyclamens se multiplient spontanément et abondamment. Ils sont pourtant si beaux qu'on ne s'en lasse jamais : laissez-les donc faire, pour votre plus grand plaisir.

***Hedera helix* 'Adam'** (lierre commun) *Plante rampante vivace à petites feuilles vert clair bordées de jaune crème. H. 1,20 m ; E. 1 m.*

Mahonia* × *media 'Charity' *Arbuste à feuilles persistantes, vert foncé, et grappes étroites de fleurs jaunes. H. 3 m ; E. 2,50 m.*

Phyllitis scolopendrium (scolopendre) *Fougère persistante à frondes en forme de langue coriace. H. 45-75 cm ; E. jusqu'à 45 cm.*

Hyacinthoides hispanica (jacinthe espagnole) *Bulbeuse à fleurs bleues, blanches ou roses au printemps. H. jusqu'à 30 cm ; E. 10-15 cm.*

Helleborus orientalis (rose de carême) *Vivace à feuilles persistantes, à fleurs blanches, roses ou rouges, en hiver et au printemps. H. et E. 45 cm.*

Helleborus lividus subsp. ***corsicus*** (hellébore livide) *Plante à feuilles persistantes et fleurs blanc verdâtre en hiver et au printemps. H. et E. jusqu'à 60 cm.*

Galanthus nivalis (perce-neige) *Bulbeuse à fleurs blanches pendantes en hiver et au printemps, et feuilles en lanières H. 10-15 cm ; E. 5-8 cm.*

Cyclamen coum *Tubercule donnant des fleurs rose soutenu en hiver. H. 10 cm ; E. 5-10 cm.*

Erythronium dens-canis (dent-de-chien) *Bulbeuse vivace à feuilles pointues joliment tachetées et fleurs pendantes roses, pourpres ou blanches à pétales réfléchis, au printemps. H. 15-20 cm ; E. 8-10 cm.*

Cyclamen hederifolium (cyclamen de Naples) *Tubercule à feuilles à motifs et fleurs roses en automne. H. 10 cm ; E. 10-15 cm.*

VARIATIONS SUR LE PLAN

PEU D'ARBUSTES À FLORAISON HIVERNALE peuvent rivaliser avec le mahonia, qui présente de l'intérêt tout au long de l'année. Mais si vous n'êtes pas sûr que votre terrain convienne à sa vigueur, remplacez-le par d'autres arbustes, comme la viorne. Quant aux couvre-sols, vous n'avez que l'embarras du choix. Essayez d'autres fougères et d'autres bulbes, en évitant soigneusement ceux qui réclament beaucoup de soleil.

NUANCES DE ROSE

Pour créer un ensemble à dominante rose, remplacez le mahonia par une viorne à floraison hivernale. *Viburnum* × *bodnantense* 'Dawn' est un arbuste dressé dont les tiges sont couvertes, au milieu de l'hiver, de bouquets de fleurs rose-pourpre parfumées. Compensez son manque d'éclat estival par un manteau de clématites : choisissez une variété pâle, comme la rose 'Comtesse de Bouchaud' (qui fleurit à la fin de l'été), que vous taillerez tous les ans, afin que la viorne puisse se montrer. Comme la clématite, celle-ci a besoin pour bien fleurir d'un emplacement un peu plus ouvert que le mahonia.

De très nombreuses plantes aiment vivre au ras du sol dans des taches d'ombre. Remplacez le lierre par des pervenches pour avoir davantage de fleurs, et les scolopendres aux bords froissés par des fougères plates. A moins que vous ne préfériez la fougère en plume d'autruche, *Matteucia struthiopteris* : si elle a l'inconvénient d'être caduque, son apparition à la fin du printemps est spectaculaire.

Viburnum* × *bodnantense **'Dawn'** *Arbuste à feuilles caduques, à bouquets de bourgeons rose foncé qui donnent des fleurs parfumées roses de la fin de l'automne au début du printemps. H. 3 m ; E. 2,50 m.*

Phyllitis scolopendrium **'Marginatum' (scolopendre)** *Fougère persistante à frondes vert vif dressées et bord fortement plissé. H. et E. 30-40 cm.*

Vinca minor 'Argenteo Variegata' **(petite pervenche)** *Couvre-sol persistant à feuilles bordées de blanc et fleurs bleu lilas. H. 15 cm ; E. variable.*

Clematis **'Comtesse de Bouchaud'** *Plante grimpante vivace à floraison hâtive. À la fin de l'été, elle est couverte de masses de grandes fleurs simples rose-mauve et à anthères jaunes. H. 2-3 m ; E. 1 m.*

DES MASSES COLORÉES *Les rosettes distinctes de la joubarbe des toits,* Sempervivum tectorum, *brillent d'un rouge profond.*

Collection de plantes miniatures

Si vous respectez scrupuleusement les conditions de vie des plantes alpines, vous pourrez les cultiver en divers endroits de votre jardin : entre les pierres d'une terrasse ou d'un patio, au milieu d'une pelouse ou de gravillons, dans des bassins ou des bacs peu profonds, dans une serre fraîche ou, comme ici, en massif surélevé.

Perdez tout espoir de recréer les Alpes dans votre jardin ! Malgré tous vos efforts pour organiser une rocaille, elle ne ressemblera jamais à un éboulis alpin. Installez plutôt vos plantes dans un lieu surélevé : vous en profiterez d'autant mieux. Choisissez un muret de pierres sèches séparant une terrasse d'une pelouse, ou bien l'extrémité d'un patio. Vous les admirerez d'autant plus facilement et vous leur offrirez les meilleures conditions de drainage pour fleurir. Il leur faudra aussi du soleil et un emplacement dégagé.

Plantes alpines et bulbes colorés

Le printemps est le meilleur moment pour les plantes alpines et les bulbes qui les accompagnent, comme les fritillaires, les scilles, les narcisses nains et divers crocus et tulipes. Bien des plantes qui fleurissent à cette époque, comme les saxifrages, ont une forme et des feuilles assez agréables pour attirer l'attention toute l'année.

Les saxifrages constituent une grande famille, très diversifiée. Vous pouvez composer un massif entier en n'utilisant qu'elles. Mais, ici, vous vous limiterez à deux espèces. L'une ressemblera à une mousse et formera des monticules nets de feuillage vert, piqués çà et là de fleurs à courte tige. Pour l'autre, choisissez *Saxifraga* 'Southside Seedling', qui a des panaches de fleurs en forme de coupe, blanches tachetées de rouge vif. Les rosettes de feuilles meurent après la floraison et laissent des rosettes satellites qui auront besoin d'une saison ou plus avant d'être assez grandes pour une

Les points forts

Tout ce qui est petit est joli
Un jardin miniature, tout indiqué pour un espace très étroit, est composé de plantes alpines et d'autres plantes compactes.

Formes et Contrastes
Des fleurs et des bulbes délicats contrastent avec les formes robustes et architecturales des conifères nains et avec la structure rugueuse du gravier et des blocs calcaires.

Liste des plantes

1 *Convolvulus cneorum* (liseron) × 1
2 *Sempervivum tectorum* (joubarbe des toits) × 14
3 *Pulsatilla vulgaris* × 6
4 *Dianthus gratianopolinatus* (œillet caesius) × 6
5 *Saxifraga angustifolium* 'Southside Seedling' × 10
6 *Sisyrinchium angustifolium* × 15
7 *Campanula carpatica* (campanule des Carpathes) × 6
8 *Saxifraga* 'Sanguinea Superba' (saxifrage mousse) × 3
9 *Lithospermum diffusum* Heavenly Blue' (grémil) × 6
10 *Pinus mugo* 'Humpy' (pin de montagne nain) × 1
11 *Hebe pinguifolia* 'Pagei' × 1
12 *Juniperus communis* 'Compressa' (genévrier nain) × 3

Plan

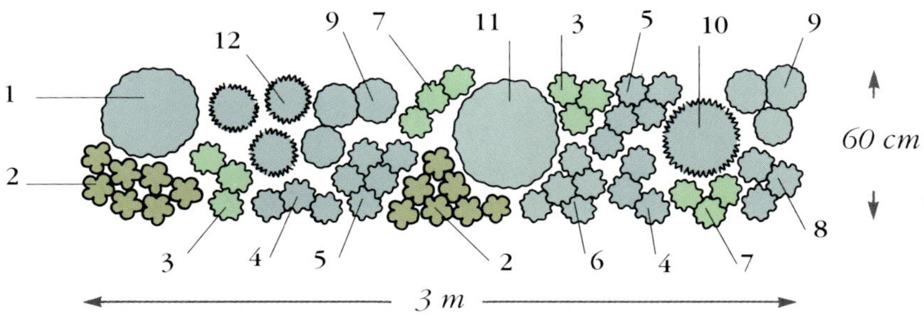

UN SPECTACLE POUR LE PRINTEMPS
À la fin du printemps, les véroniques, les pulsatilles et les saxifrages sont en pleine floraison. Un pin nain et quelques genévriers ajoutent leurs formes robustes et leurs textures contrastantes à l'ensemble.

LISERON
Convolvulus cneorum est une jolie plante à feuilles argentées mais pas toujours vivace.

nouvelle floraison. Achetez la première année la moitié des plantes dont vous avez besoin et l'autre moitié l'année suivante. Ainsi, par la suite, elles ne mourront pas toutes en même temps. Enfin, mettez une plante qui retombera par-dessus le mur et adoucira sa ligne. Des campanules ou des œillets feront l'affaire et prolongeront la saison fleurie jusqu'en été.

UN CADRE STRUCTURÉ

Sélectionnez des plantes plus grandes pour équilibrer l'ensemble. Les conifères nains sont les compagnons classiques des plantes de rocaille et donnent une masse de verdure toute l'année. Il existe de nombreux genévriers dressés, qui ajouteront hauteur et structure. Un pin – *Pinus mugo* 'Humpy' ou *Pinus pumila* 'Compacta' – forme un dôme arrondi aux aiguilles disposées en volutes autour de branches trapues. *Pinus leucodermis* 'Schmidtii' est également un conifère nain intéressant. Quel que soit votre choix, assurez-vous avant l'achat qu'il s'agit bien d'une forme naine et non pas d'une forme jeune d'une espèce normale.

LE MASSIF À LA FIN DE L'ÉTÉ
En été, les liserons, les sisyrinchiums, les grémils et les campanules s'épanouissent, offrant un luxe de fleurs richement colorées.

CAMPANULE DES CARPATHES
Des coussins bas et nets de feuilles d'un vert brillant sont cloutés en été de fleurs bleues ou blanches de campanules naines, *Campanula carpatica*.

GRÉMIL
Les tiges procombantes de *Lithospermum diffusum* 'Heavenly Blue' sont couvertes en été de fleurs d'un bleu soutenu.

SISYRINCHIUM
Sisyrinchium angustifolium a des fleurs en étoile au bout de tiges raides.

GENÉVRIER NAIN
Juniperus communis 'Compressa' est un excellent genévrier nain à utiliser avec des plantes alpines poussant au ras du sol.

JOUBARBE DES TOITS
Les variétés de *Sempervivum tectorum* ont toutes des rosettes de feuilles grasses.

VÉRONIQUE ARBUSTIVE
Arbuste dense et bas, *Hebe pinguifolia* 'Pagei' a un feuillage d'un gris intense et glauque.

ANÉMONE PULSATILLE
Pulsatilla vulgaris a des feuilles soyeuses surmontées de fleurs pourpres.

SAXIFRAGE
Saxifraga 'Southside Seedling' a une écume de fleurs roses et blanches au bout de tiges de 30 cm de long.

ŒILLET
Cet œillet vivace, *Dianthus gratianopolitanus*, remplit l'air de son délicieux parfum au début de l'été.

PIN DE MONTAGNE NAIN
La forme la plus ramassée du pin de montagne, *Pinus mugo* 'Humpy', pousse lentement, de façon dense et arrondie.

Campanula carpatica

SAXIFRAGE MOUSSE
Saxifraga 'Sanguinea Superba' a des fleurs rouges en été.

Sisyrinchium angustifolium

***Lithospermun diffusum* 'Heavenly Blue'**

UN BON DRAINAGE POUR LES MINIATURES

LE DRAINAGE EST ICI LE SECRET de la réussite. Utilisez un compost spécial pour plantes alpines, ou préparez-en vous-même en ajoutant du sable à un mélange à base de terreau. Le compost se tasse ; soyez très généreux. Un mulch d'éclats de gravier est aussi utile : il constitue une couche de drainage rapide, empêche les mauvaises herbes de s'installer et diminue les quantités d'arrosage nécessaires.

Installez le plan horizontal avec des blocs de tuf calcaire que vous enfoncerez au moins au tiers de leur hauteur afin qu'ils soient stables.

SOINS ET CULTURE

PRINTEMPS
Plantez les genévriers et les œillets, et donnez de l'engrais potassique. Installez les campanules, les liserons, les grémils, les joubarbes et les sisyrinchiums. Protégez les campanules des limaces et mettez du terreau de feuilles sur les grémils. Partagez et replacez les touffes trop serrées de joubarbe. Coupez les pousses haut montées des véroniques si nécessaire.

ÉTÉ
Retirez les fleurs mortes des saxifrages mousses. Coupez aussi les tiges fleuries de *Saxifraga* 'Southside Seedling', des œillets et des campanules. Retirez les rosettes fleuries et fanées des joubarbes. Étêtez les véroniques après la floraison.

AUTOMNE
Plantez les saxifrages à cette époque ou au printemps dans de la terre pierreuse. Installez les anémones pulsatilles dans des endroits ensoleillés. Retirez les tiges fleuries et les feuilles fanées des sisyrinchiums. Taillez les grémils s'ils empiètent sur leurs voisins.

HIVER
Plantez les pins dans des endroits ensoleillés, à cette saison ou au printemps. Retirez les feuilles tombées des œillets et des saxifrages. Dans les zones humides, protégez les liserons avec des châssis en verre ou des cloches.

Saxifraga **'Southside Seedling' (saxifrage)**
Vivace fleurissant à la fin du printemps et au début de l'été. H. et E. 30 cm.

Lithospermum diffusum **'Heavenly Blue' (grémil)**
Petit arbuste persistant fleurissant en été. H. 30 cm ; E. 45 cm.

Convolvulus cneorum **(liseron)**
Arbuste à feuilles persistantes argentées et fleurs blanches à la fin du printemps et en été. H. et E. 75 cm.

Juniperus communis **'Compressa' (genévrie nain)**
Conifère nain érigé aromatique. H. 75 cm ; E. 15 cm.

Hebe pinguifolia **'Pagei' (véronique arbustive)**
Arbuste semi-prostré à feuilles glauques persistantes, et belle floraison au début de l'été. H. et E. 90 cm.

Pinus mugo **'Humpy' (pin de montagne nain)**
Conifère nain aux aiguilles vert sombre. H. et E. 25-30 cm.

Sempervivum tectorum **(joubarbe des toits)**
Vivace à rosettes de feuilles charnues, parfois entièrement teintées de rouge. H. 15 cm ; E. 20 cm.

Campanula carpatica **(campanule des Carpathes)**
Espèce vivace naine, ramifiée, à fleurs bleues ou blanches en été. H. 10 cm ; E. 30 cm.

Sisyrinchium angustifolium *Vivace à feuilles semi-persistantes et fleurs bleues en été. H. 30 cm ; E. 8 cm.*

Pulsatilla vulgaris **(anémone pulsatille)**
Vivace à fleurs rouges, roses, pourpres ou blanches au printemps. H. et E. 23 cm.

Dianthus angustifolium **(œillet caesius)**
Vivace tapissante à feuilles persistantes. H. 15 cm ; E. 30 cm.

Saxifraga **'Sanguinea Superba' (saxifrage mousse)** *Plante vivace à fleurs rose rougeâtre. H. 10 cm ; E. variable.*

VARIATIONS SUR LE PLAN

DIFFÉRENTS BULBES NAINS compléteront les plantes de ce massif et contribueront à allonger sa saison d'intérêt. Si vous les faites pousser en pots et que vous les mettez quelque temps dans le massif, vous en modifierez très facilement le plan à chaque saison. Choisissez des variétés bien proportionnées aux autres plantes ; évitez certaines jonquilles qui sont trop élancées.

BULBES POUR UNE LONGUE PARADE

Installez des cyclamens pour donner un peu de vie quand bien des plantes sont en sommeil. *Cyclamen coum* fleurit au début de l'hiver, tandis qu'au début de l'automne, les colchiques offrent des bouquets bigarrés de fleurs roses. Au printemps, le choix est immense : toutes sortes de crocus, de scilles, de chinodoxas, de puschkinias, sans oublier *Anemone blanda*, se marient merveilleusement. Plantez vos tulipes et vos narcisses en pots et enlevez-les après la floraison ; laissez les feuilles sécher avant de ranger les bulbes pour l'année suivante.

Colchicum agrippinum **(colchique)**
Bulbeuse à fleurs érigées roses, en entonnoir, au début de l'automne.
H. 10-15 cm ; E. 10 cm.

Cyclamen coum **(cyclamen de l'île de Cos)**
Tubéreuse à feuilles arrondies vert foncé ou tachées d'argent et fleurs rose foncé en hiver.
H. et E. 10 cm.

Narcisus **'Hawera'**
Bulbeuse à fleurs inclinées jaune citron et pétales tournés vers l'arrière au printemps.
H. et E. jusqu'à 20 cm.

Iris reticulata **'Cantab'**
Bulbeuse à fleurs bleu pâle, marquées d'une ligne jaune brillant.
H. 10-15 cm ; E. 5 cm.

Tulipa linifolia
Bulbeuse fleurissant au début du printemps, à feuilles gris-vert et fleurs rouges à base globuleuse, avec un centre pourpre noirâtre, généralement bordé de crème ou de jaune.
H. et E. 20 cm.

Crocus tommasinianus
Bulbeuse à fleurs élancées, tubulaires, qui peuvent être lilas, pourpre foncé ou violet, parfois à extérieur argenté, apparaissant au printemps.
H. 10 cm ; E. 8 cm.

Les îlots et autres massifs

Dans un jardin, les compositions de plantes doivent être agréables à regarder de tous les côtés. C'est encore plus vrai pour les îlots, car ils sont par définition isolés. La forme même d'un massif peut conditionner le style que vous lui donnerez. S'il est symétrique ou géométrique, il réclamera une organisation classique ; s'il est arrondi ou irrégulier, il se satisfera d'un plan plus informel.

Performances à répétition
Les fleurs doubles du rosier 'Pénélope' sont d'un rose délicat. Si vous prenez soin de retirer les fleurs fanées, il refleurira sans discontinuer jusqu'à l'automne.

Parterre de roses

Rares sont les plantes capables de rivaliser avec les roses pour la séduction des parfums et l'étendue de la gamme de couleurs, qu'elles soient riches et profondes ou pâles et subtiles. Dans les jardins traditionnels, les rosiers sont parfois cultivés seuls, mais ici, un tapis de plantes ondule à leur pied, leur offrant un écrin de teintes et de textures.

Il est tout à fait possible d'avoir des rosiers qui restent sains, parfumés, harmonieux durant la plus grande partie de l'été, et qui s'ornent d'un beau feuillage et de magnifiques fleurs, mêlant l'élégance au charme. Le problème, cependant, reste de trouver une variété qui réunisse toutes ces qualités.

Si vous recherchez la beauté des fleurs, rien ne vaut le rosier buisson hybride de thé. Mais il est sans grâce et souvent chétif. Les rosiers anciens, eux, sont plus raffinés, mais ils ne fleurissent qu'une seule fois, et brièvement, au milieu de l'été. Entre ces deux extrêmes se trouvent les races superbes connues sous le nom d'hybrides musqués. Ce sont des arbustes sains, peu compliqués, qui, contrairement aux rosiers anciens, fleurissent jusqu'à l'automne. Cette composition réunit le rosier 'Felicia', qui a de belles fleurs doubles, rose saumon, devenant crème en vieillissant, et le rosier 'Pénélope', dont les bouquets de fleurs crème se teintent de rose. Tous deux sont délicieusement parfumés. Installez-les en un groupe contrasté de trois, dans les angles de ce massif classique en losange.

Cœur de plantes grimpantes

Organisez votre composition autour d'un beau rosier grimpant que vous pourrez palisser sur un support. Les obélisques métalliques sont résistants et deviennent de jolies sculptures de jardin quand les rosiers sont en sommeil.

Évitez les cultivars vigoureux et trop sauvages, comme 'Kiftsgate', vite envahissants. Les variétés grimpantes à grandes fleurs sont plus courtes, mais ont une croissance capricieuse. Intéressez-

Les points forts

Formes géométriques
Des taches de couleur répétées confèrent un aspect géométrique à cet ensemble.

Cœur sculptural
L'obélisque au centre de la composition ajoute de la hauteur et attire le regard.

Couleurs douces
Des groupes coordonnés d'alchémilles, de géraniums, d'anaphalis et d'œillets sont choisis en fonction des couleurs des rosiers.

Liste des plantes

1. *Dianthus* 'Musgrave's Pink' (œillet mignardise) × 6
2. *Rosa* 'Pénélope' × 6
3. *Geranium endressii* × 6
4. *Stachys macrantha* (épiaire) × 6
5. *Nepeta* 'Six Hills Giant' (herbe-aux-chats) × 6
6. *Rosa* 'Felicia' × 6
7. *Alchemilla mollis* (alchémille) × 3
8. *Geranium psilostemon* × 6
9. *Hosta fortunei* 'Albopicta' × 10
10. *Iris germanica* × 14
11. *Anaphalis triplinervis* × 6
12. *Rosa* 'Félicité et Perpétue' × 17

Plan

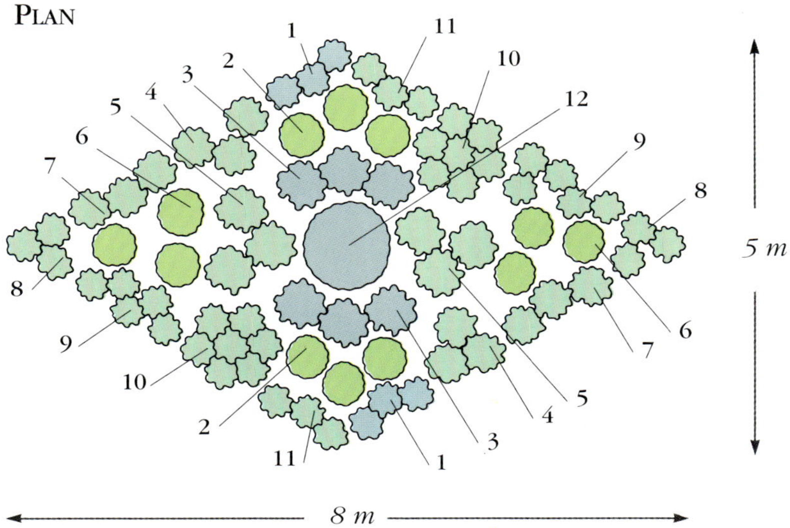

Spectacle de fin d'été
Les hybrides musqués en fleurs éclipsent les autres plantes. Les rosiers 'Felicia' et les anaphalis forment des fonds de feuillage gris, tandis que Nepeta, *bleutée, et* Geranium endressii, *rose, piquent çà et là des touches de couleurs.*

Géranium
Geranium endressii est un bon couvre-sol à feuilles persistantes et à fleurs rose argenté abondantes.

Hosta
Avec ses touffes de feuilles bariolées, *Hosta fortunei* 'Albopicta' est spectaculaire au printemps.

vous de préférence à un rosier grimpant comme 'Félicité et Perpétue', qui ne dépasse guère 5 m de hauteur. Dans les zones clémentes, son feuillage peut être persistant, ce qui constitue un avantage. Les fleurs sont petites, mais disposées en gros bouquets, blanc crème, parfois éclaboussées de rose, et délicieusement parfumées.

Si ces subtilités vous semblent trop complexes, essayez le 'Garland', si prisé de G. Jekyll, qui se limite généralement à 3 m de haut. Il donne en abondance des masses de petites roses crème en bouquets, au parfum d'orange, doux et piquant.

UNE CASCADE DE COULEURS
À la mi-été, le rosier grimpant forme une tour de fleurs, tandis que la couleur est donnée par Geranium psilostemon, *rouge-violet à centre noir.*

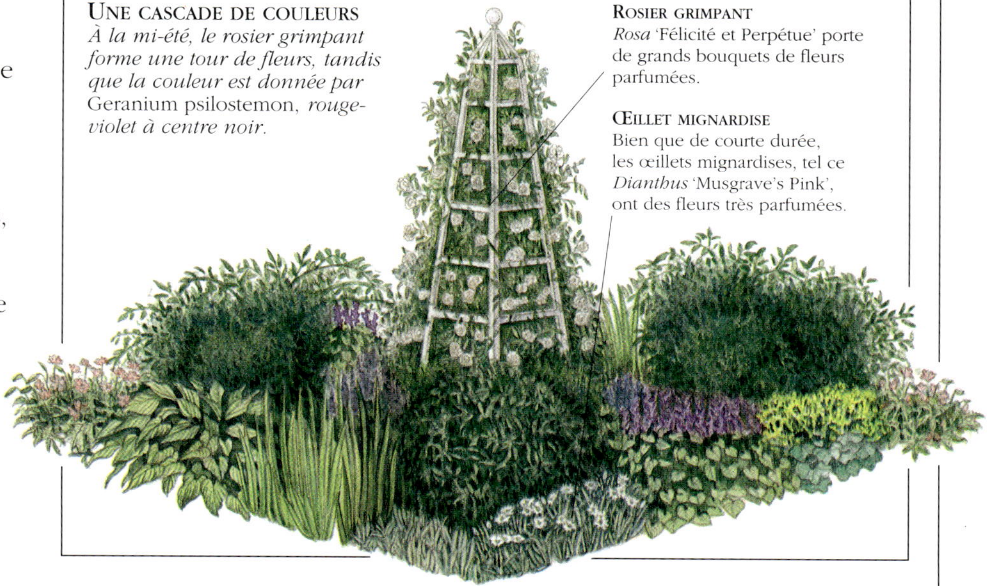

SOINS ET CULTURE

PRINTEMPS
Donnez aux rosiers du fumier bien décomposé. Attachez les nouvelles pousses des rosiers grimpants. Plantez les œillets dans un sol bien drainé, ainsi que les stachys, les alchémilles, l'herbe-aux-chats, les géraniums, les hostas et les anaphalis. Protégez les jeunes feuilles des hostas contre les limaces à la fin de la saison.

ÉTÉ
Si nécessaire, traitez les rosiers contre les pucerons et l'oïdium. Enlevez régulièrement les fleurs fanées. Faites de même pour les œillets et mettez un fertilisant riche en potasse. Coupez les géraniums après la floraison pour que la plante reste ramassée et fleurisse encore une fois.

AUTOMNE
Plantez les iris en leur donnant beaucoup d'engrais phospho-potassique et en enfonçant à peine les rhizomes dans le sol. Taillez les feuilles à la moitié de leur longueur. Enlevez les feuilles mortes des plantes en place. Coupez fortement les anaphalis si nécessaire. Taillez l'herbe-aux-chats.

HIVER
Plantez les rosiers, avec poudre d'os et compost. Taillez les rosiers grimpants. Si vous désirez obtenir un effet plus naturel, ne taillez pas les hybrides musqués.

AUTRES FLEURS POUR ROSERAIE

MÊME LES ROSIERS LES PLUS REMARQUABLES, comme les hybrides musqués, n'ont pas un feuillage suffisamment beau pour en faire un atout. D'où l'importance de les associer, dans le même massif, à des plantes à joli feuillage.

L'alchémille est une bonne alliée, mais elle tarde toujours un peu à déployer ses feuilles. D'autre part, elle se montre souvent légèrement envahissante, aussi ne faut-il pas hésiter à couper les tiges fleuries avant qu'elles ne prennent trop d'ampleur.

Stachys macrantha, aux feuilles froissées, cordiformes, se multiplie en formant un épais tapis vert. Il n'est pas aussi lisse et fourni que son cousin *Stachys byzantina,* mais il est quand même assez satisfaisant.

Geranium endressii
Plante tapissante à feuilles semi-persistantes, donnant des fleurs roses en forme de coupe en été.
H. 45 cm ; E. 60 cm.

Dianthus **'Musgrave's Pink'**
(œillet mignardise)
Vivace tapissante à fleurs blanches simples au milieu de l'été.
H. 45 cm ; E. 30 cm.

Iris germanica
Iris barbu rhizomateux à fleurs violettes éclaboussées de jaune en fin de printemps et début d'été.
H. 1,20 m ; E. variable.

Rosa **'Felicia'**
Hybride musqué vigoureux à feuillage gris vert et fleurs doubles parfumées en été et en automne.
H. 1,50 m ; E. 2,20 m.

Rosa **'Félicité et Perpétue'**
Rosier grimpant semi-persistant portant des bouquets de fleurs doubles allant du rose soutenu au blanc au milieu de l'été.
H. 5 m ; E. 4 m.

Geranium psilostemon
Plante vivace en touffes, à fleurs violettes à centre noir, en forme de coupe, à la mi-été, et feuilles très découpées joliment colorées en automne.
H. et E. 1,20 m.

Rosa **'Pénélope'**
Hybride musqué arbustif à feuillage vert sombre abondant, portant des bouquets de fleurs rose crème, doubles, parfumées, en été-automne.
H. et E. 1 m.

Nepeta
(herbe-aux-chats)
Plante vivace à floraison estivale, à feuilles étroites vert-gris et épis de fleurs bleu lavande.
H. et E. 60 cm.

Hosta fortunei **'Albopicta'**
Vivace en bouquets cultivée principalement pour ses feuilles vert pâle éclaboussées de crème. Ses fleurs violet pâle s'ouvrent en début d'été. H. et E. 1 m.

Anaphalis triplinervis
Plante naine vivace, feuillue, à feuillage vert-gris et tiges argentées. Les capitules floraux, blancs, apparaissent à la fin de l'été.
H. 20-30 cm ; E. 15 cm.

Stachys macrantha
Vivace en touffe portant des feuilles vert tendre, ridées, en forme de cœur. En été, elle porte des épis de verticilles de grandes fleurs rose-pourpre. H. et E. 30 cm.

Alchemilla mollis
(alchémille)
Plante couvre-sol vivace à feuilles arrondies duveteuses et ramilles de fleurs jaune verdâtre en été.
H. et E. 50 cm.

VARIATIONS SUR LE PLAN

LE PLAN ORIGINEL UTILISE DES ROSIERS délicatement teintés de rose crème. Pour obtenir un effet plus somptueux, préférez des rosiers rugueux, rouge profond. Prolongez la saison d'intérêt du parterre en introduisant des bulbes à floraison printanière, comme les jacinthes et les tulipes. Vous pouvez planter dehors des oignons de jacinthe qui ont été forcés pour fleurir en intérieur.

Rosa rugosa 'Roseraie de l'Haÿ' *Vigoureux, très parfumé, à grandes fleurs magenta doubles. H. 2 m ; E. 1,50 m.*

SPECTACLE DE ROSES SOUTENUS ET DE POURPRES

Les rosiers rugueux ont un mode de croissance très différent de celui des hybrides musqués. Ils sont touffus, droits, vigoureux : ils donnent de véritables buissons dont la force n'a rien à voir avec l'effet de légèreté, de naturel et d'étalement que produisent les hybrides musqués. Ils sont à l'évidence robustes, étrangers aux taches noires et à l'oïdium. Le 'Roseraie de l'Haÿ' a de larges fleurs plates semi-doubles, magenta soutenu. Le 'Frau Dagmar Hastrup' a des fleurs plus pâles, mais présente en automne des fruits spectaculaires de la taille et de la couleur des tomates cerises.

Pour accroître la richesse du parterre, remplacez le rosier grimpant pâle par un autre, plus soutenu. 'Veilchenblau' fera l'affaire : ses fleurs ressemblent à du papier violet qu'on aurait laissé sous la pluie et deviennent gris-lilas en vieillissant. Évitez les roses jaune vif : elles s'accorderaient mal avec *Geranium psilostemon*, rouge-violet.

Rosa rugosa 'Frau Dagmar Hastrup' *Arbuste à fleurs roses, simples, parfumées, et gros fruits en automne. H. 1,50 m ; E. 1,20 m.*

JOLIS BULBES PRINTANIERS

Cette composition étant conçue pour s'épanouir en été, tous les bulbes que vous y planterez lui offriront une autre chance de se faire remarquer plus tôt dans l'année. Installez des rangées serrées de crocus tout autour du massif en losange, et une touffe de jonquilles au pied du rosier central. Ou bien plantez au hasard des groupes de jacinthes (sept au moins par touffe), mélangées à des tulipes. Essayez la tulipe perroquet 'Estella Rijnveld', d'un rouge rayé de crème, et la blanche 'Purissima', aux fleurs simples, qui fleurit plus tôt.

Tulipa fosteriana 'Purissima' *Bulbe à fleurs blanc très pur au printemps et grandes feuilles. H. 35-40 cm ; E. 20 cm.*

Tulipa 'Estella Rijnveld' *Bulbe donnant des fleurs frangées rouges striées de blanc crème à la fin du printemps. H. 60 cm ; E. 20 cm.*

Hyacinthus orientalis 'Delft Blue' (jacinthe d'Orient) *Bulbeuse à fleurs bleues teintées de violet, parfumées, en hiver ou au printemps. H. 10-20 cm ; E. 6-10 cm.*

Succulente couleur acier
*Les feuilles charnues à pointe piquante d'*Agave parryi *forment une rosette compacte, bleu acier, et permettent à la plante de supporter de longues périodes de sécheresse.*

Îlot de plantes du désert

Les belles plantes exotiques tels les yuccas, les agaves, les kniphofias et les phormiums ont besoin d'espace, comme des statues dans une galerie. Cet îlot sera à son avantage dans un lieu « moderne » – un patio, une cour aux murs crépis de blanc, ou encore certaines terrasses. Vous pouvez également le modifier pour l'installer dans une serre : ainsi, même dans les régions froides, il vous enchantera toute l'année et non pas seulement pendant quatre mois.

Les points forts

Un style contemporain
Des plantes architecturales audacieuses conviennent à cet arrangement moderne et décontracté.

Emplacement sec
Ce plan est idéal pour un endroit très sec, bien drainé et très ensoleillé, ou pour un îlot dans une serre à l'abri du gel.

À la nuit tombée
Des plantes découpées comme celles-ci sont particulièrement mises en valeur si on les éclaire la nuit venue.

Formes et couleurs

Ce sont les feuillages qui donnent de la couleur à cet îlot : bleu-gris et or bariolé des agaves, gris glauque des eucalyptus, pourpre sombre des phormiums. Les aéoniums, arbres miniatures à rosettes de feuilles charnues disposées de façon parfaitement symétrique, semblent faits de cire. La surface des feuilles est lustrée et glissante, et contraste joliment avec l'aspect un peu terne du phormium. Et même le fuchsia, qui appartient à une famille dont le feuillage n'est pas l'attrait principal, a des feuilles satinées plus sombres et plus soyeuses que celles des espèces ordinaires.

Cet îlot s'enrichit également d'*Eucalyptus niphophila*, plus petit et de croissance plus lente que le très répandu *E. gunnii*, mais aussi rustique et résistant au vent que lui. Les jeunes feuilles sont acajou clair ; cette couleur s'étend en hiver aux petites branches, qui brillent d'un éclat rouge. Au printemps, il est recouvert de fleurs blanc bleuté, couleur de l'écorce des jeunes arbres. Les plus âgés perdent leur écorce, formant un patchwork de crème, de gris et de brun-rouge.

Le phormium se dresse au centre du massif ; ses feuilles persistantes en épée sont plus voyantes que ses fleurs. Seul *Gazania uniflora*, vivace sous un climat doux, est installé ici pour ses fleurs jaunes, modèles de symétrie, et ses feuilles étroites, agréablement doublées d'argent.

Liste des plantes

1. *Datura* × *candida* (stramoine en arbre) x 1
2. *Gazania uniflora* x 16
3. *Agave americana* 'Variegata' x 1 et *A. parryi* x 2
4. *Fuchsia* 'Thalia' x 1
5. *Begonia rex* 'Helen Lewis' x 4
6. *Phormium tenax* 'Purpureum' (lin de Nouvelle-Zélande) x 1
7. *Aeonium arboreum* 'Schwarzkopf' x 3
8. *Kniphofia caulescens* (tritoma) x 3
9. *Eucalyptus niphophila* x 1
10. *Crassula falcata* x 1
11. *Echeveria gibbiflora* var. *metallica* x 1
12. *Yucca whipplei* x 1

Plan

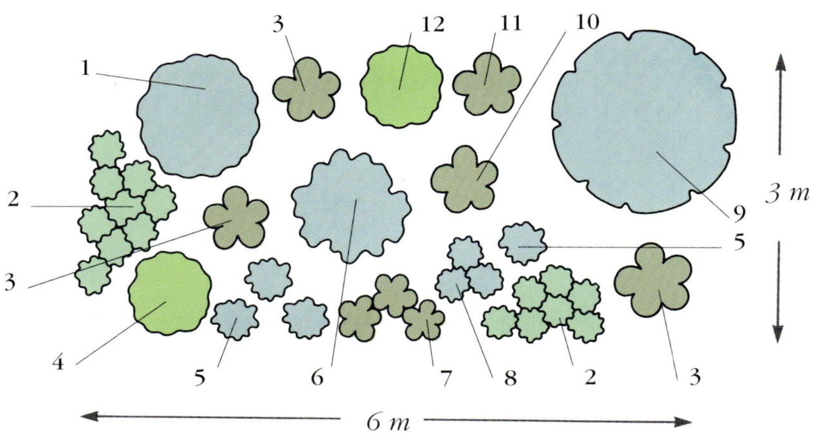

Tableau sculptural
La force de cet îlot réside dans sa simplicité : plantes à silhouette découpée, couleurs limitées et formes se détachant sur un sol de gravier ou de galets.

Stramoine en arbre
Les fleurs très parfumées du stramoine en arbre, *Datura* × *candida*, s'épanouissent sur une longue période, à la fin de l'été et en automne.

Fuchsia
Les feuilles vertes de *Fuchsia* 'Thalia' sont doublées de rouge et font un excellent support pour les fleurs tubulaires rouge orangé.

Gazania
Petits soleils en miniature, les fleurs brillantes de *Gazania uniflora* resplendissent sur un feuillage sombre.

PLAN POUR AMOUREUX DU SOLEIL

Certaines plantes n'ont pas la prétention d'être vivaces. Ce sont des sybarites qui aiment le soleil et détestent le froid. Dans les régions chaudes de la Méditerranée, en Australie et au sud des États-Unis, elles vivent à l'extérieur toute l'année. Dans les régions où les hivers et les vents sont rudes, on ne doit les laisser dans le jardin que durant une courte période estivale.

Les plus petites d'entre elles, comme les crassulas et les aéoniums, peuvent être cultivées en pots et rester dehors sur le gravier pendant l'été. Les bégonias se présentent bien aussi en pots : cela permet de les rentrer facilement pour leur faire passer l'hiver dans une serre, à l'abri du froid.

Les eucalyptus, les yuccas, les phormiums et les kniphofias supportent de demeurer en place toute l'année, sauf dans les zones les plus froides. À eux seuls, ils offrent un contraste saisissant de feuillages et de formes.

SOINS ET CULTURE

PRINTEMPS
Plantez les yuccas, les kniphofias, les gazanias et les phormiums. Rempotez les agaves dans du compost sablonneux et bien drainé. Mettez en pots les bégonias, et si nécessaire les échévérias et les crassulas, avec du compost mélangé à du gros sable. Installez les fuchsias dehors quand tout danger de gel est écarté.

ÉTÉ
Plantez les eucalyptus dans un sol bien drainé ; arrosez jusqu'à ce que l'arbre ait repris et mettez un tuteur si nécessaire. Sortez les agaves. Vaporisez les feuilles de bégonia avec de l'eau pour conserver une atmosphère humide, et donnez-leur un engrais liquide toutes les deux semaines. Mettez les pots de stramoine en pleine terre ou plantez-les directement, selon les conditions. Sortez les pots d'aéoniums.

AUTOMNE
Dépiquez et mettez à l'abri pour l'hiver les plants de fuchsia, ou faites des boutures de jeunes pousses. Rabattez les parties aériennes des plantes après les premières gelées.

HIVER
Gardez les crassulas et les agaves sous couvert et au sec : ils pourrissent s'ils sont trop humides. À la fin de l'hiver, coupez les pousses de stramoine à 15 cm de la base.

PLANTES POUR EMPLACEMENT SEC ET BIEN DRAINÉ

CET ÎLOT DE PLANTES DU DÉSERT s'épanouit dans un lieu dégagé et exposé au soleil. La plupart des plantes utilisées ici ont besoin de sécheresse et d'un terrain bien drainé, notamment les plus grasses, comme les échévérias et les aéoniums, qui pourrissent si elles ont trop d'eau. Recouvrez le sol alentour de galets ou de gravier. Cela les consolidera et leur donnera un air plus naturel que si elles étaient sur de la terre nue. Les galets ont d'autres avantages pratiques : ils empêchent les mauvaises herbes de pousser et ralentissent l'évaporation de l'eau du sol.

Eucalyptus niphophila
Arbre à feuilles persistantes gris-vert bordées de rouge.
H. jusqu'à 10 m ; E. 6 m.

Echeveria gibbiflora var. ***metallica***
Succulente à feuilles charnues gris-vert teintées de rose.
H. 1 m ; E. 15 cm.

Gazania uniflora
Plante vivace formant un tapis et portant des fleurs jaunes au début de l'été.
H. 45-60 cm ; E. 45 cm.

Kniphofia caulescens **(tritoma)**
Vivace à feuilles persistantes et floraison en automne.
H. 1,20 m ; E. 60 cm.

Begonia rex **'Helen Lewis'**
Plante vivace à feuilles persistantes et fleurs crème au début de l'été.
H. et E. jusqu'à 60 cm.

Yucca whipplei
Arbuste persistant à feuilles bleu-vert, étroites, et grands épis de fleurs.
H. 1,50 m ; E. 1 m.

Aeonium arboreum **'Schwarzkopf'**
Plante grasse vivace à feuilles pourpres étroites.
H. jusqu'à 60 cm ; E. 1 m.

Agave americana **'Variegata'** *Succulente vivace à feuilles rigides très pointues, bordées de jaune.*
H. et E. 2 m.

Datura × candida **(stramoine en arbre)** *Arbuste à feuilles semi-caduques et fleurs parfumées en été-automne. H. et E. 3 m.*

Fuchsia **'Thalia'** *Arbuste non rustique à feuilles caduques, longues fleurs minces et feuillage sombre.*
H. et E. 1 m.

Phormium tenax **'Purpureum' (lin de Nouvelle-Zélande)** *Vivace à feuilles persistantes raides.*
H. 2 m ; E. 1 m.

Crassula falcata
Vivace succulente à feuilles grasses, grises, disposées en hélice.
H. et E. 1 m.

VARIATIONS SUR LE PLAN

LE MARIAGE DES FEUILLES POURPRES et des fleurs brillamment colorées du plan originel est riche et somptueux, mais si vous désirez un effet plus léger, plus aérien, vous l'obtiendrez facilement en changeant quelques plantes. Préférez l'albizia à feuilles plumeuses au phormium, plus architectural. Remplacez par des plantes aux fleurs pâles, crème, blanc et rose, les fuchsias, les kniphofias et les gazanias aux fleurs rouges ou jaune vif.

COMBINAISONS DE COULEURS PLUS FRAÎCHES

L'albizia, d'un incarnat aérien, offre un mirage changeant de folioles vert-gris et, à la fin de l'été, d'insolites petites fleurs roses qui ressemblent à des houppettes. Il n'est pas complètement rustique, mais pousse dans un grand pot que l'on peut éventuellement mettre à l'abri.

D'autres teintes doivent être adoucies pour convenir au nouvel aspect de cet îlot. Utilisez des agaves bleu-gris argenté plutôt que 'Variegata', et remplacez le kniphofia rouge par un blanc. Dispersez des taches d'impatientes rose et blanc à la place des gazanias, trop éclatants.

Albizia julibrissin *Arbre caduc à larges feuilles divisées et bouquets de fleurs mousseuses roses à la fin de l'été. H. et E. 10 m.*

***Impatiens* 'Accent' (impatiente)** *Vivace non rustique, cultivée souvent comme annuelle, couverte de fleurs en été et automne. H. et E. jusqu'à 38 cm.*

Begonia fuchsioides *Bégonia à l'allure d'arbuste, à feuilles persistantes dentées, vert foncé, et fleurs simples, pendantes, rouges. H. 1,20 m ; E. 30 cm.*

Echeveria elegans *Vivace succulente formant des groupes, à rosettes de feuilles bleu argenté et fleurs roses s'élançant des feuilles en été. H. 5 cm ; E. 50 cm.*

***Kniphofia* 'Percy's Pride'** *Vivace dressée à grands épis de fleurs couleur crème, teintées de vert, sur des tiges érigées, en automne. H. 1 m ; E. jusqu'à 50 cm.*

Agave parryi *Succulente vivace à feuilles charnues bleu-gris, en rosette. Elle peut donner une grande tige portant des fleurs jaune crème. H. 50 cm ; E. 1 m.*

ORIGINES DISTINGUÉES
Baptisée du nom du célèbre jardin anglais où elle a été cultivée, Verbena *'Sissinghurst' est une plante estimée pour ses fleurs d'un rose brillant et ses feuilles joliment découpées.*

INSTANT FLEURI

TOUS LES JARDINS ONT BESOIN D'ÉPHÉMÈRE ET DE DURABLE. Ce massif conjugue le meilleur de ces deux univers. La pièce centrale est un magnolia, auquel il faudra de nombreuses années pour acquérir de la distinction. En attendant, vous pouvez utiliser l'espace qui l'entoure en y plantant des fleurs annuelles colorées.

Le principe qui consiste à créer un massif éphémère autour d'une plante à vie longue s'applique à tous les arbres ou arbustes qui ont besoin de temps pour revêtir leurs ornements adultes. Ici, c'est un magnolia qui a été choisi, mais un mûrier (*Morus*), un tulipier de Virginie (*Liriodendron tulipifera*) ou une glycine conviendront aussi bien. Faites votre choix en fonction de votre jardin et de vos goûts.

Le magnolia se développe mieux dans un sol riche, fertile, humide et neutre, à tendance légèrement acide. Les plus beaux spécimens poussent dans les régions qui reçoivent au moins 700 mm de pluie par an et qui ne connaissent pas de sécheresses trop prolongées en été. Ils préfèrent les sols alcalins, mais ne seront pas perdus dans un sol pauvre, léger et crayeux.

UN TAPIS ARGENTÉ

Le parterre fleuri qui s'étend au pied du magnolia comprend quatre gros buissons d'anthémis aux fleurs en marguerite. Prenez le cultivar aux jolies feuilles grises et aux fleurs blanches, *Chrysanthemum gracile* 'Chelsea Girl'. Il fleurit sans interruption durant tout l'été et jusqu'aux premières gelées. Rares sont les annuelles qui ont un beau feuillage volumineux : c'est, avec leur floraison incessante, un des atouts majeurs des anthémis.

Ajoutez du volume à la composition en mettant des pieds de cinéraire maritime, *Senecio maritima* 'Silver Dust'. Les feuilles et les tiges sont couvertes de duvet laineux, semblable à du feutre. Dans les régions au climat doux, il survit à l'hiver, car c'est un sous-arbrisseau, mais on le cultive souvent comme annuel, en sèmant ses graines au printemps.

LES POINTS FORTS

CADRE VIVANT
Une masse colorée de fleurs entoure un arbre ou un arbuste à croissance lente.

PLAISIRS À COURT TERME
Un ensemble de plantes à croissance rapide produit un effet instantané.

EFFET À LONG TERME
La pièce centrale, ici le célèbre *Magnolia × soulangeana*, est riche de promesses.

ANCIEN ET NOUVEAU
Ce plan conviendra à n'importe quel arbre ou arbuste déjà présent dans votre jardin.

UN SPECTACLE POUR L'ÉTÉ
En été, le massif est de toute beauté avec ses taches répétées de fleurs colorées qui offrent un spectacle luxuriant.

ANTHÉMIS
Toutes les anthémis sont séduisantes, mais 'Chelsea Girl' a un feuillage en aiguilles bleu gris qui accompagne des fleurs blanches en marguerite.

SAUGE
Les fleurs bleu-violet de *Salvia farinacea* 'Victoria' sont portées par de hautes tiges érigées de la même couleur.

LINAIRE
Linaria maroccana 'Fairy Lights' porte de jolies petites fleurs colorées à gorge blanche.

VERVEINE
Verbena 'Sissinghurst' donne tout l'été des fleurs d'un rose intense.

BARIOLAGES DE COULEURS

Quand ce fond de gris est en place, vous pouvez vous atteler aux couleurs. Bordez le massif de linaires, *Linaria maroccana* 'Fairy Lights', mêlées à de brillantes verveines, comme 'Sissinghurst', d'un rose soutenu. Derrière, remplissez de *Diascia* rose pâle, et de grandes sauges bleu-violet, *Salvia farinacea* 'Victoria'. Ce massif demande un certain temps pour se mettre en place, mais que cela ne vous rebute pas. Vous apprécierez de pouvoir l'admirer tard en saison, et, quand les sauges ont démarré, seul le gel les arrête. Dans ce mélange de roses, de bleus, de gris et de blancs, ajoutez une touche surprenante : quelques bouquets jaune acide de mufliers. Choisissez bien les tons : la meilleure couleur sera le jaune teinté de vert et non pas de rouge.

PLAN

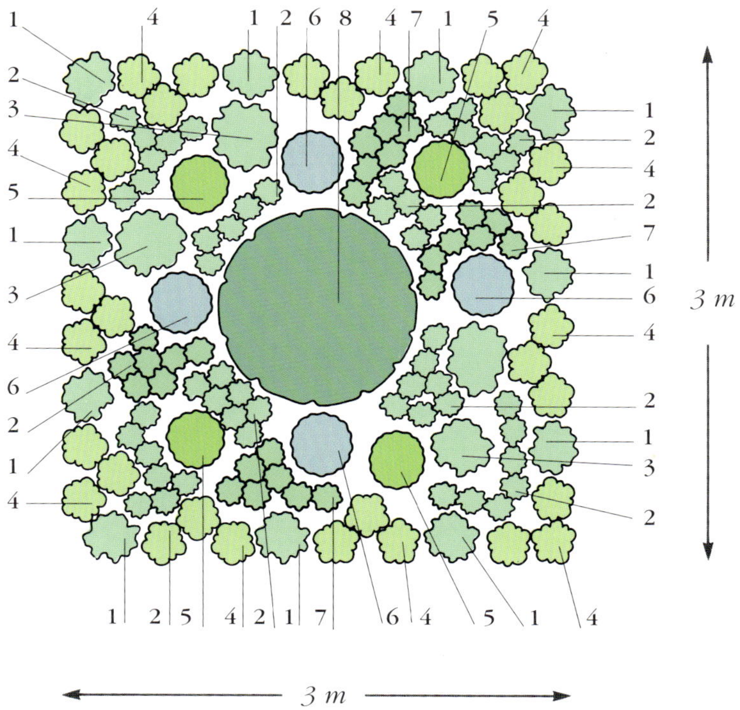

LISTE DES PLANTES

1 *Verbena* 'Sissinghurst' (verveine) × 11
2 *Antirrhinum majus*, jaune résistant à la rouille (muflier) × 40
3 *Diascia rigescens* × 4
4 *Linaria maroccana* 'Fairy Lights' (linaire) × 27
5 *Chrysanthemum gracile* 'Chelsea Girl' (anthémis) × 4
6 *Senecio maritima* 'Silver Dust' (cinéraire maritime) × 4
7 *Salvia farinacea* 'Victoria' (sauge farineuse bleue) × 24
8 *Magnolia* × *soulangeana* × 1

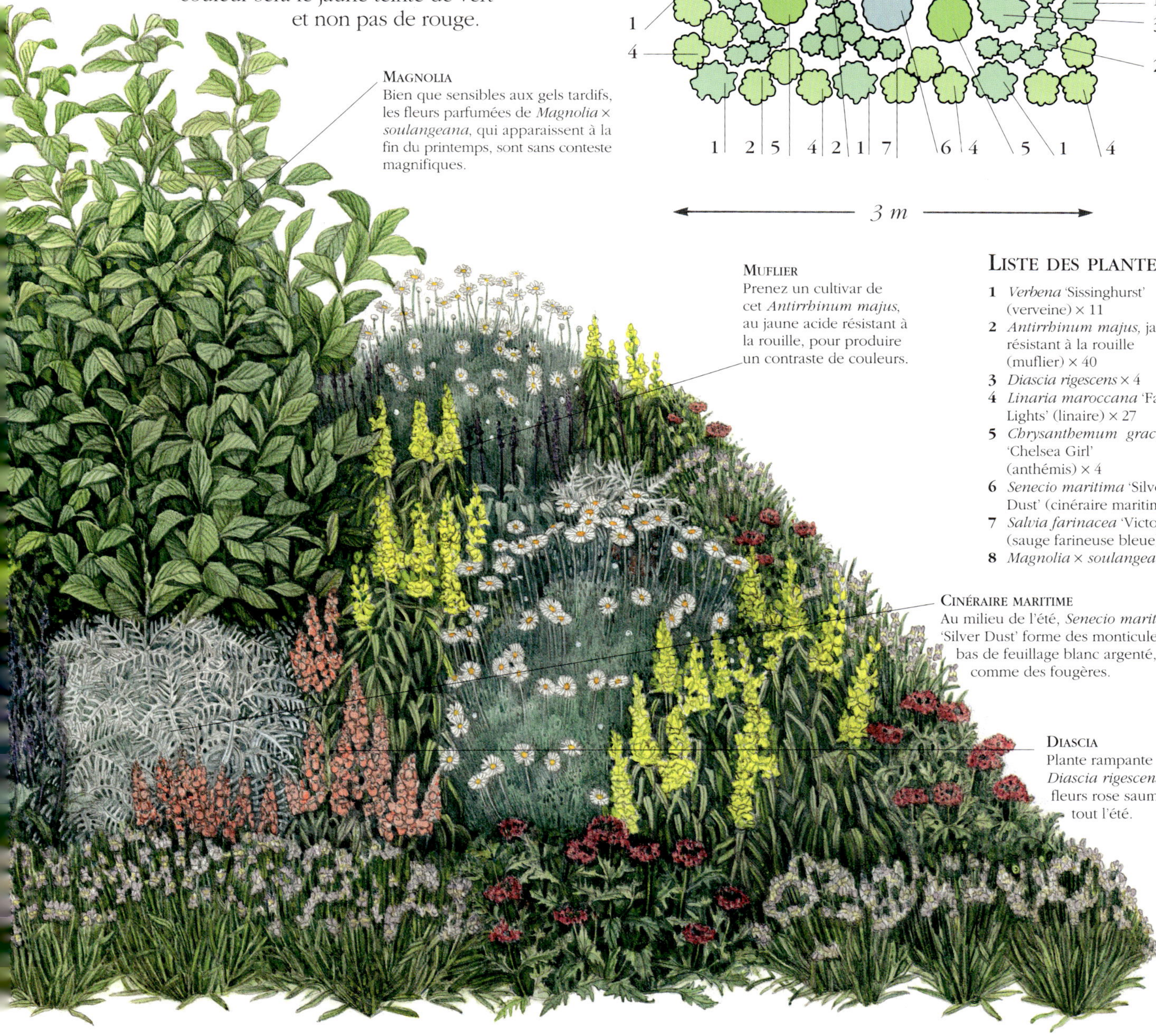

MAGNOLIA
Bien que sensibles aux gels tardifs, les fleurs parfumées de *Magnolia* × *soulangeana*, qui apparaissent à la fin du printemps, sont sans conteste magnifiques.

MUFLIER
Prenez un cultivar de cet *Antirrhinum majus*, au jaune acide résistant à la rouille, pour produire un contraste de couleurs.

CINÉRAIRE MARITIME
Au milieu de l'été, *Senecio maritima* 'Silver Dust' forme des monticules bas de feuillage blanc argenté, comme des fougères.

DIASCIA
Plante rampante en buisson, *Diascia rigescens* a des fleurs rose saumon durant tout l'été.

SOINS ET CULTURE

PRINTEMPS
Plantez le jeune magnolia dans un lieu abrité. Au milieu de la saison, donnez-lui un fertilisant riche en potasse, et recouvrez avec du terreau de feuilles ou du compost. Les branches endommagées peuvent être taillées à la fin de la saison. Une fois tout danger de gel écarté, plantez en extérieur les verveines, les linaires, les mufliers, les diascias, les anthémis et les cinéraires.

ÉTÉ
Retirez régulièrement les têtes florales fanées des plantes. Donnez à l'occasion de l'engrais liquide et de l'eau durant les périodes sèches. Si l'été est très chaud, les diascias cesseront de fleurir à moins qu'on ne les arrose abondamment. Pincez les pousses terminales des verveines pour encourager la forme en buisson et, au début de la saison, le sommet des mufliers pour favoriser la formation de pousses latérales. Vaporisez un liquide contre la rouille si nécessaire.

AUTOMNE
Retirez et mettez en pots les anthémis si nécessaire pour leur faire passer l'hiver sous abri.

HIVER
Protégez les anthémis du gel. Arrosez-les parcimonieusement.

PLANTES POUR COMPOSITION ÉPHÉMÈRE

CETTE COMPOSITION ABONDE EN PLANTES À FLEURS qui, bien que classées comme vivaces ou même comme sous-arbrisseaux, peuvent être cultivées en annuelles afin de créer un effet de courte durée. Les anthémis, les verveines, les diascias et les sauges partagent le privilège de fleurir durant tout l'été et jusqu'en automne.

Les anthémis ne sont pas rustiques, mais vous pouvez les mettre en pots dans le massif et les en retirer dès les premières gelées pour les garder sous abri ; à moins que vous ne préfériez faire des boutures à la fin de l'été et les replanter dans le massif à la fin du printemps. Avec des plantes aussi fragiles que celles-ci, comme avec les vraies annuelles, il arrive que l'installation au-dehors leur procure un choc tel que leur croissance s'en trouve stoppée net. Si cela se produisait, il vous faudrait attendre leur floraison plus longtemps que prévu. Pour que votre massif fleurisse tôt en saison, assurez-vous que les plantes élevées à l'intérieur sont suffisamment solides pour supporter la dureté du monde extérieur. Aidez-les en leur donnant d'abondantes rations de nourriture et d'eau.

***Salvia farinacea* 'Victoria' (sauge farineuse bleue)** *Vivace à épis de fleurs bleu-violet en été et en automne. H. 45 cm ; E. 30 cm.*

***Chrysanthemum gracile* 'Chelsea Girl '** *Sous-arbrisseau à feuilles profondément divisées et fleurs en marguerite. H. jusqu'à 10 m ; E. 6 m.*

***Antirrhinum majus* (muflier)** *Cultivar dont le jaune résiste à la rouille, touffu, vivace, fleurissant en été. H. et E. 45 cm.*

***Linaria maroccana* 'Fairy Lights' (linaire)** *Annuelle à petites fleurs d'été ressemblant à celles du muflier. H. et E. 20 cm.*

Diascia rigescens *Vivace rampante portant des fleurs rose saumon en été et au début de l'automne. H. 23 cm ; E. 30 cm.*

***Verbena* 'Sissinghurst' (verveine)** *Vivace formant un tapis à fleurs rose brillant en été. H. 20 cm ; E. 45 cm.*

Magnolia × soulangeana *Arbre ou arbuste caduc à grandes fleurs blanches teintées de rose à la mi-printemps. H. et E. 6 m.*

***Senecio maritima* 'Silver Dust' (cinéraire maritime)** *Sous-arbrisseau touffu, généralement cultivé comme annuel, à feuilles argentées, joliment découpées, et petites fleurs jaunes en forme de marguerite en été, que l'on supprime souvent. H. et E. 30 cm.*

VARIATIONS SUR LE PLAN

CHANGEZ L'ÉQUILIBRE COLORÉ de cette composition avec une sélection d'annuelles et de vivaces délicates. Préférez aux roses et aux pourpres des verveines, des diascias et des linaires les blancs et les bleus de *Brachycome iberidifolia*, de lobélias et d'*Osteospermum* 'Whirlygig'. Ce dernier a de superbes fleurs en marguerite, aux pétales nettement pincés près du centre, ce qui leur donne une forme de cuiller. Les fleurs sont blanches, teintées en dessous de bleu foncé ; les cœurs sont également bleu foncé. Remplacez les mufliers jaune acide par des *Rudbeckia* beurre frais, qui s'harmoniseront avec les centres jaune vif des brachycomes.

JAUNES ET BLEUS RAFRAÎCHISSANTS

Utilisez des lobélias pour border le massif, à la place des linaires du plan originel. Le 'Crystal Palace' a un feuillage bronze lustré qui constitue un excellent faire-valoir pour les fleurs ; comme tous les lobélias, il est assez facile à cultiver et fleurit librement. *Chlorophytum comosum* remplace les cinéraires, renforçant l'élément feuillu de la composition. Il pousse rapidement et son feuillage en cascade contrastera agréablement avec les annuelles un peu passées. Plantez *Brachycome iberidifolia* et *Rudbeckia hirta* en groupes autour du centre du massif. Les rudbeckias fleuriront plus tardivement que les brachycomes ; les sauges ont également une floraison tardive.

Chlorophytum comosum 'Vittatum' *Vivace en touffe, à feuilles persistantes rayées de vert et de blanc. H. et E. 30 cm.*

Rudbeckia hirta 'Marmelade' *Vivace érigée à capitules floraux orange doré et centres noirs, en été et en début d'automne. H. 45 cm ; E. 30 cm.*

Brachycome iberidifolia *Annuelle touffue à petites fleurs parfumées en forme de marguerite, en été et en début d'automne. H. et E. 45 cm.*

Osteospermum 'Whirlygig' *Plante vivace en touffes d'allure souple, à feuillage persistant gris–vert. Durant l'été, elle est couverte de fleurs blanc bleuté à centre bleu foncé. H. 60 cm ; E. 30-45 cm.*

Lobelia erinus 'Crystal Palace' *Annuelle compacte à feuilles bronze et fleurs bleu profond tout l'été. H. 20 cm ; E. 15 cm.*

SPECTACLE POUR TOUTE L'ANNÉE

FLEUR DE PRINTEMPS
Prunus *'Tai Haku'*, *couvert de bouquets de fleurs blanches, offre un spectacle saisissant au printemps. Les fleurs contrastent fortement avec le jeune feuillage, teinté de bronze.*

UN JARDIN OFFRANT LE MÊME SPECTACLE tout au long de l'année n'est pas forcément intéressant. Une douzaine de conifères nains suffisent à remplir tout l'espace d'un massif durant les douze mois de l'année, mais leur contemplation ne sera-t-elle pas lassante ? Ces plantes ont-elles un feuillage et une forme assez originaux pour retenir l'attention ? Se suffiront-elles à elles-mêmes ?

Il faut sans aucun doute une bonne proportion de plantes persistantes dans un massif qui se fait admirer en hiver comme en été, mais elles ne doivent pas être tristes. Nombreuses sont celles qui vous offriront la possibilité de jouer les contrastes de forme et de structure. Imaginez les tiges rouge sang du cornouiller *Cornus alba* se détachant sur le feuillage brillant de l'oranger du Mexique, *Choisya ternata*. Imaginez encore les tiges verticillées de la grande euphorbe, *Euphorbia characias* subsp. *wulfenii*, ondulant au-dessus du joli feuillage persistant des épimédiums qui se serrent à son pied.

LISTE DES PLANTES

1 *Epimedium pubigerum* × 6
2 *Cornus alba* 'Elegantissima' (cornouiller blanc) × 1
3 *Bergenia ciliata* × 8
4 *Polystichum setiferum* 'Densum' × 3
5 *Lilium* 'Black Beauty' (lis) × 16
6 *Cyclamen hederifolium* × 14
7 *Choisya ternata* (oranger du Mexique) × 1
8 *Tellima grandiflora* 'Rubra' × 5
9 *Pennisetum orientale* × 3
10 *Prunus* 'Tai Haku' × 1
11 *Polystichum setiferum* 'Densum' × 5
12 *Euphorbia characias* subsp. *wulfenii* × 1

SPLENDEURS SAISONNIÈRES

Un massif dont on veut pouvoir profiter toute l'année doit comporter quelques plantes saisonnières. Ces touches gaies transformeront l'ambiance de la composition et marqueront la transition d'une saison à l'autre. De tels événements sont presque nécessaires dans un jardin. Un ensemble renfermant trop de plantes rigides, statiques, devient aussi lassant qu'un arrêt sur image. Il vous faut donc des fleurs au printemps, et vous avez le choix : pommier d'ornement, amélanchier, aubépine et, bien sûr, cerisier à fleurs. Ici se dresse le grand prunus blanc 'Tai Haku', mais dans un petit jardin, il vous faudra une variété plus compacte. Assurez-vous que celle-ci restera belle en automne. Les feuilles de 'Tai Haku' deviennent jaune crème avant de tomber.

LES POINTS FORTS

CONTINUITÉ ET CHANGEMENT
Les plantes à feuillage persistant s'offrent au regard tout au long de l'année, tandis que d'autres déplacent le centre d'intérêt de la composition à mesure que passent les saisons.

FLEURS FRAÎCHES
Vous pouvez planter chaque année différentes sortes de lis pour modifier l'équilibre des couleurs et introduire un peu de variété.

PLAN

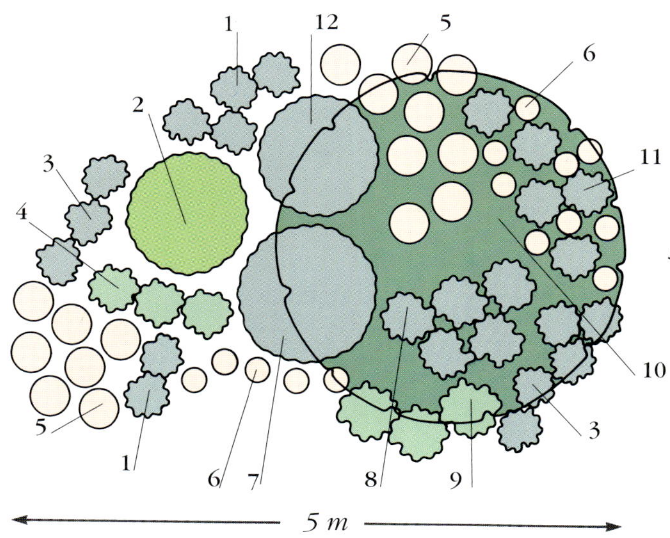

LA SCÈNE DU PRINTEMPS
Au printemps, les fleurs sculpturales vert acide de l'euphorbe s'épanouissent au-dessus de coussins de verdure, tandis que règnent les innombrables fleurs blanches du prunus et de l'oranger du Mexique.

***Cornus alba* 'Elegantissima'**

POLYSTICHUM
Polystichum setiferum 'Densum' possède d'élégantes frondes joliment découpées.

ÉPIMÉDIUM
Epimedium pubigerum a de belles feuilles persistantes lisses et découpées.

COULEURS D'AUTOMNE

Les feuilles dorées du prunus relèvent la composition en automne, tandis que les tiges dénudées du cornouiller blanc apportent de fortes touches de rouge, se détachant sur la masse verte de l'oranger du Mexique. Les épillets de Pennisetum *sont aériens et doux au toucher.*

CORNOUILLER BLANC
Les tiges du cornouiller blanc *Cornus alba* 'Elegantissima' se voient mieux quand les feuilles sont tombées.

LIS
Les pétales récurvés rouge acajou de *Lilium* 'Black Beauty' laissent voir des étamines à l'extrémité noire.

PENNISÉTUM
Pennisetum orientale est semi-rustique mais porte de superbes épillets en houppe.

GRAND CERISIER À FLEURS BLANC
Quand on dispose d'assez d'espace pour le cultiver, *Prunus* 'Tai Haku' est de toute sa famille celui qui offre la plus magnifique floraison.

EUPHORBE
À d'impressionnants bouquets de feuillage d'hiver viennent s'ajouter au printemps des fleurs vert acide chez *Euphorbia characias* subsp. *wulfenii*.

ORANGER DU MEXIQUE
Le feuillage luxuriant de l'oranger du Mexique, *Choisya ternata*, offre un support magnifique aux fleurs, d'un blanc pur.

POLYSTICHUM SETIFERUM
Polystichum setiferum s'accommode d'une certaine sécheresse et se développera presque partout.

TELLIMA
Tellima grandiflora 'Rubra' est un bon couvre-sol à feuillage persistant, et porte des fleurs crème en forme de cloche.

BERGÉNIA
Bergenia ciliata, persistante dans les régions les plus douces, possède de superbes feuilles arrondies et poilues.

Pennisetum orientale

CYCLAMEN DE NAPLES
Les feuilles et les fleurs apparaissent séparément chez *Cyclamen hederifolium*. Le feuillage constitue un excellent couvre-sol.

PLANTES POUR TOUTE L'ANNÉE

LES PRINCIPALES PLANTES DE CETTE COMPOSITION offrent structure et texture durant une longue période et demandent peu d'entretien. Les jeunes frondes des fougères commencent à se dérouler à la fin du printemps et remplacent le feuillage de la saison précédente, qu'il va falloir sans doute couper. Les choisyas n'ont pas besoin d'être taillés régulièrement, mais vous pouvez éliminer les pousses éparses après la floraison. En hiver, les plus vives couleurs proviennent du cornouiller blanc. Les plus jeunes pousses étant les plus colorées, taillez-le vigoureusement le printemps venu pour stimuler sa croissance. Renouvelez le massif chaque année en changeant de variété de lis, que vous pouvez cultiver en pots avant de les mettre en place en été.

Epimedium pubigerum
Vivace tapissante cultivée pour ses feuilles persistantes en forme de cœur et ses grappes de fleurs blanc crème ou roses au printemps.
H. et E. 45 cm.

Euphorbia characias subsp. ***wulfenii***
(euphorbe)
Arbuste dressé à feuillage persistant gris-vert et gros épis globuleux de fleurs jaune-vert.
H. 60 cm ; E. 45 cm.

Prunus **'Tai Haku'**
(grand cerisier à fleurs)
Arbre réintroduit au Japon, à feuilles caduques bronze et grandes fleurs simples et blanches au milieu du printemps.
H. 8 m ; E. 10 m.

Lilium **'Black Beauty'**
(lis)
Bulbeuse donnant en été des fleurs rouge très foncé, en trompette ouverte, à centre vert et pétales récurvés vers l'arrière.
H. 60 cm ; E. 45 cm.

Cornus alba **'Elegantissima'**
(cornouiller blanc)
Vigoureux arbuste caduc. Les jeunes tiges sont rouge vif en hiver.
H. et E. 2 m.

Choisya ternata
(oranger du Mexique)
Arbuste à feuilles persistantes et fleurs blanches et parfumées à la fin du printemps.
H. 2,50 m ; E. 2,20 m.

Tellima grandiflora
'Purpurea' *Vivace à feuilles semi-persistantes rouge pourpre et fleurs rose crème à la fin du printemps.*
H. et E. 60 cm.

Bergenia ciliata
Vivace formant une touffe à grandes feuilles arrondies et, au printemps, fleurs blanches rosissant avec l'âge.
H. 30 cm ; E. 50 cm.

Polystichum setiferum
'Densum'
Fougère à feuillage persistant, à frondes à texture douce et écailles blanches lorsqu'elles se déplient.
H. 30-60 cm ; E. 10 cm.

Cyclamen hederifolium
syn. ***C. neapolinatum***
(cyclamen de Naples)
Tubéreuse à fleurs rose pâle à rose vif en automne et feuilles vert argenté en forme de lierre.
H. 10 cm ; E. 10-15 cm.

Pennisetum orientale
Graminée vivace formant une touffe, portant des panicules d'épillets rose crème qui deviennent marron clair en automne.
H. jusqu'à 1 m ; E. 50 cm.

Polystichum setiferum
Fougère à feuillage persistant, à frondes divisées, douces au toucher, couvertes d'écailles blanches lorsqu'elles se déplient.
H. 60 cm ; E. 45 cm.

SOINS ET CULTURE

PRINTEMPS

Plantez choisyas, cornouillers blancs, pennisétums et fougères, ces dernières en semi-ombre. Les années suivantes, paillez les choisyas et retirez les pousses endommagées par le gel. Rabattez les cornouillers blancs. Retirez les vieilles feuilles des épimédiums au début de la saison. Donnez aux épimédiums et aux lis du compost tamisé.

ÉTÉ

Coupez les vieilles tiges fleuries d'euphorbe et de tellima. Arrosez les fougères durant les périodes de sécheresse. Il faudra peut-être tuteurer les lis.

AUTOMNE

Plantez les cerisiers en les tuteurant s'ils se trouvent dans un lieu exposé. Plantez des euphorbes de petite taille et des bergénias ; les touffes trop serrées doivent être divisées. Plantez les cyclamens, en recouvrant à peine les tubercules. Les années suivantes, recouvrez-les de terreau de feuilles tamisé après la floraison. Plantez les épimédiums, les tellimas et les lis dès qu'ils sont disponibles.

HIVER

Pas de travaux de jardinage.

VARIATIONS SUR LE PLAN

DANS LES RÉGIONS OÙ LES HIVERS SONT LONGS, les gels sévères et les vents cinglants, certaines plantes de cette composition risquent de mourir. Les choisyas, les euphorbes, les bergénias, les cyclamens et les pennisétums devront être remplacés par des plantes plus vigoureuses.

PLANTES POUR RÉGIONS FROIDES

L'euphorbe, fille de la douce Méditerranée, sera la plus touchée. L'hellébore est plus résistante, mais moins spectaculaire. Son feuillage profondément découpé forme cependant un dôme sobre et beau. Comme beaucoup de plantes sans histoires, sa croissance dépend de vous. Une autre euphorbe plus robuste remplacera les bergénias. Son feuillage est moins séduisant, mais il est couronné de fleurs d'un vert acide intense.

Le pyracantha donnera des fleurs blanches un peu plus tardivement que le choisya, et aussi des baies rouge vif en hiver. Plantez au-dessus une clématite qui fleurit en fin d'été, afin de combler le temps mort entre les fleurs et les fruits.

Des taches de couleur douce sont créées par les masses de genévrier, bleu, et les feuilles argentées du lamier maculé rampant.

Pyracantha* × *wateri
Arbuste à feuilles persistantes brillantes, à fleurs blanches en été et baies rouges en automne.
H. et E. 2,50 m.

Euphorbia cyparissias
(euphorbe cyparissias)
Vivace à feuillage vert-gris et fleurs vert acide à la fin du printemps.
H. et E. 30 cm.

Clematis viticella
'Purpurea Plena Elegans'
Plante grimpante à fleurs rose-pourpre en été et en automne.
H. jusqu'à 4 m ; E. 30 cm.

Juniperus squamata
'Blue Star' (genévrier bleu)
Conifère nain en buisson arrondi, à feuillage dense gris-vert.
H. 50 cm ; E. 60 cm.

Lamium maculatum 'White Nancy' (lamier maculé)
Vivace à feuilles argentées et fleurs blanches au printemps et en été.
H. 15 cm ; E. 1 m.

Helleborus foetida
(hellébore fétide) *Vivace à feuilles persistantes et fleurs vert pâle à la fin de l'hiver et au printemps.*
H. et E. 45 cm.

Spectacle permanent
Laurus nobilis, *aux feuilles aromatiques brillantes, est obligatoirement présent dans un jardin aromatique. Il reste vert toute l'année et sèche très bien.*

Jardin d'herbes aromatiques

Pour un jardin planté d'herbes, il faut presque nécessairement classer, répartir et ordonner : les menthes par ici, les sauges par là, les fines herbes dans un coin, les plantes médicinales dans un autre. Cet ordre peut convenir à un esprit cartésien, mais ne sera pas forcément réussi. Saurez-vous y apporter de l'originalité ?

Les jardins d'herbes sont populaires, car ils nécessitent très peu d'espace. La rigueur leur convient, mais le plan ne doit pas être trop compliqué. Certaines herbes s'étalent et risquent de rompre la symétrie la mieux ordonnée.

Quatre pyramides de laurier marquent les angles centraux de ce jardin, rappelant les grandes pyramides de houblon des angles externes. Des bordures de persil et de ciboulette, indispensables en cuisine, entourent des touffes de sauge, de cerfeuil et d'aspérule odorante dont les feuilles sentent le foin fraîchement coupé. Ces herbes ne sont généralement épanouies que durant un mois, au milieu de l'été. Si vous voulez prolonger l'effet du massif, plantez des tulipes pour leur floraison précoce, et des plantes colorées comme les capucines et les héliotropes pour la fin de l'été.

Des pyramides pour la hauteur

À moins que vous ne désiriez absolument un tapis d'Orient de thym, de marjolaine, de cerfeuil et de menthe, il vous faudra quelques plantes qui donnent de la hauteur. Le houblon doré 'Aureus' grimpera facilement sur les grandes pyramides

Les points forts

Lignes classiques
Des formes géométriques et un dessin fort et simple créent un effet classique bien ordonné.

Contrastes de couleurs
Les plantes à feuillage décoratif comme la sauge officinale pourpre et le houblon doré fournissent des masses de couleurs différentes.

Supports stylisés
Les plantes grimpantes peuvent s'accrocher à un obélisque en treillis ou à de simples perches croisées. Laissez-vous guider par l'esprit du jardin.

Liste des plantes

1 *Tulipa* 'Orange Favourite' (tulipe perroquet) × 60
2 *Laurus nobilis* (laurier-sauce) × 4
3 *Eschscholzia california* (pavot de Californie) × 60
4 *Petroselinum crispum* (persil frisé) × 6
5 *Allium christophii* (ail d'ornement) × 60
6 *Salvia officinalis* 'Purpurascens' (sauge officinale) × 4
7 *Galium odoratum* syn. *Asperula odorata* (aspérule odorante) × 12
8 *Clematis* 'Jackmanii Superba' × 4
9 *Humulus lupulus* 'Aureus' (houblon doré) × 4
10 *Myrrhis odorata* (cerfeuil musqué) × 12
11 *Tanacetum parthenium* 'Aureum' (tanaisie) × 28
12 *Allium schoenoprasum* (ciboulette) × 48

Plan

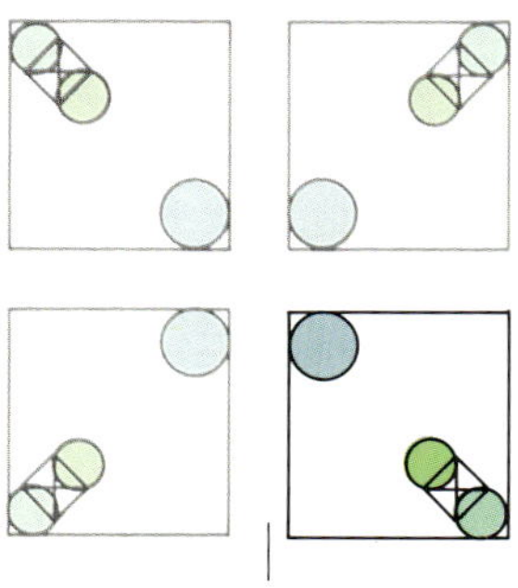

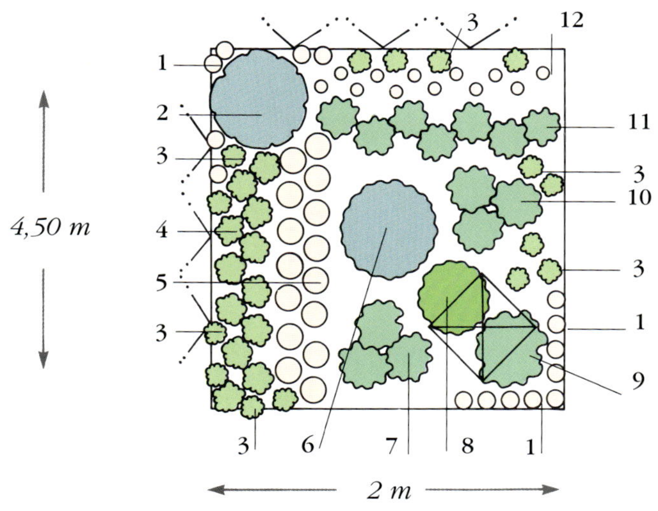

Houblon doré
Moins vigoureux que le houblon commun, cette variété, *Humulus lupulus* 'Aureus', est plus facile à installer sur un support.

des angles externes. Mettez des clématites précoces et tardives pour compenser le manque de fleurs du houblon. Si vous préférez plus de classicisme, remplacez le houblon par des rosiers.

Contrastes et harmonies de couleurs

Le jaune vert du houblon est repris par le feuillage découpé de la tanaisie. Un contraste de couleurs est offert par le feuillage pourpre de la sauge qui se développe en touffes peu élevées. Si vous trouvez que la tulipe perroquet 'Orange Favourite' est trop voyante, choisissez un cultivar pourpre sombre, 'Queen of the Night' par exemple. Ajoutez encore des touches de couleur estivales en éparpillant dans les espaces vides des graines d'annuelles, comme le pavot de Californie.

Surprises de printemps

On ne s'attend pas à trouver des tulipes parmi les herbes, mais, s'il faut remplir l'espace, elles font bien l'affaire. Les herbes mettent parfois du temps à pousser : l'explosion de couleurs des bulbes cache la nudité des bordures.

Tulipe perroquet
Tulipa 'Orange Favourite' est une tulipe perroquet voyante, d'un rouge orangé emplumé de vert.

Des jours dorés en été

Au cœur de l'été, le houblon doré reflète le soleil sur les pavots de Californie et sur les tanaisies, à son pied. Mais ce n'est pas le jaune qui domine cette composition : les clématites pourpres, les sauges aux fleurs bleues et les aulx à tête ronde et mauve offrent leurs couleurs rafraîchissantes.

Pavot de Californie
Eschscholzia californica a des fleurs aux pétales chiffonnés orange, rouges, jaunes et crème.

Laurier-sauce
Laurus nobilis forme une pyramide dense de feuillage persistant et se prête bien à la taille en forme géométrique.

Clématite
Les clématites donnent rarement autant de fleurs que 'Jackmanii Superba', un cultivar très ancien remontant au milieu du XIXe siècle.

Cerfeuil musqué
La gracieuse *Myrrhis odorata* se ressème spontanément et aime le soleil comme l'ombre.

Tanaisie
La tanaisie 'Aureum' a un feuillage qui lance des éclats de couleur tôt dans l'année, et elle essaime seule.

Ciboulette
Les feuilles de la ciboulette, *Allium schoenoprasum*, ont un parfum plus délicat que l'oignon, et ses fleurs comestibles sont délicieuses en salade.

Sauge officinale
Les feuilles pourpres de *Salvia officinalis* 'Purpurascens ' s'harmonisent bien avec toute la gamme des autres plantes.

Persil
Petroselinum crispum, le persil à feuilles frisées, est une des fines herbes les plus utiles en cuisine.

Ail décoratif
Modèle sublimé de la ciboulette, *Allium christophii* a de grandes ombelles globuleuses de fleurs pourpres.

Aspérule odorante
Dans la nature, l'aspérule odorante, *Galium odoratum*, se trouve dans les endroits boisés, mais elle s'adapte bien à tous les coins du jardin.

Soins et Culture

Printemps

Plantez les houblons et mettez un paillis chaque année. Fixez les pousses sur les supports à mesure qu'elles grandissent. Installez les cerfeuils, les aspérules, les sauges et la ciboulette. Fumez en surface la ciboulette chaque année. Plantez les clématites et accrochez-les aux supports quand elles poussent. Mettez régulièrement un paillis. Taillez les sauges si elles se développent trop. Semez les graines de persil. Protégez l'ail contre les limaces. Semez les pavots de Californie et recouvrez les graines de compost finement tamisé.

Été

Taillez les lauriers pour les façonner si vous le désirez. Traitez contre les insectes. Arrosez la ciboulette en cas de sécheresse. Coupez les vieilles tiges fleuries de cerfeuil. Enlevez les têtes des tulipes mortes.

Automne

Plantez le cerfeuil. Plantez les tulipes à 15 cm au moins de profondeur, et l'ail à trois fois sa propre hauteur. Retirez les feuilles et les tiges mortes. Taillez le persil pour encourager les nouvelles pousses.

Hiver

Taillez le houblon à la fin de l'hiver ou au début du printemps. Rabattez les clématites à 45 cm à la fin de l'hiver.

Bordure comestible dans un jardin d'herbes

Traditionnellement, les jardins d'herbes s'organisent en carrés bien nets, qui présentent l'avantage de faciliter les récoltes. Mais cela ne convient pas dans un espace restreint.

La ciboulette et le persil, tous deux comestibles, bordent les allées. La première, cependant, se cache sous la terre durant l'hiver. Mais en été, les fleurs en boules roses, au bout de tiges vertes, font oublier cet inconvénient. Le persil est une bisannuelle : il doit être renouvelé tous les deux ans. Ses feuilles frisées sont très décoratives, mais la variété à feuilles plates est plus parfumée.

Les allées du jardin peuvent être très étroites et ne laisser qu'un petit passage, juste suffisant pour aller faire la cueillette ou désherber. Des briques, posées sur la tranche, seront plus agréables à l'œil que des dalles de béton. Mais si le sol n'est pas trop lourd, laissez les allées en terre battue.

***Humulus lupulus* 'Aureus' (houblon doré)** *Plante grimpante volubile à feuilles jaunâtres divisées. H. jusqu'à 6 m.*

Galium odoratum syn. ***Asperula odorata*** **(aspérule odorante)** *Vivace à fleurs blanches en été. H. 15 cm ; E. 30 cm.*

***Clematis* 'Jackmanii Superba'** *Grimpante vigoureuse donnant des fleurs pourpres simples à la mi-été. H. 3 m ; E. 1 m.*

***Salvia officinalis* 'Purpurascens' (sauge officinale pourpre)** *Arbuste semi-persistant à feuillage pourpre, aromatique. H. 60 cm ; E. 1 m.*

***Myrrhis odorata* (cerfeuil musqué)** *Vivace à fleurs blanches parfumées au début de l'été. H. 1 m ; E. 60 cm.*

***Eschscholzia california* (pavot de Californie)** *Annuelle à fleurs rouges, orange, crème ou jaunes en été. H. 30 cm ; E. 15 cm.*

***Allium christophii* (ail décoratif)** *Bulbeuse portant en été des ombelles globuleuses de fleurs violettes. H. 40 cm ; E. 20 cm.*

***Petroselinum crispum* (persil frisé)** *Bisannuelle à jolies feuilles vert vif à bord très crépu. H. et E. 30 cm.*

***Tulipa* 'Orange Favourite' (tulipe perroquet)** *Bulbeuse à fleurs rouge orangé au printemps. H. 60 cm ; E. 20 cm.*

***Tanacetum parthenium* 'Aureum' (tanaisie)** *Vivace à feuillage vert doré et fleurs en marguerite. H. et E. 20-45 cm.*

***Allium schoenoprasum* (ciboulette)** *Bulbeuse en touffe à fleurs roses ou mauves en été. H. 25 cm ; E. 10 cm.*

***Laurus nobilis* (laurier-sauce)** *Arbuste dense à feuilles persistantes, aromatiques, coriaces et brillantes. H. 12 m ; E. 10 m.*

VARIATIONS SUR LE PLAN

CHACUN PRÉFÈRE CERTAINES HERBES À D'AUTRES. Cette composition peut accueillir d'autres plantes de votre choix. Toutes celles qui sont présentées ici s'utilisent en cuisine. Vous pouvez installer une grande jarre en terre à la croisée des allées. *Pelargonium tomentosum* s'accordera bien avec l'esprit du jardin ; les feuilles parfumées sentent à la fois la menthe poivrée, le citron, le pin et même la rose. Autour, disposez des *Convolvulus sabatius*, qui déborderont de la jarre. Pour obtenir un effet plus chaleureux, pensez aux capucines grimpantes ; elles sont très séduisantes, et leurs fleurs vivement colorées ainsi que leurs feuilles poivrées sont insolites et délicieuses dans les salades.

Coriandrum sativum **(coriandre)** *Annuelle à fleurs pâles en été, et graines et feuilles comestibles. H. 60 cm ; E. 30 cm.*

FINES HERBES ET POINT CENTRAL

Remplacez le houblon, aux angles externes du massif, par du fenouil bronze, pour donner de la hauteur. Son élégant feuillage dentelé est surmonté de sommités florales plates. Remplacez le cerfeuil par de la coriandre : ses feuilles sont indispensables dans la cuisine indienne. Elle est facile à cultiver à partir des graines, mais certaines variétés fleurissent vite sans produire beaucoup de feuilles : renseignez-vous. Les fleurs donnent des graines, elles aussi comestibles. Si vous tenez à avoir du feuillage, choisissez soigneusement votre variété.

Si vous voulez une composition plus colorée, ajoutez dans une grande jarre des pélargoniums aux feuilles aromatiques. Dans les régions au climat doux, ils peuvent passer tout l'hiver dehors. Mais là où il fait plus froid, préparez des boutures ou installez-les dans une serre jusqu'au printemps.

Pelargonium tomentosum *Vivace buissonnante à feuilles persistantes fortement aromatiques, veloutées, vert-gris, et bouquets de petites fleurs blanches. H. 30-60 cm ; E. 1 m.*

Convolvulus sabatius *syn.* ***mauritanicus*** *Vivace rampante à fleurs plates, bleu pourpre, durant tout l'été. Elle doit être mise en serre pour passer l'hiver. H. 15-20 cm ; E. 30 cm.*

Foeniculum vulgare **'Purpureum' (fenouil)** *Vivace au feuillage finement découpé, nettement marqué de brun, au parfum anisé. Elle produit des inflorescences plates, jaunâtres. H. 2 m ; E. 45 cm.*

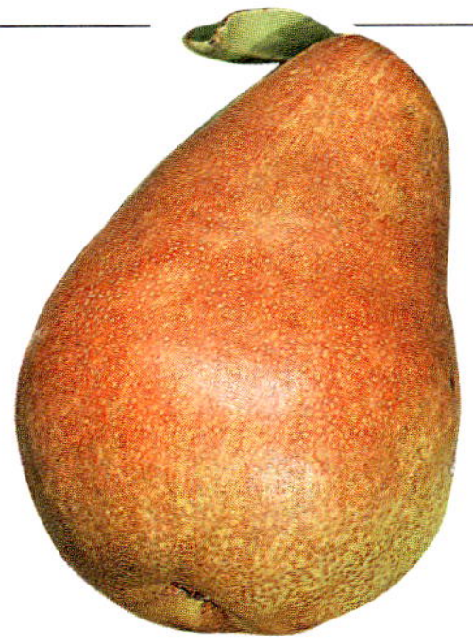

DE BONNES JOUES
Les fruits du poirier Pyrus communis *'Marguerite Marillat' sont teintés d'une chaude couleur rouge cuivré.*

LES POINTS FORTS

POUR AJOUTER DE LA HAUTEUR
La forme élancée du poirier permet d'installer des plantes à son pied. Il donne hauteur et structure à la composition.

MOTIFS RÉPÉTÉS
En utilisant la même plante à plusieurs reprises, comme ici *Saxifraga* × *urbium*, vous donnerez une certaine cohérence au massif.

UNE PROFUSION DE FLEURS ET DE FRUITS

Un arbre fruitier ne constitue pas à lui seul un verger. Mais, dans un petit jardin où chaque plante doit lutter pour survivre, il vaut mieux en avoir un que pas du tout. Il offrira au printemps un aussi beau spectacle qu'un arbre ornemental, mais vous l'apprécierez surtout en automne lorsque vous ferez votre récolte de fruits.

UN TRÈS GRACIEUX POIRIER

Cette composition s'organise autour d'un poirier, mais vous pouvez très bien l'adapter à un autre arbre de votre jardin. Si vous l'achetez, choisissez le avec un tronc bien net, haut de 1,20 à 1,50 m au-dessous des branches. Il sera beaucoup plus gracieux et vivra bien plus longtemps qu'une variété naine. De plus, il donnera un agréable sentiment d'ancienneté à un tout nouveau jardin peut-être encore peu fourni.

Il aura besoin d'être fécondé par le pollen d'un autre poirier, situé à portée d'un vol d'abeilles. Or, celles-ci parcourent d'assez grandes distances : le partenaire n'aura pas besoin de se trouver dans votre jardin. Mais vous devrez vérifier avec un pépiniériste si les variétés sont compatibles.

UN ÎLOT DE VÉGÉTATION

Ne centrez pas votre poirier dans ce massif, bien qu'il en soit la pièce majeure. Un crambé prendra en effet la vedette après lui.

Quand le poirier fleurit au printemps, le crambé n'est encore qu'un petit monticule de feuilles. Puis, au début de l'été, il éclate en énormes nuages de petites fleurs blanches portées par de fortes tiges. Il se pare aussi de grandes feuilles lobées. Ne plantez pas de vivaces à proximité : au printemps, il n'aurait pas assez d'espace pour se développer. Préférez des bulbes qui fleuriront avant qu'il ne s'épanouisse.

Sous le poirier, le séneçon au feuillage gris apporte en hiver sa présence et son volume. Pour cette composition, dominée par les roses et les mauves, vous devrez couper ses fleurs jaunes dès qu'elles apparaîtront. Là où vous aurez un peu d'espace, n'hésitez pas à planter des fraisiers des bois. Leurs feuilles sont décoratives et leurs délicieux petits fruits sont une agréable récompense durant les travaux de désherbage de l'été.

PLAN

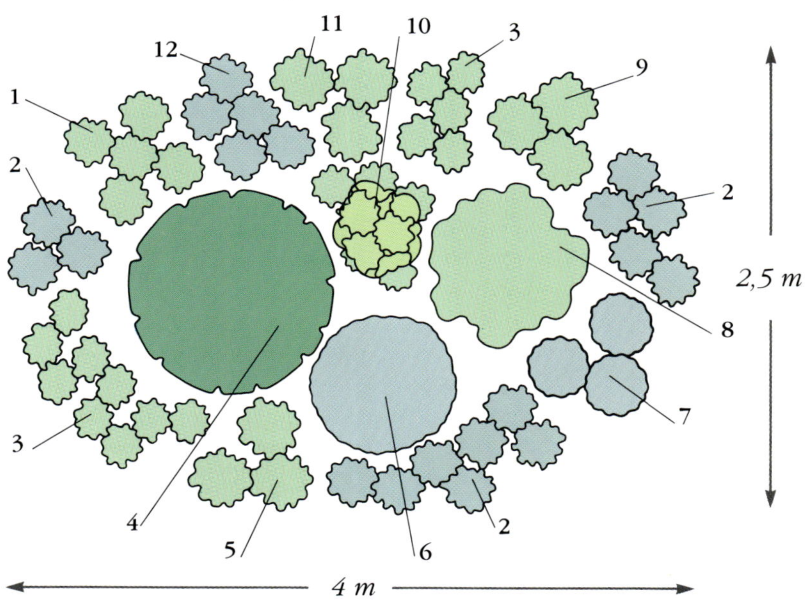

LISTE DES PLANTES

1. *Fragaria vesca* (fraisier des bois) × 5
2. *Saxifraga* × *urbium* × 15
3. *Viola* 'Cœur d'Alsace' et 'Primrose Dame' (violette) × 14
4. *Pyrus communis* 'Marguerite Marillat' (poirier commun) × 1
5. *Geranium* 'Johnson's Blue' × 3
6. *Senecio* syn. *Brachyglottis* 'Sunshine' (séneçon) × 1
7. *Helianthemum* 'Wisley Pink' (hélianthème) × 3
8. *Crambe cordifolia* (crambé en feuilles en cœur) × 1
9. *Geranium psilostemon* × 3
10. *Digitalis purpurea* 'Sutton Apricot' × 7 et *Cleome hassleriana* × 7
11. *Sedum spectabile* 'Brilliant' (orpin) × 3
12. *Pulmonaria saccharata* (pulmonaire) × 5

FRAISIER DES BOIS
En plus de ses fruits délicieux, *Fragaria vesca* possède de charmantes feuilles arrondies.

Saxifraga* x *urbium

VIOLETTE JAUNE
Viola 'Primrose Dame' fleurit du milieu du printemps jusqu'au début de l'automne.

GÉRANIUM BLEU
Geranium 'Johnson's Blue' a un élégant feuillage découpé et recouvrant d'où s'élèvent de jolies fleurs bleu de Chine.

ARBRE FRUITIER, CENTRE D'INTÉRÊT
Les arbres fruitiers sont parfois seuls au milieu d'une pelouse, mais ils poussent aussi bien entourés de plantes vivaces.

SPECTACLE PRÉCOCE
À la fin du printemps, le poirier est en pleine floraison. À son pied, les pulmonaires pointent parmi les bleus et les roses. Les fleurs ne sont présentes qu'au printemps, mais le feuillage, éclaboussé d'argent, persiste du printemps jusqu'au début de l'hiver.

PULMONAIRE
Les longues feuilles de *Pulmonaria saccharata* sont largement marquées d'argent, et elles durent bien plus longtemps que les fleurs.

SAXIFRAGE
Saxifraga × *urbium* est si commun qu'il est parfois sous-estimé. Cependant, il n'a pas de mauvaise saison.

POIRIER
Pour cette composition, choisissez un poirier au port nettement dressé, comme *Pyrus communis* 'Marguerite Marillat', qui a des feuilles écarlates en automne.

ORPIN
Les feuilles charnues gris-vert de *Sedum spectabile* 'Brilliant' servent d'arrière-plan aux inflorescences aplaties de fleurs rose vif.

DIGITALE
Lorsque la floraison de *Digitalis purpurea* 'Sutton Apricot' est terminée, arrachez-la et plantez à sa place *Cleome hassleriana*.

CRAMBÉ À FEUILLES EN CŒUR
S'il dispose d'espace pour s'étendre, *Crambe cordifolia* offre un spectacle étonnant avec ses nuages de petites fleurs blanches portées par des tiges ramifiées.

VIOLETTE MAUVE
'Cœur d'Alsace' s'acclimate bien au milieu de grandes plantes.

GÉRANIUM
Les larges feuilles de *Geranium psilostemon* sont profondément découpées et ses nombreuses fleurs magenta ont un cœur noir spectaculaire.

HÉLIANTHÈME
Exposé en plein soleil et dans un sol bien drainé, *Helianthemum* 'Wisley Pink' donnera des fleurs tout l'été.

SÉNEÇON
Senecio 'Sunshine' est un arbuste à feuillage gris persistant des plus utiles. Il est facile à entretenir par taille régulière.

Plantes pour plaisir de fin d'été

Pour que ce massif reste beau durant la seconde partie de l'été, il faudra remplacer les digitales par des annuelles à floraison plus tardive. Les cléomes ont la taille qui convient et donneront des fleurs roses et blanches jusqu'aux premières gelées. Retirez les digitales après leur floraison, mais laissez un pied afin d'obtenir des graines. Secouez la tige au-dessus de l'endroit où vous désirez avoir les prochaines fleurs : vous vous éviterez ainsi de cultiver de nouveaux pieds en pépinière. Vous pouvez également acheter au début du printemps des plantes qui fleuriront au début de l'été.

Sedum spectabile **'Brilliant' (orpin)**
Vivace à fleurs roses à la fin de l'été et en automne.
H. et E. 45 cm.

Geranium psilostemon
Plante vivace à feuilles très découpées et fleurs rouge violacé à centre noir en été.
H. et E. 75 cm.

Fragaria vesca **(fraisier des bois)**
Plante vivace donnant de délicieux petits fruits parfumés.
H. 30 cm ; E. 45 cm.

Pulmonaria saccharata **(pulmonaire)**
Plante vivace à fleurs printanières et feuilles tachées d'argent.
H. 30 cm ; E. 60 cm.

Digitalis purpurea **'Sutton Apricot'**
Plante vivace souvent cultivée en bisannuelle.
H. 1,50 m ; E. 60 cm.

Cleome hassleriana **(cléome)**
Annuelle à fleurs blanches ou roses, à longues étamines proéminentes.
H. 1,20 m ; E. 45 cm.

Viola **(violette) 'Cœur d'Alsace'** *Plante vivace donnant de nombreuses fleurs mauve brunâtre au printemps et en été.*
H. et E. 15 cm.

Pyrus communis **'Marguerite Marillat' (poirier commun)** *Arbre à feuillage caduc dressé à fruits comestibles.*
H. 4,50-5 m ; E. 3 m.

Crambe cordifolia **(crambé à feuilles en cœur)**
Vivace à fleurs blanches parfumées en été, au-dessus de grandes feuilles ridées.
H. jusqu'à 2 m ; E. 1,20 m.

Geranium **'Johnson's Blue'**
Plante vivace à fleurs bleu lavande foncé s'épanouissant tout l'été.
H. 30 cm ; E. 60 cm.

Senecio **'Sunshine' (séneçon)** *Arbuste touffu à feuilles persistantes grises et panicules de fleurs jaunes.*
H. 75 cm ; E. 1,50 m.

Saxifraga × urbium
Plante vivace à feuilles persistantes et petites fleurs à la fin du printemps.
H. 30 cm ; E. variable.

Helianthemum **'Wisley Pink' (hélianthème)**
Arbuste à feuilles persistantes et fleurs rose pâle en été.
H. et E. 30 cm ou plus.

Soins et culture

Printemps

Protégez les jeunes pousses de crambé contre les limaces. Retirez les feuilles et les tiges mortes des géraniums, ainsi que les tiges florales fanées des pulmonaires, et mettez un paillis autour des plantes. Tuteurez les orpins si nécessaire.

Été

Remplacez les digitales fanées par des cléomes. Pincez les têtes florales des séneçons dès leur apparition. Coupez les tiges florales des géraniums pour obtenir une seconde floraison, et taillez les hélianthèmes fanées. Retirez les fleurs fanées de toutes les plantes. Coupez les stolons des violettes en fin de saison.

Automne

Plantez le poirier à la fin de la saison ou au début de l'hiver, en l'attachant solidement à un tuteur. Coupez les fleurs d'orpin afin de les faire sécher.

Hiver

Coupez les tiges fleuries des crambés et taillez les orpins.

VARIATIONS SUR LE PLAN

CE SONT LES BULBES QUI DONNERONT VIE à votre massif au début du printemps, quand seules les pulmonaires seront en fleur. Les bulbes sont les trésors de votre jardin. Souvent, on oublie qu'on les a plantés. Et soudain, au printemps, les voilà qui surgissent, rayonnants et généreux !

MOSAÏQUE DE BULBES

Une bonne composition printanière ne s'improvise pas sans réflexion, et nécessite que vous ayez planté à l'automne précédent. Installez les bulbes après les vivaces, sinon vous risqueriez d'abîmer les premiers en plantant les secondes. Mettez des narcisses autour du poirier, et des crocus autour du crambé. Les crocus apparaîtront, s'ouvriront et faneront avant que le crambé ne soit sorti de son sommeil d'hiver. Une autre touffe de crocus précoces se placera bien entre les pensées et les géraniums. Des anémones de la série De Caen rempliront tous les autres espaces restés vides. Les bulbes amélioreront également la composition plus tard encore : des galtonias et des nérines offriront leurs vives couleurs à la fin de l'été et en automne.

Anemone coronaria **série De Caen** *Vivace à racines charnues, donnant des fleurs d'été blanches, bleues ou rouges, entourées d'une collerette verte. H. 15-30 cm.*

Crocus tommasinianus *Plante bulbeuse donnant des fleurs lilas pourpre au début du printemps. H. jusqu'à 10 cm ; E. 2,5-8 cm.*

Galtonia candicans **(jacinthe du Cap)** *Bulbeuse à feuilles charnues en lanière et grappes de fleurs blanches pendantes en été. H. jusqu'à 1,20 m ; E. 20 cm.*

***Narcissus* 'Actea' (narcisse)** *Bulbeuse donnant au printemps des fleurs blanc pur à courte trompette rouge et orange. H. 45 cm ; E. jusqu'à 20 cm.*

***Crocus* speciosus 'Albus'** *Plante portant au printemps des fleurs en forme d'entonnoir, blanches et parfumées, au centre jaune moutarde. H. jusqu'à 10 cm ; E. 2,5-8 cm.*

Nerine bowdenii *Bulbeuse donnant en automne des ombelles de fleurs roses aux pétales froncés. Cette plante fragile n'aime pas les hivers rigoureux. H. 40-60 cm ; E. 12-15 cm.*

Spectacle printanier
Les fleurs somptueuses de Rhododendron *'Orange Beauty' apportent au printemps un éclat de couleur vive.*

Un îlot facile d'entretien

Des azalées à feuillage caduc aux riches teintes de jaune et d'orange dominent cette composition, faite de plantes aimant les sols acides. À ces couleurs vibrantes s'opposent les tons frais d'une azalée à feuillage persistant et d'un sapin de Corée. Ce dernier ressemble à un chaperon modestement vêtu qui veillerait sur une bande d'ingénues en grande tenue de printemps.

De telles compositions, faites essentiellement d'arbustes, demandent généralement moins d'entretien que les massifs de vivaces.
Ces plantes n'ont en effet pas besoin d'être arrachées ou divisées, ni taillées. Elles sont rustiques et poussent au soleil comme à l'ombre, mais elles préfèrent bénéficier des deux.
Les azalées sauvages se rencontrent souvent dans les bois ; cet îlot informel se trouvera particulièrement à l'aise dans un jardin boisé qui leur rappellera leur habitat naturel.

Des couleurs pour le printemps et l'automne

Le printemps sera la saison la plus remarquable pour cet îlot, avec la succession des fleurs jaunes, orange, blanc-vert et bleues des azalées.

Le rhododendron à feuillage persistant, *Rhododendron hippophaeoides*, donnera les premières fleurs de printemps de cet ensemble, parfois six semaines avant les fleurs fortement parfumées de *Rhododendron luteum*.

En automne, les gentianes font leur apparition : ces fleurs sont d'un bleu éclatant, jamais vu sur la palette d'un peintre. Elles s'enrouleront au pied du sapin et formeront une tache brillante devant l'érable japonais, illuminé de ses feuilles d'automne. Les azalées jaunes utilisées ici ont toutes des feuilles caduques. Ce que vous perdez en hiver, vous le gagnez en automne, car, avant de tomber, ces feuilles revêtent de riches nuances enflammées de bronze, de rouge et d'orange.

Des feuillages en permanence

Pour avoir constamment du vert sous les yeux, vous pouvez compter sur le sapin, qui grandit lentement, mais prend peu à peu une large stature en pointe. Ce beau résineux a l'avantage de produire des cônes dès son jeune âge, alors qu'il ne mesure pas plus de 1 m. Dressés, généralement accrochés aux plus hautes branches, ils ressemblent à de grosses bougies d'arbre de Noël. Ils sont d'un étonnant bleu violet, proche de celui du rhododendron bleu.

L'arbousier, avec ses feuilles persistantes, est tout à fait remarquable. Mais, à très long terme, vous devez compter sur le sapin, car il n'y aura pas de place pour les deux. Cependant, l'un et l'autre ont besoin de longues années pour arriver à maturité ; vous aviserez en temps voulu.

Les points forts

À l'état sauvage
Cet îlot informel convient bien à une région assez sauvage ou boisée.

Peu exigeant
Il se trouve bien dans un endroit peu accessible, un talus par exemple, car il demande peu d'entretien.

Plan

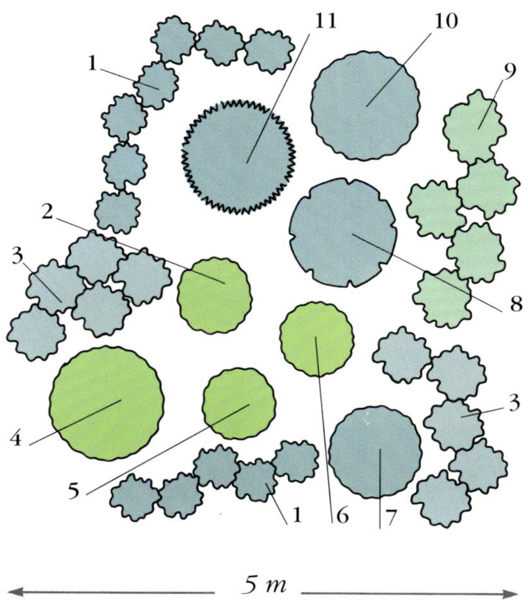

Liste des plantes

1. *Gentiana sino-ornata* (gentiane) × 12
2. *Rhododendron luteum* (azalée pontique) × 15
3. *Polypodium vulgare* (polypode) × 10
4. *Acer palmatum* 'Dissectum' (érable japonais) × 1
5. *Rhododendron* 'Orange Beauty' (azalée) × 1
6. *Rhododendron* 'Narcissiflorum' (azalée) × 1
7. *Rhododendron hippophaeoides* × 3
8. *Arbutus unedo* (arbousier) × 1
9. *Hosta* 'Royal Standard' × 3
10. *Rhododendron* 'Palestrina' (azalée) × 1
11. *Abies koreana* (sapin de Corée) × 1

Une abondance de fleurs brillantes
À la fin du printemps, l'îlot est illuminé de fleurs d'azalée jaunes et orange. La masse du sapin de Corée et les feuilles vert pâle de l'érable apportent un contraste de fraîcheur.

Polypode commun
Avec ses frondes profondément découpées, *Polypodium vulgare* est un couvre-sol très décoratif.

Érable japonais
Acer palmatum 'Dissectum' est un petit arbre à croissance très lente et forme des monticules bas, plus larges que hauts.

NUANCES D'AUTOMNE
Les vives couleurs de l'érable et les teintes bronze des azalées à feuilles caduques assurent une seconde saison d'intérêt.

Plantes pour sols acides et taches d'ombre

Si vous décidez d'installer cet îlot dans un sous-bois, il sera bon d'enrichir le sol, au moment de planter, avec du terreau de feuilles ou de la poudre d'os. Les sols dans lesquels poussent des arbres sont souvent appauvris.

Et même si ces plantes ne se montrent pas particulièrement gourmandes, elles se porteront mieux si vous les nourrissez bien.

Ne succombez pas à la tentation de cultiver des rhododendrons si votre terrain est très alcalin. Malgré tout le mal que vous vous donnerez, ils ne s'épanouiront pas. Les feuilles se couvriront de taches jaunes et ne conserveront pas leur beau vert brillant. Les fleurs se feront rares. Chaque fois que vous les regarderez, vous regretterez de ne pouvoir leur offrir la vie meilleure à laquelle ils ont droit.

Comme presque toutes les fougères, le petit polypode n'apprécie guère le plein soleil. Des plantes voisines, nettement plus grandes, pourront lui apporter l'ombre dont il a besoin. Coupez les feuilles fanées au printemps : vous pourrez ainsi admirer le déroulement des nouvelles frondes, d'un si joli vert.

Soins et culture

Printemps

Plantez le sapin à la mi-saison dans un endroit légèrement ombragé, à l'abri des gels tardifs. Choisissez un spécimen à tige principale ; si une seconde pousse apparaît, taillez-la au ras du tronc. À la fin de la saison, nourrissez le sapin et les rhododendrons, et paillez. L'arbousier n'a pas besoin d'être taillé régulièrement, mais coupez les pousses secondaires au ras de la tige principale à la mi-printemps. Protégez les jeunes pousses des hostas contre les limaces. Divisez et replantez les touffes trop serrées si nécessaire. Plantez les fougères, en installant les rhizomes juste sous la surface du sol. Fixez-les avec des petites pierres si nécessaire. Coupez les vieilles frondes.

Été

Pincez les fleurs fanées des rhododendrons.

Automne

Plantez l'érable et l'arbousier à l'abri du vent. Installez les gentianes et les hostas après avoir enrichi le sol de terreau de feuilles. Plantez les rhododendrons.

Hiver

Protégez les jeunes arbustes avec des fougères ou de la paille. Retirez les feuilles et les tiges florales sèches des hostas.

Gentiana sino-ornata **(gentiane)**
Plante vivace à feuilles persistantes et fleurs bleu intense en automne.
H. 5 cm ; E. jusqu'à 30 cm.

Arbutus unedo **(arbousier)** *Arbre à port étalé ou arbuste à feuilles persistantes. Des fleurs blanches apparaissent en automne-hiver, tandis que mûrissent les fruits, en forme de fraise, de l'année précédente. H. et E. 7 m.*

Rhododendron **'Palestrina' (azalée)**
Buisson compact à feuillage persistant, portant des fleurs blanches.
H. et E. jusqu'à 1,20 m.

Polypodium vulgare **(polypode)**
Fougère persistante à frondes étroites en forme de chevron.
H. et E. 25-30 cm.

Rhododendron luteum **(azalée pontique)** *Buisson caduc à fleurs jaunes et feuilles richement colorées en automne.*
H. et E. 1,50-2,50 m.

Abies koreana **(sapin de Corée)** *Conifère à croissance lente, portant des cônes bleu-violet. Les aiguilles sont argentées en dessous.*
H. jusqu'à 10 m ; E. 1,50 m.

Hosta **'Royal Standard'**
Excellent couvre-sol vivace en grandes touffes, à larges feuilles ovales, vert pâle et brillantes.
H. 60 cm ; E. 1,20 m.

Acer palmatum **'Dissectum' (érable japonais)**
Arbuste à feuilles caduques joliment divisées.
H. 1 m ; E. 1,50 m.

Rhododendron **'Orange Beauty' (azalée)** *Arbuste à feuilles caduques colorées en automne ; floraison au printemps. H. et E. 1,50 m.*

Rhododendron **'Narcissiflorum' (azalée)**
Arbuste à feuilles caduques et fleurs parfumées.
H. et E. 2 m.

Rhododendron hippophaeoides *Arbuste à feuilles persistantes vert-gris et fleurs bleu lavande au printemps. H. et E. 1,50 m.*

VARIATIONS SUR LE PLAN

ON A IMAGINÉ ICI de remplacer le jaune vif et le bleu ardoise du plan originel par du magenta soutenu et des roses pâles. Les deux azalées 'Hatsugiri' et 'Hinodegiri' sont plus compactes que les jaunes : vous trouverez peut-être qu'elles conviennent mieux à un espace plus restreint. L'esprit comme la couleur de cette composition vont en être modifiés. Les plantes sont plus basses, plus denses, moins naturelles. L'accent est toujours mis sur les azalées, mais vous pouvez en remplacer un par un camélia afin d'allonger la saison d'intérêt. Il sera en fleur au début du printemps, deux mois avant les azalées. Une variété vigoureuse comme *Camellia* × *williamsii* 'Brigadoon' sera parfaite.

PLANTES SERRÉES EN ROSE ET BLANC

Tous ces arbustes, bien sûr, aiment les sols acides ; ils ont même besoin d'un sol non calcaire. *Eucryphia* se satisfait des mêmes conditions que l'arbousier, mais son feuillage est caduc et il n'atteint pas une taille aussi élevée.

Les azalées 'Hatsugiri' et 'Hinodegiri' fleurissent plus librement dans les régions chaudes et ensoleillées. Dans les régions humides, elles poussent de façon désordonnée et doivent être soigneusement taillées. *Rhododendron yakushimanum* supporte la pluie, car il est originaire de l'île venteuse et humide de Yakushima. Ses feuilles sont légèrement recourbées sur les bords et recouvertes en dessous d'un feutrage rouille. Les plus jeunes sont poudrées d'argent.

Eucryphia glutinosa *Arbre à feuilles caduques devenant rouge orangé en automne, et fleurs blanches parfumées en été. H. jusqu'à 10 m ; E. 6 m.*

***Rhododendron* 'Strawberry Ice' (azalée)** *Buisson à feuilles caduques, portant au printemps des boutons floraux rose foncé qui donnent des fleurs rose chair à gorge jaune. H. et E. 1,50-2,50 m.*

***Rhododendron* 'Hatsugiri' (azalée)** *Buisson compact à feuilles persistantes, portant une masse de petites fleurs carmin au printemps. H. et E. 60 cm.*

***Rhododendron* 'Hinodegiri' (azalée)** *Buisson compact à feuilles persistantes, portant de nombreuses petites fleurs cramoisies en entonnoir, à la fin du printemps. Il se plaît au soleil ou légèrement à l'ombre. H. et E. 1,50 m.*

Rhododendron yakushimanum *Buisson à croissance lente, à feuilles persistantes ovales argentées à l'état jeune, puis vert foncé. À la fin du printemps, les fleurs rose pâle deviennent blanches en se fanant. H. 1 m ; E. 1,50 m.*

LES ANGLES

Dans un jardin, les angles peuvent devenir de véritables aubaines, qu'ils soient ouverts et ensoleillés, sombres et mystérieux, voire peu accessibles et étroits. Parfois, un angle abrité offrira juste ce qu'il faut de protection à une plante fragile pour qu'elle passe l'hiver sans danger. Ailleurs, il accueillera volontiers une plante spectaculaire qui attirera l'attention. Laissez-vous guider par votre envie.

COULEURS CHANGEANTES
Les jeunes feuilles dorées de Robinia pseudoacacia *'Frisia' sont marquées de vert en été, puis deviennent jaune orangé en automne.*

FEUILLAGES COLORÉS

DU FEUILLAGE DORÉ installé dans le coin sombre d'un jardin peut le métamorphoser. Un robinier faux-acacia 'Frisia' illumine ce groupe d'arbustes, qui ornera un endroit peu favorisé. Bien que certains jardiniers intransigeants refusent radicalement le jaune, c'est une couleur pleine de gaieté. Un feuillage pourpre donne de la profondeur et de la densité, tandis qu'un gris offre un contraste de fraîcheur.

LES POINTS FORTS

FEUILLAGES DE CARACTÈRE
Les feuillages dorés, pourpres et gris sont mélangés pour créer de forts contrastes de couleurs.

SPECTACLE D'HIVER
En hiver, les euphorbes, les sauges de Jérusalem et les séneçons attirent l'attention.

FACILES À ENTRETENIR
Ces plantes demandent un minimum d'entretien. Elles sont donc tout indiquées pour un angle peu accessible.

ÉCLATS DE JAUNE ET DE D'OR

La couleur de cette composition est donnée bien plus par les feuilles que par les fleurs. Le robinier faux-acacia est un magnifique arbre doré, aux couleurs brillantes, aux feuilles en petits colliers de perles jaunes. Si vous pouvez lui offrir un arrière-plan foncé, il sera encore plus beau : un simple fond de lierre ou de pyracantha sera parfait. Les branches du robinier sont assez cassantes : ne le plantez donc pas dans un endroit exposé aux coups de vent.

Les feuillages dorés et jaunes sont en général moins résistants que les pourpres. Le robinier porte au printemps une parure d'or, qui vire à l'orangé en automne, à la chute des feuilles.

LISTE DES PLANTES

1 *Robinia pseudoacacia* 'Frisia' (robinier faux-acacia) × 1
2 *Berberis thunbergii* f. *atropurpurea* × 1
3 *Senecio* 'Sunshine' (séneçon) × 1
4 *Origanum vulgare* 'Aureum' (origan) × 3
5 *Nepeta* 'Six Hills Giant' (herbe-aux-chats) × 2
6 *Sedum spectabile* (orpin) × 1
7 *Geranium cinereum* 'Ballerina' × 1
8 *Philadelphus coronarius* 'Aureus' (seringat des jardins) × 1
9 *Alchemilla mollis* (alchémille) × 3
10 *Euphorbia characias* subsp. *wulfenii* (euphorbe) × 1
11 *Phlomis fruticosa* (sauge de Jérusalem) × 1

PLAN

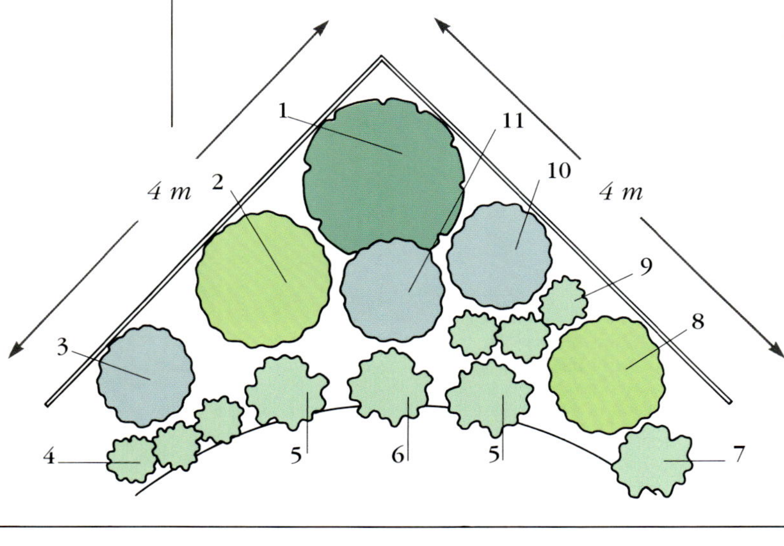

Son compagnon, le seringat des jardins 'Aureus', perd son bel éclat au fil des saisons. Cependant, cet arbuste est facile à cultiver et ses fleurs crème dégagent le parfum le plus capiteux qui soit.

TACHES DE POURPRE ET DE GRIS

Le feuillage pourpre est en revanche plus difficile à utiliser que le feuillage doré. Il est ravissant au printemps, mais peut paraître lourd quand l'été avance. Cela vaut davantage pour les arbres à grandes feuilles que pour *Berberis,* qui entre dans cette composition. Ses feuilles ont la teinte d'un bon porto et, en automne, elles se parent d'un éclat rouge avant de tomber.

De loin, le feuillage le plus reposant de ce plan est le gris – un peu lassant quand il est seul, car il devient alors monotone. Ici, à côté du robinier doré, du seringat vert acide et du berbéris pourpre soutenu, il joue un rôle modérateur.

Le séneçon et la sauge de Jérusalem portent des fleurs jaunes au début de l'été, nettement moins belles cependant que leurs feuilles – celles du séneçon sont balayées du plus pâle argent sur leur face intérieure, celles de la sauge de Jérusalem sont vert grisâtre et de texture grossière. Tous deux ont l'avantage de garder leur intérêt pendant l'hiver. Quant aux euphorbes, qui ne cessent de donner de nouvelles pousses, elles ne laissent la place à aucun temps mort.

SÉNEÇON
Senecio 'Sunshine' est un buisson rampant plus large que haut, portant des fleurs en marguerite jaune vif au début de l'été.

ORIGAN
Les feuilles aromatiques d'*Origanum vulgare* 'Aureum' sont aussi utilisées en cuisine que celles de la marjolaine classique, à feuilles vertes. Ici, elles posent des taches de couleur à l'avant du massif.

Les angles

Dans un jardin, les angles peuvent devenir de véritables aubaines, qu'ils soient ouverts et ensoleillés, sombres et mystérieux, voire peu accessibles et étroits. Parfois, un angle abrité offrira juste ce qu'il faut de protection à une plante fragile pour qu'elle passe l'hiver sans danger. Ailleurs, il accueillera volontiers une plante spectaculaire qui attirera l'attention. Laissez-vous guider par votre envie.

Plaisir tactile
*Il est difficile de passer à côté des feuilles plissées et duveteuses d'*Alchemilla mollis*, l'alchémille, sans tendre la main pour les toucher. Après une averse, les gouttes de pluie brillent sur ses feuilles comme des perles de cristal.*

Pièces d'eau : contrastes de textures

La texture des feuilles procure un de ces plaisirs simples qui nous semblent tout naturels, comme la douceur de la laine ou le brillant d'une table bien cirée. Elle est moins évidente que leur forme ou leur couleur, mais les feuilles sont selon les cas douces ou lisses, brillantes ou mates. Leur surface peut être hérissée ou soyeuse, chiffonnée ou unie, cireuse, collante ou glissante comme un glaçon.

On touche les feuilles comme on tâte différentes matières : la soie, le satin, le lin, l'angora, le feutre, la laine. *Veratrum nigrum*, dont les feuilles ressemblent à de la soie plissée, est installé ici autour d'une pièce d'eau classique. Joignez-y des touffes d'alchémille et des dômes de véronique à feuilles persistantes. Leurs feuillages sont très différents : une raison supplémentaire pour les juxtaposer. L'effet est rehaussé par ce contraste de textures : la soie plissée du vératre, le coton brossé de l'alchémille, le satin lourd de la véronique.

Parfois, le nom latin des plantes donne une indication précise sur un de leurs caractères marquants. Le *nigrum* de *Veratrum nigrum* fait référence à ses fleurs pourpre sombre. Une texture laineuse est souvent signalée par le mot *lanata*. L'épiaire laineux, *Stachys lanata* (rebaptisé *Stachys byzantina*), s'étale à la pointe d'un angle. Le saule laineux, *Salix lanata*, est mis en valeur par les iris et par les feuilles cireuses d'un grand hosta.

Formes contrastées

Dans un plan comme celui-ci, où les plantes ne sont pas le seul centre d'intérêt, il vous faudra une majorité de plantes basses. Cependant, les grandes feuilles en épée des iris et des diéramas ajouteront de la force à cette composition. Les diéramas se dresseront de façon spectaculaire au-dessus du tapis végétal, mais elles sont assez aériennes et légères pour que l'eau soit visible à travers leur feuillage.

Les points forts

Contrastes de surfaces
Le saule laineux contraste avec les euphorbes cireuses et les véroniques aux feuilles brillantes.

Formes équilibrées
On utilise ici des silhouettes différentes pour créer un équilibre et une variété -- l'arrondi des touffes d'hosta et d'alchémille est contrebalancé par la raideur des iris et des vératres dressés et par les cascades de fleurs des diéramas.

Tableaux aquatiques
Les tiges des diéramas chargées de fleurs roses se penchent au-dessus de l'eau et s'y reflètent de façon insolite.

Liste des plantes

1 *Salvia argentea* (sauge argentée) × 2
2 *Dierama pulcherrimum* × 2
3 *Hosta seboldiana* var. *elegans* × 2
4 *Salix lanata* (saule laineux) × 1
5 *Alchemilla mollis* (alchémille) × 2
6 *Iris ensata* 'Alba' × 5
7 *Hebe albicans* (véronique) × 2
8 *Euphorbia seguieriana* (euphorbe) × 4
9 *Veratrum nigrum* (vératre noir) × 6
10 *Stachys byzantina* syn. *Stachys lanata* (épiaire laineux) × 1

Plan

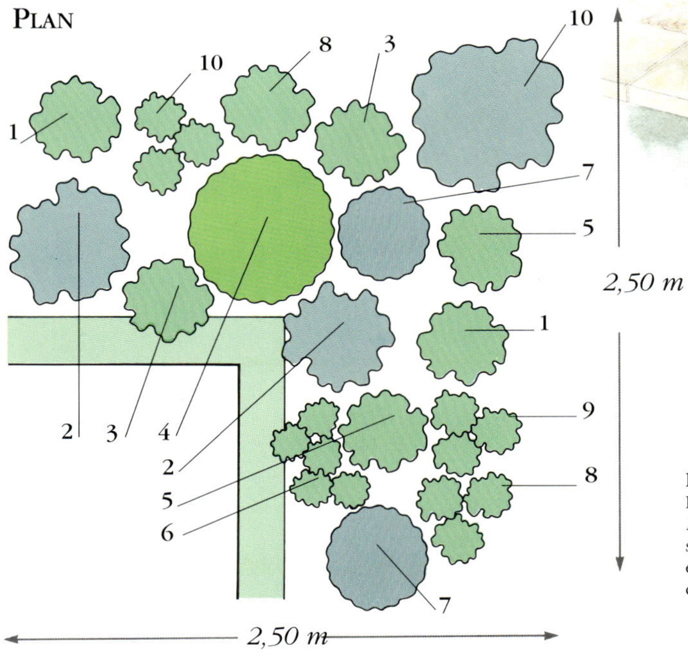

Diérama
Les hautes tiges de *Dierama pulcherrimum* se courbent gracieusement et se reflètent dans l'eau du bassin.

Vibrations d'été

La fin de l'été est la période la plus spectaculaire pour cette composition : les extraordinaires fleurs sombres des vératres et les épis en cascade des diéramas se détachent sur une tapisserie de feuillages variés.

Ombres fraîches

Au début de l'été, l'impression générale est fraîche et reposante avec ces fleurs jaune-vert et blanches, et ces abondants feuillages gris argenté et vert brillant.

Iris
Iris ensata porte des petites fleurs violettes, bleues ou, comme ici chez le cultivar 'Alba', blanches.

Euphorbe
Les tiges étroites d'*Euphorbia seguieriana* portent des verticilles de feuilles étroites et glauques, toutes semblables, et des fleurs vert acide, à la fin du printemps.

Véronique
Hebe albicans forme une touffe compacte de feuilles glauques, couverte au début de l'été de courts épis de fleurs blanches.

Saule laineux
Au printemps, les chatons jaunes du saule *Salix lanata* rampent comme des chenilles poilues le long des branches, contrastant avec les jeunes feuilles laineuses.

Hosta
Les feuilles d'*Hosta sieboldiana* var. *elegans*, larges et glauques, sont les plus belles de toute la famille.

Épiaire laineux
Stachys byzantina est un bon couvre-sol avec ses masses de feuilles grises et feutrées. Il est malheureusement la proie du mildiou.

Alchémille
Les feuilles arrondies d'*Alchemilla mollis* font une apparition un peu tardive, mais le feuillage et les fleurs vert-jaune sont d'un très bon effet dans les compositions renfermant des fleurs blanches et pourpres.

***Iris ensata* 'Alba'**

Sauge argentée
Au soleil et dans un sol bien drainé, *Salvia argentea* devient une grande plante sculpturale dont les tiges se dressent au-dessus de rosettes de feuilles épaisses et à l'aspect laineux.

Vératre noir
Veratrum nigrum est très apprécié dans les jardins depuis le XVIe siècle, pour ses feuilles en éventail et ses longs panicules de fleurs sombres.

Euphorbia seguieriana

Hebe albicans

SOINS ET CULTURE

PRINTEMPS
Plantez les diéramas, les sauges et les épiaires. Retirez les feuilles abîmées des plantes avant l'apparition des nouvelles pousses. Protégez les hostas contre les limaces. Plantez les iris, les euphorbes et les véroniques. Ces dernières n'ont pas besoin d'une taille régulière, mais coupez à cette saison les pousses endommagées par l'hiver. Ne laissez pas le sol se dessécher autour des vératres ; paillez-les si nécessaire à la fin du printemps. Les bouquets d'iris trop serrés ont besoin d'être divisés.

ÉTÉ
Retirez les têtes fanées des véroniques, et coupez les tiges défleuries des euphorbes et des alchémilles. Taillez le feuillage pour encourager les nouvelles pousses.

AUTOMNE
Plantez les hostas dans un sol enrichi de terreau de feuilles. Plantez les vératres dans un endroit humide et légèrement ombragé. Plantez les alchémilles. Coupez les tiges des diéramas quand les fleurs sont fanées. Dans les régions froides, retirez les bulbes et mettez-les à l'abri pour l'hiver.

HIVER
Taillez les tiges des vératres.

PLANTES AU FEUILLAGE REMARQUABLE

L'IMMENSE VARIÉTÉ DE TEXTURES des plantes n'est pas seulement destinée à notre plaisir tactile. Elle leur permet avant tout de réagir aux conditions de leur milieu. Les poils qui donnent aux plantes laineuses leur apparence si particulière les protègent de la lumière intense des hautes altitudes et les isolent quand les températures atteignent des extrêmes. Pour la plupart, d'ailleurs, elles poussent dans les déserts ou sur les hauts plateaux glacés. Les plantes qui sont présentées ici aiment en général les sols toujours humides. Les sauges ont besoin d'un bon drainage. Il est préférable de les cultiver en bisannuelles, et il peut être nécessaire de les remplacer tous les deux ans. Les feuilles de la première année – rosettes argentées à l'épais duvet – sont bien plus belles que les fleurs de l'année suivante.

Les rhizomes des vératres donnent le meilleur d'eux-mêmes dans un sol humide, léger et exposé à mi-ombre. Un paillis épais à la fin du printemps leur procurera les conditions de vie qui leur conviennent le mieux. Malheureusement, les limaces s'en régalent, aussi faut-il bien les protéger, ainsi que les hostas.

Salvia argentea (sauge argentée) *Vivace à feuilles argentées et laineuses, formant une rosette, et fleurs blanches en été.*
H. jusqu'à 1 m ; E. 45 cm.

Euphorbia seguieriana (euphorbe) *Vivace à feuilles étroites et bouquets de fleurs vert-jaune.*
H. et E. 45 cm.

Hosta sieboldiana var. ***elegans*** *Vivace en touffes à feuilles gris bleuté nervurées et ridées.*
H. 1 m ; E. 1,50 m.

Stachys byzantina syn. ***Stachys lanata*** (épiaire laineux) *Vivace à feuillage gris, laineux.*
H. jusqu'à 38 cm ; E. 60 cm.

Salix lanata (saule laineux) *Arbuste à croissance lente et feuilles grises à texture épaisse.*
H. et E. jusqu'à 1,20 m.

Hebe albicans 'Alba' (véronique) *Arbuste dense à feuilles persistantes gris-bleu et petites fleurs blanches au début de l'été.*
H. et E. 1,50 m.

Dierama pulcherrimum *Plante vivace à feuilles persistantes en forme de lanière, et fleurs rose foncé en été.*
H. 1,50 m ; E. 30 cm.

Alchemilla mollis (alchémille) *Vivace formant une touffe à feuilles duveteuses et fleurs vert-jaune à la mi-été.*
H. et E. 50 cm.

Iris ensata 'Alba' *Vivace rhizomateuse à fleurs blanches et feuilles à nervure centrale proéminente.*
H. jusqu'à 1 m ; E. variable.

Veratrum nigrum (vératre noir) *Vivace dressée à feuilles ovales et fleurs pourpre sombre à la fin de l'été.*
H. 2 m ; E. 60 cm.

VARIATIONS SUR LE PLAN

BIEN DES ARBUSTES PERSISTANTS, comme le houx, le choisya, le fatsia et le camellia, ont un feuillage brillant qui met parfaitement en valeur les plantes à feuilles grises ; certains, cependant, deviennent trop grands pour être utilisés dans ce plan.

Afin d'augmenter l'intérêt en hiver, remplacez-les par des langues de cerf, aux frondes luisantes. Ajoutez des touches de couleur au printemps avec un tapis de tulipes à tiges courtes.

INTÉRÊT HIVERNAL ACCRU

Des fougères langue de cerf, un genévrier rampant et des touffes de cyclamen donneront à ce bord de bassin plus d'ampleur en hiver. Contrairement aux épiaires qu'il remplace, le genévrier est aussi beau en plein hiver qu'au milieu de l'été.

Les cyclamens égayeront le genévrier, en offrant la parure de leurs fleurs à la fin de l'été et en automne. Leur feuillage fait écho aux teintes du genévrier, d'un vert tirant sur le bleu. Leurs feuilles sont en effet plus complexes, avec leurs marbrures argentées aussi variées que des empreintes digitales.

***Juniperus horizontalis* 'Turquoise Spreader' (genévrier rampant)**
Conifère nain à feuillage persistant glauque, vert turquoise, formant lentement un tapis épais. H. jusqu'à 50 cm ; E. 1,50 m ou plus.

Cyclamen hederifolium
Bulbeuse à fleurs d'automne. Les feuilles, aux dessins argentés, apparaissent avec ou après les fleurs, roses, et durent jusqu'au printemps. H. 10 cm ; E. 10-15 cm.

***Phyllitis scolopendrium* (langue de cerf)**
Fougère à feuillage persistant et grandes frondes vert brillant, coriaces, en forme de langue. H. 45-75 cm ; E. jusqu'à 45 cm.

TOUFFES DE TULIPES PRINTANIÈRES

Augmentez l'intérêt printanier, qui, mis à part la présence des chatons du saule, est un peu limité, en remplissant les espaces laissés libres entre les plantes avec des tulipes botaniques. Elles ne sont pas aussi voyantes ni aussi grandes que les tulipes ordinaires des jardins, mais c'est à partir de cette famille qu'ont été créées toutes les autres tulipes. Elles fleurissent plus tôt que les autres, et leur petite taille est mieux adaptée à celle des couvre-sols utilisés dans cette composition.

Tulipa turkestanica
Bulbeuse portant au début du printemps des fleurs blanches en étoile à centre jaune crème. H. 10-30 cm ; E. jusqu'à 20 cm.

Tulipa tarda
Bulbeuse portant au printemps des fleurs jaunes à pétales pointus et extrémités blanches. H. jusqu'à 15 cm ; E. jusqu'à 10 cm.

Tulipa saxatilis
Bulbeuse portant, au début du printemps, des fleurs parfumées rose lilas à base interne jaune, parmi des feuilles luisantes vert pâle. H. 15-45 cm ; E. jusqu'à 20 cm.

FEUILLAGES COLORÉS

DU FEUILLAGE DORÉ installé dans le coin sombre d'un jardin peut le métamorphoser. Un robinier faux-acacia 'Frisia' illumine ce groupe d'arbustes, qui ornera un endroit peu favorisé. Bien que certains jardiniers intransigeants refusent radicalement le jaune, c'est une couleur pleine de gaieté. Un feuillage pourpre donne de la profondeur et de la densité, tandis qu'un gris offre un contraste de fraîcheur.

COULEURS CHANGEANTES
Les jeunes feuilles dorées de Robinia pseudoacacia *'Frisia' sont marquées de vert en été, puis deviennent jaune orangé en automne.*

LES POINTS FORTS

FEUILLAGES DE CARACTÈRE
Les feuillages dorés, pourpres et gris sont mélangés pour créer de forts contrastes de couleurs.

SPECTACLE D'HIVER
En hiver, les euphorbes, les sauges de Jérusalem et les séneçons attirent l'attention.

FACILES À ENTRETENIR
Ces plantes demandent un minimum d'entretien. Elles sont donc tout indiquées pour un angle peu accessible.

ÉCLATS DE JAUNE ET DE D'OR

La couleur de cette composition est donnée bien plus par les feuilles que par les fleurs. Le robinier faux-acacia est un magnifique arbre doré, aux couleurs brillantes, aux feuilles en petits colliers de perles jaunes. Si vous pouvez lui offrir un arrière-plan foncé, il sera encore plus beau : un simple fond de lierre ou de pyracantha sera parfait. Les branches du robinier sont assez cassantes : ne le plantez donc pas dans un endroit exposé aux coups de vent.

Les feuillages dorés et jaunes sont en général moins résistants que les pourpres. Le robinier porte au printemps une parure d'or, qui vire à l'orangé en automne, à la chute des feuilles.

LISTE DES PLANTES

1 *Robinia pseudoacacia* 'Frisia' (robinier faux-acacia) × 1
2 *Berberis thunbergii* f. *atropurpurea* × 1
3 *Senecio* 'Sunshine' (séneçon) × 1
4 *Origanum vulgare* 'Aureum' (origan) × 3
5 *Nepeta* 'Six Hills Giant' (herbe-aux-chats) × 2
6 *Sedum spectabile* (orpin) × 1
7 *Geranium cinereum* 'Ballerina' × 1
8 *Philadelphus coronarius* 'Aureus' (seringat des jardins) × 1
9 *Alchemilla mollis* (alchémille) × 3
10 *Euphorbia characias* subsp. *wulfenii* (euphorbe) × 1
11 *Phlomis fruticosa* (sauge de Jérusalem) × 1

PLAN

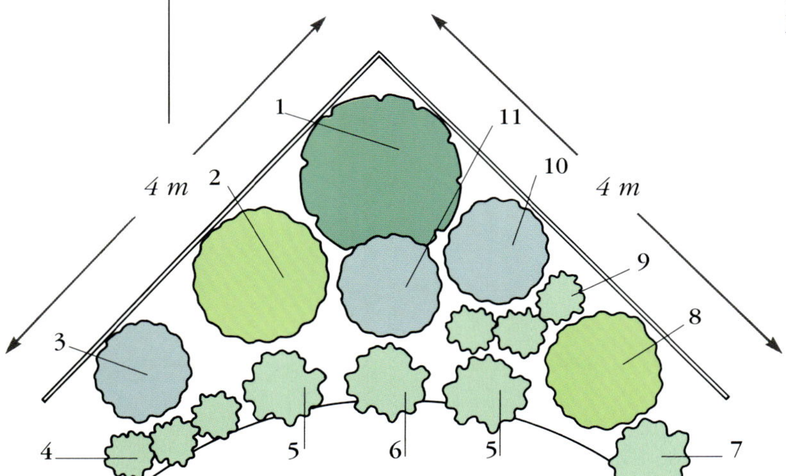

Son compagnon, le seringat des jardins 'Aureus', perd son bel éclat au fil des saisons. Cependant, cet arbuste est facile à cultiver et ses fleurs crème dégagent le parfum le plus capiteux qui soit.

TACHES DE POURPRE ET DE GRIS

Le feuillage pourpre est en revanche plus difficile à utiliser que le feuillage doré. Il est ravissant au printemps, mais peut paraître lourd quand l'été avance. Cela vaut davantage pour les arbres à grandes feuilles que pour *Berberis,* qui entre dans cette composition. Ses feuilles ont la teinte d'un bon porto et, en automne, elles se parent d'un éclat rouge avant de tomber.

De loin, le feuillage le plus reposant de ce plan est le gris – un peu lassant quand il est seul, car il devient alors monotone. Ici, à côté du robinier doré, du seringat vert acide et du berbéris pourpre soutenu, il joue un rôle modérateur.

Le séneçon et la sauge de Jérusalem portent des fleurs jaunes au début de l'été, nettement moins belles cependant que leurs feuilles – celles du séneçon sont balayées du plus pâle argent sur leur face intérieure, celles de la sauge de Jérusalem sont vert grisâtre et de texture grossière. Tous deux ont l'avantage de garder leur intérêt pendant l'hiver. Quant aux euphorbes, qui ne cessent de donner de nouvelles pousses, elles ne laissent la place à aucun temps mort.

SÉNEÇON
Senecio 'Sunshine' est un buisson rampant plus large que haut, portant des fleurs en marguerite jaune vif au début de l'été.

ORIGAN
Les feuilles aromatiques d'*Origanum vulgare* 'Aureum' sont aussi utilisées en cuisine que celles de la marjolaine classique, à feuilles vertes. Ici, elles posent des taches de couleur à l'avant du massif.

CONTRASTE ET ÉCHO DE COULEURS

L'or de l'origan et du seringat répond à celui du robinier et illumine le sombre berbéris et le frais séneçon, créant une composition joyeuse au milieu de l'été.

SOINS ET CULTURE

PRINTEMPS
Plantez les origans, les népétas et les alchémilles, ainsi que les géraniums et les orpins. Coupez les fleurs fanées avant l'apparition des nouvelles pousses.

ÉTÉ
Enlevez les fleurs fanées des sauges de Jérusalem et des séneçons, et pincez les pousses trop longues. Dégarnissez le vieux bois des seringats après la floraison. Coupez les tiges défleuries des euphorbes, et les fleurs fanées des alchémilles pour les empêcher de disperser leurs graines. Taillez les alchémilles et les géraniums à la fin de l'été afin d'avoir du nouveau feuillage.

AUTOMNE
Plantez le robinier et tuteurez-le jusqu'à ce qu'il soit bien enraciné. Plantez les berbéris, les sauges de Jérusalem et les séneçons. Plantez de petites euphorbes : les grandes sont difficiles à installer. Rabattez les origans aux deux tiers de leur hauteur avant qu'ils meurent en hiver. Taillez les népétas.

HIVER
Supprimez les pousses folles du berbéris à la fin de la saison. Rajeunissez les vieux arbustes en coupant certaines tiges au ras du sol.

PLANTES POUR COMPOSITION D'ENTRETIEN FACILE

UNE FOIS BIEN INSTALLÉS, les arbustes de ce massif d'angle demanderont peu d'entretien pour garder un bel aspect. Ils s'accommoderont d'un sol peu profond et pauvre, mais se porteront mieux si vous les soignez un minimum. Le robinier a besoin de soleil : ne l'installez donc pas sous de grands arbres ou dans un endroit presque toujours baigné d'ombre.

Les plantes herbacées des premiers rangs ont presque toutes une croissance lente et ne réclament pas de tuteur. Seul l'orpin en aura peut-être besoin sous la forme d'une discrète ceinture tenue par des ficelles pour maintenir dressées ses lourdes inflorescences de l'automne. Laissez celles-ci en place durant tout l'hiver : elles seront très belles, saupoudrées de givre.

Senecio **'Sunshine' (séneçon)** *Arbuste à floraison estivale formant une touffe de feuilles persistantes au dessous argenté. Les feuilles jeunes sont gris argent. H. et E. 1 m.*

Berberis thunbergii f. ***atropurpurea*** *Arbuste à branches arquées et feuilles caduques cultivé pour son feuillage rouge pourpre et ses baies en automne. H. jusqu'à 2 m ; E. 3 m.*

Robinia pseudoacacia **'Frisia' (robinier faux-acacia)** *Arbre à croissance rapide, portant un feuillage caduc doré qui devient jaune orangé en automne. H. jusqu'à 15 m ; E. jusqu'à 7,50 m.*

Philadelphus coronarius **'Aureus' (seringat des jardins)** *Arbuste à feuillage doré caduc portant des fleurs parfumées à la fin du printemps et au début de l'été. H. 2,50 m ; E. 1,50 m.*

Nepeta **'Six Hills Giant' (herbe-aux-chats)** *Plante vivace à feuilles vert-gris et fleurs bleu lavande en été. H. et E. 60 cm.*

Euphorbia characias subsp. ***wulfenii*** **(euphorbe)** *Arbuste dressé à feuilles persistantes et grosses têtes de fleurs vert-jaune au printemps. H. et E. 1,50 m.*

Alchemilla mollis **(alchémille)** *Plante vivace à feuilles veloutées et fleurs jaune verdâtre en été. H. et E. 50 cm.*

Origanum vulgare **'Aureum' (origan)** *Vivace à feuilles aromatiques jaunes et petites fleurs mauves en été. H. 8-45 cm ; E. variable.*

Phlomis fruticosa **(sauge de Jérusalem)** *Arbuste persistant à fleurs jaunes en été, au milieu d'un feuillage vert-gris comme celui de la sauge. H. et E. 1 m.*

Sedum spectabile **(orpin)** *Vivace à feuilles charnues en touffes, avec des têtes florales plates et roses à la fin de l'été et en automne. H. et E. 45 cm.*

Geranium cinereum **'Ballerina' (géranium vivace)** *Vivace rampante portant des fleurs roses à veines pourpres à la fin du printemps et en été. H. 10 cm ; E. 30 cm.*

VARIATIONS SUR LE PLAN

LA JUXTAPOSITION DU POURPRE ET DU JAUNE offre un contraste saisissant. Si vous le trouvez trop violent, remplacez *Berberis* par un arbuste plus neutre. Choisissez-le avec un beau feuillage ; vous pourrez ajouter des fleurs en faisant grimper des clématites sur un ou deux arbustes. Marquez l'arrivée du printemps avec quelques petits bulbes installés à l'avant de la composition : ils trouveront leur place parmi les alchémilles, les népétas et les géraniums.

Astrancia major **'Sunningdale Variegated' (grande astrance)** *Vivace en touffe, à feuilles panachées et découpées et fleurs blanc verdâtre teintées de rose en été.* *H. 60 cm ; E. 45 cm.*

FEUILLAGES VARIÉS POUR EFFET LÉGER

Un arbuste à feuilles panachées comme *Cornus alba* 'Elegantissima' remplaçant *Berberis* éclairera tout l'ensemble. En hiver, ses tiges nues brilleront d'éclats rouges et contrasteront avec les gris tendres des sauges de Jérusalem et des séneçons voisins.

Ce panachage de couleurs sera repris à l'avant du massif par une astrance aux feuilles jaune crème, en lieu et place des géraniums rose foncé. Ne mettez pas d'orpins, mais une autre variété de géranium, comme *Geranium himalayense,* à fleurs bleues. Un simple changement de position entre l'astrance et l'orpin mettrait les deux espèces bariolées l'une à côté de l'autre, ce qui déséquilibrerait la composition.

Cornus alba **'Elegantissima'** *Arbuste rustique à feuilles caduques bordées de blanc et tiges rouges en hiver.* *H. et E. 2 m.*

Geranium himalayense **(géranium vivace)** *Vivace portant en été des fleurs bleu-violet qui s'épanouissent au-dessus de touffes denses de feuilles découpées.* *H. 30 cm ; E. 60 cm.*

DES BULBES PRINTANIERS

Des bulbes nains comme les crocus, les scilles, les chionodoxas et les puschkinias sont parfaits pour garnir un sol nu au printemps, qui sera recouvert plus tard par des plantes vivaces. Les bulbes sont des opportunistes. Ils surgissent et remplissent leur office tandis que toutes les autres plantes hésitent encore et se demandent si le moment est enfin arrivé de faire leur apparition. Puis, avec encore plus de désinvolture, ils plongent sous terre, nous laissant le triste spectacle de leur feuillage languissant pour le reste de l'année.

Il y a peu de crocus nains qui ne soient un pur enchantement. Et ils se multiplient avec prodigalité s'ils se trouvent dans un lieu où le soleil peut les atteindre et réchauffer les bulbes.

Scilla siberica **'Spring Beauty' (scille de Sibérie)** *Bulbeuse à feuilles basales, linéaires et brillantes portant au début du printemps des fleurs bleues en clochette.* *H. 10-15 cm ; E. 5 cm.*

Crocus **'E. A. Bowles'** *Plante à bulbe donnant au printemps des fleurs jaune foncé aux pétales teintés de bronze à l'extérieur, près de la base.* *H. 10 cm ; E. 5-8 cm.*

SENTEUR DÉLICIEUSE
Le lis de la Madone, Lilium candidum, *est couronné de gracieuses fleurs en entonnoir d'un blanc pur, qui dégagent un parfum entêtant.*

LES POINTS FORTS

PARFUM POUR GRAND SOLEIL
Ce mélange de plantes pour coin ensoleillé est richement parfumé.

FEUILLAGE ODORANT
Les feuilles jouent ici un rôle aussi important que les fleurs. Les pélargoniums, le thym et le romarin ont un feuillage très parfumé.

COMPOSITION PARFUMÉE

DES TOUFFES DE THYM AROMATIQUE bordent ce massif et sont placées de telle sorte que vous sentiez leur parfum épicé si caractéristique chaque fois que vous les approchez au hasard de vos déplacements. Les senteurs d'un jardin font naître un plaisir fugitif mais intense. Cette composition réunit une grande diversité de plantes, toutes remarquables pour leur délicieuse odeur.

Certaines plantes comme les jonquilles et les lis blancs libèrent généreusement leur parfum, comme pour en imprégner le monde entier. D'autres sont plus parcimonieuses. Il faut s'approcher du romarin ou du pélargonium et en écraser quelques feuilles pour libérer leurs huiles essentielles.

Le daphné embaume tôt dans l'année ; ses petites fleurs cireuses lancent une odeur forte, assez agressive. L'espèce persistante *Daphne odora* convient bien, et notamment le cultivar 'Aureomarginata', dont les feuilles luisantes sont finement bordées de crème.

Les bulbes de printemps et d'été apportent ici couleur et senteur. Les petites jonquilles jaunes sont parmi les dernières de leur famille à fleurir, au milieu d'un feuillage frais et vert. Ce qu'elles perdent en prestance, elles le gagnent en parfum. Les lis de la Madone sont de toute beauté à la fin du jour, en été : leurs larges fleurs blanches en trompette émettent un « chant des sirènes » qui attire irrésistiblement les papillons de nuit.

HERBES AROMATIQUES

Une touffe de romarin constitue le centre de cette composition. Choisissez une variété dressée et, à mesure qu'elle grandit, fixez-la afin d'obtenir une colonne.

Depuis l'époque médiévale, la lavande orne les jardins et son huile essentielle entre dans la fabrication des parfums. Elle est un antiseptique puissant : pour cette raison sans doute, les Romains en mettaient dans leur bain. Son nom vient d'ailleurs du latin *lavare*, qui signifie laver. 'Hidcote' est une variété compacte aux feuilles argentées et aux fleurs pourpre très foncé.

Choisissez un thym dressé, comme *Thymus* × *ciotriodorus,* qui libérera son parfum citronné dès que vous le toucherez. En bordure, plantez du serpolet : il se répandra sur les allées en un tapis odorant. Quand il est en fleur, les bourdons s'y posent, étourdis par sa senteur.

PLAN

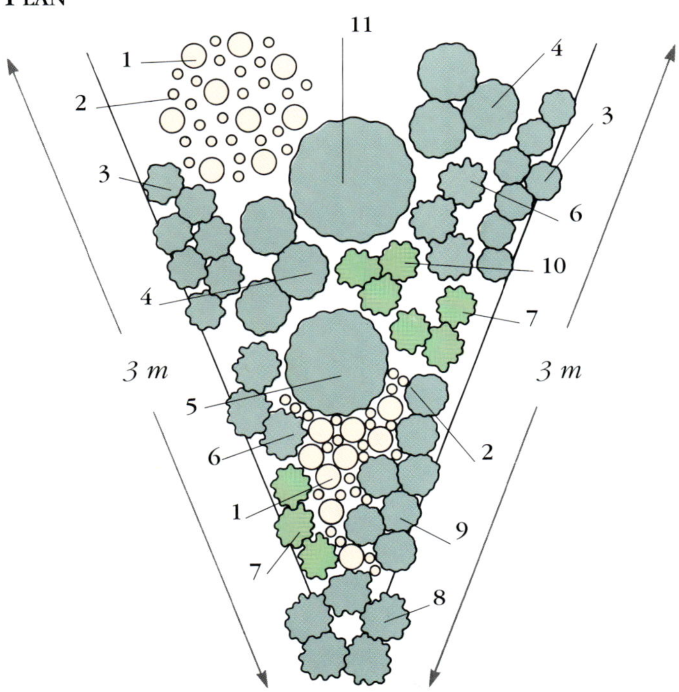

LISTE DES PLANTES

1 *Lilium candidum* (lis de la Madone) × 18
2 *Narcissus jonquilla* (petite jonquille) × 50
3 *Thymus* × *citriodorus* 'Silver Queen' × 14
4 *Lavandula angustifolia* 'Hidcote' (lavande) × 6
5 *Rosmarinus officinalis* 'Miss Jessopp's Upright' (romarin) × 1
6 *Pelargonium* 'Mabel Grey' × 6
7 *Iris graminea* syn. *I. colchica* × 6
8 *Dianthus* 'Prudence' (œillet) × 5
9 *Thymus serpyllum* (serpolet) × 7
10 *Hemerocallis citrina* (hémérocalle) × 3
11 *Daphne odora* 'Aureomarginata'× 1

COULEURS COORDONNÉES
Des touffes ondulantes d'œillets, d'iris, de géraniums et de thym se mélangent pour créer une vague de couleurs estivales dans des nuances de mauve, de rose et de bleu-violet. Les lis se remarquent en posant leur touche de blanc sur l'ensemble.

THYM
L'élégant *Thymus* × *citriodorus* 'Silver Queen', panaché, est fragile, mais il a le même parfum piquant et citronné que les autres variétés de l'espèce.

PÉLARGONIUM
Les feuilles aromatiques de *Pelargonium* 'Mabel Grey' libèrent leur arôme particulier dans ce jardin parfumé.

SPECTACLE PRÉCOCE
De douces teintes pastel, roses et bleues, apparaissent tôt dans l'année, avec le daphné et le romarin qui fleurissent au milieu du printemps. Ici, les vedettes sont les fragiles jonquilles vivement colorées.

PETITE JONQUILLE
Ses parents de plus grande taille ont souvent de grosses feuilles, mais cette petite jonquille jaune, *Narcissus jonquilla*, jaillit d'un frais feuillage vert.

DAPHNÉ
Dans un emplacement abrité, les fleurs de *Daphne odora* 'Aureomarginata' libèrent des bouffées de senteurs.

LAVANDE
Les lavandes comme *Lavandula angustifolia* 'Hidcote' préfèrent le plein soleil et les sols bien drainés, spécialement ceux qui sont riches en calcaire.

LIS DE LA MADONE
Les lis blancs, *Lilium candidum*, grandiront lentement et formeront de gros bouquets de fleurs parfumées, blanc pur.

IRIS
Iris graminea, au parfum particulier, a de belles fleurs violettes et pourpres.

ROMARIN
L'arbuste dressé 'Miss Jessopp's Upright' est une forme rustique de *Rosmarinus officinalis*.

HÉMÉROCALLE
Les fleurs d'*Hemerocallis citrina* sont particulièrement belles le soir, quand elles s'ouvrent largement pour libérer leur parfum.

SERPOLET
Un emplacement ensoleillé et un sol bien drainé conviendront bien au serpolet, *Thymus serpyllum*.

ŒILLET MIGNARDISE
L'œillet à l'ancienne, *Dianthus* 'Prudence', forme une touffe basse et rampante de feuillage gris, couronné de fleurs semi-doubles.

PLANTES POUR MASSIF D'ANGLE BIEN DRAINÉ

TOUTES LES PLANTES AROMATIQUES de cette composition réclament un sol bien drainé et beaucoup de soleil. En hiver, les plantes méditerranéennes sont plus sensibles à l'humidité qu'au froid. Ajoutez éventuellement du sable pour obtenir un bon drainage dans les sols lourds. Installez les œillets mignardises et le serpolet près du bord du massif afin qu'ils masquent les limites des allées. La lavande ne vit pas très longtemps : il faut la remplacer quand elle devient ligneuse et improductive. Incitez-la à donner de nouvelles pousses en la rabattant fortement à chaque printemps. Pour avoir une profusion de fleurs, et deux tons de violet, choisissez *Lavandula stoechas,* mais n'oubliez pas qu'elle est moins rustique que 'Hidcote'.

SOINS ET CULTURE

PRINTEMPS

Plantez les daphnés, le romarin, le thym et la lavande. Installez les pélargoniums quand tout risque de gel est écarté. Rafraîchissez les daphnés au début de la saison. Plantez les œillets mignardises en enterrant le moins possible les tiges. Mettez du compost autour des lis. Retirez les fleurs mortes des jonquilles, mais laissez les tiges et les feuilles se faner naturellement.

ÉTÉ

Attachez les pousses de romarin pour créer une spire élancée et pincez les pousses abîmées. Retirez les fleurs fanées de thym et de lavande.

AUTOMNE

Placez les bulbes de lis juste sous la surface du sol. Ne retirez les tiges florales que lorsqu'elles seront bien sèches. Plantez les jonquilles, les hémérocalles et les iris. Mettez les pélargoniums sous abri pour l'hiver, avant le gel ; rabattez-les ou faites des boutures pour la prochaine année.

HIVER

Retirez les feuilles mortes et autres débris des touffes d'œillets mignardises et de thym.

Thymus* × *citriodorus
'Silver Queen'
Arbuste étalé à feuillage persistant aromatique blanc argenté.
H. et E. 10-25 cm.

Daphne odora
'Aureomarginata' *Arbuste à feuillage persistant panaché et fleurs roses et blanches à la mi-hiver et au printemps.*
H. et E. 1,50 m.

Lavandula angustifolia
'Hidcote' *Arbuste à feuilles persistantes aromatiques gris argent, avec épis de fleurs pourpres.*
H. et E. 60 cm.

Pelargonium 'Mabel Grey'
Vivace fragile à feuilles aromatiques persistantes, en forme de losange denté, et petites fleurs mauves.
H. jusqu'à 60 cm ;
E. 30-45 cm.

Rosmarinus officinalis
'Miss Jessopp's Upright'
(romarin)
Arbuste persistant à feuilles aromatiques en aiguille et petites fleurs bleues.
H. et E. 2 m.

Hemerocallis citrina
(hémérocalle)
Vivace rustique à fleurs jaune citron, qui ne durent chacune qu'une seule nuit, au milieu de l'été.
H. et E. 75 cm.

Iris graminea syn.
Iris colchica
Iris rhizomateux à fleurs violettes à odeur de prune, portant un onglet blanc fortement veiné de violet.
H. 20-40 cm ; E. variable.

Dianthus 'Prudence'
(œillet mignardise)
Vivace touffue à fleurs odorantes marbrées de rose pourpre et de blanc au milieu de l'été.
H. 30-45 cm ; E. 30 cm.

Lilium candidum
(lis de la Madone)
Bulbeuse à floraison estivale, à tiges élégantes et dressées, portant des fleurs blanches parfumées, en entonnoir.
H. 1-2 m ; E. 30 cm.

Thymus serpyllum
(serpolet)
Arbuste persistant, bas et rampant, à petites feuilles parfumées et fleurs rose-mauve.
H. 8 cm ; E. variable.

Narcissus jonquilla
(petite jonquille)
Bulbeuse à feuilles sombres et brillantes et gracieuses fleurs jaunes délicatement parfumées au printemps,
H. 30 cm ; E. jusqu'à 20 cm.

VARIATIONS SUR LE PLAN

ON PEUT, DANS CETTE COMPOSITION, renforcer la présence des fleurs, sans pour autant diminuer le plaisir olfactif. Les rosiers, bien que peu séduisants en hiver, remplaceront judicieusement le romarin et le daphné. Annuelles et bisannuelles peuvent également donner de la couleur. Utilisez toutes sortes de combinaisons d'œillets de poète, de tabacs, d'héliotropes, de pois de senteur, de giroflées quarantaines, si parfumées la nuit, de verveines, de centaurées et de ravenelles.

Rosa 'The Fairy'
Rosier buisson nain qui porte des fleurs doubles rose pâle à la fin de l'été et en automne.
H. 1,20-2 m ; E. 60 cm.

DES FLEURS POUR LA COULEUR ET LE PARFUM

Donnez un air plus classique à ce plan en remplaçant les daphnés par un rosier moderne, qui donnera l'impression de sortir d'un livre d'enfant avec ses fleurs bien rondes perchées au bout d'une tige dégagée. 'The Fairy' conviendra très bien ici. Ce n'est pas l'un des plus parfumés, mais sans doute l'un des plus jolis avec ses gros bouquets de petites fleurs enfouis dans une multitude de feuilles brillantes.

Un rosier miniature se mêlera agréablement aux pélargoniums et au thym. Il risque de ne pas être parfumé : sentez-le bien avant de vous décider. Choisissez une couleur qui s'harmonisera avec celles de ses voisins.

Bien que généralement traitées en annuelles, les ravenelles sont des vivaces à vie courte. Elles prennent du caractère au fil des années. Laissez-les se pencher à leur gré au-dessus des allées.

Les centaurées moschata ont une floraison longue, dans toutes sortes de nuances de rose, de blanc et de pourpre, plus un jaune-vert tout à fait étonnant qui rappelle un peu celui des hémérocalles. Dispersez les graines et répandez une fine couche de compost sur les semis pour faciliter la germination. Puis procédez à l'éclaircissage des plants en éliminant les moins beaux.

Centaurea moschata **(centaurée)** *Annuelle à capitules parfumés, duveteux, roses, blancs, jaunes ou pourpres, en été et en début d'automne, et feuilles vert gris.*
H. 45 cm ; E. 20 cm.

Erysimum **'Bredon' (ravenelle)**
Vivace semi-persistante à vie courte, produisant des épis de fleurs jaune moutarde à la fin du printemps.
H. 30-45 cm ; E. 45 cm.

Rosa 'Regensberg'
Rosier bas portant des fleurs parfumées rose pâle à cœur blanc, durant une longue période d'été.
H. 45 cm ; E. 30 cm.

Fleurs et baies
L'aubépine, Crataegus filicifolia, *est couverte de fleurs au printemps, et de baies rutilantes en hiver.*

Ambiance maritime

Le vent et le sel sont les principaux ennemis du jardinage sur les côtes, mais ce milieu est pourtant privilégié. La mer agit comme un gigantesque édredon ; grâce à elle, la température des régions côtières est plus élevée que celle de l'intérieur des terres. Les gelées sont rares, le printemps précoce, l'hiver tardif. Choisissez des plantes bien adaptées à ces conditions : elles survivront là où d'autres lutteraient contre la mort.

Les points forts

Tout au long de l'année
Le feuillage persistant des escallonias ainsi que la touffe structurale du phormium demeurent attractifs même en hiver.

Un festival de fleurs
Les rosiers, les cistes et les tabacs offrent une longue farandole de fleurs.

Fruits d'automne
L'automne apporte les fruits rouge tomate vif d'un rosier, et les baies jaune empourpré de l'aubépine.

Abri et protection

Il faut avant tout créer une première ligne de défense : une avant-garde d'arbres et d'arbustes pour encaisser le plus fort des vents et protéger les plantes qui se blottiront derrière eux. Dans les grands jardins côtiers, le pin et le cyprès de Monterey sont de bons écrans. Les plantes à feuilles épaisses et coriaces, comme les grisélinias, ou à feuillage réduit comme les tamaris, sont bien adaptés aussi aux variations du climat marin. Ici, c'est une aubépine qui joue ce rôle protecteur. En poussant, elle prendra sans doute l'allure d'un bonsaï trop vite grandi, incliné par les vents dominants.

Des escallonias solides, des fuchsias rustiques et des rosiers rugueux sont disposés de chaque côté de l'aubépine. Faites des mariages de rosiers rugueux afin de profiter des meilleures fleurs ('Roseraie de l'Haÿ') et des plus beaux fruits ('Frau Dagmar Hastrup').

Un brise-vent en canisses ou toute autre barrière à claire-voie installés de chaque côté de l'angle seront utiles aux plantes encore mal fixées. Les clôtures pleines sont moins efficaces : le vent, en les heurtant de plein fouet, crée des turbulences qui risquent d'endommager les plantes.

Plantes pour lieu abrité

Une fois les écrans artificiels ou naturels mis en place, il convient d'installer les bonnes plantes. Les arbustes étalés comme les cistes sont moins sensibles au vent que les espèces dressées. Originaires des régions méditerranéennes chaudes et sèches, ils ont un feuillage coriace, naturellement adapté pour résister au manque d'eau. Les fleurs, qui ressemblent à du papier, ont une vie brève, mais elles se succèdent rapidement au début de l'été.

Installez deux espèces de phormiums, l'une, grande, au fond, l'autre, plus petite, devant : vous pourrez ainsi admirer les raies colorées qui courent le long des feuilles.

À la fin de l'été, les crinums donnent de longues tiges couronnées de fleurs en trompette qui dégagent un parfum de lis. Lorsqu'elles s'épanouissent, elles font voir un agencement complexe d'étamines.

Plan

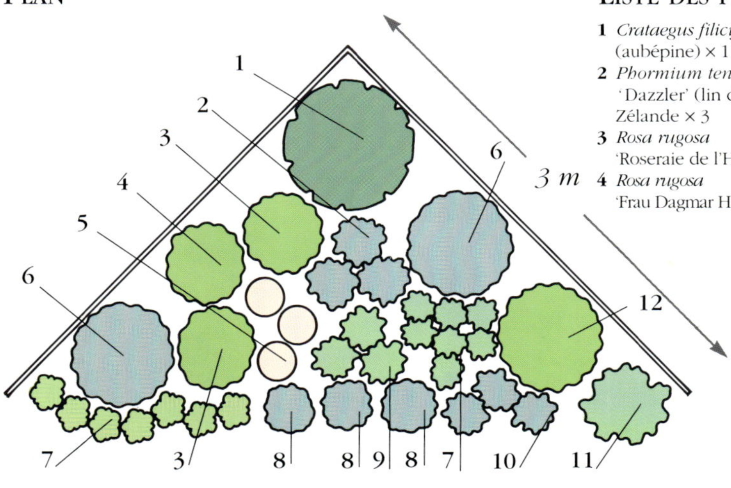

Liste des plantes

1 *Crataegus filicifolia* (aubépine) × 1
2 *Phormium tenax* 'Dazzler' (lin de Nouvelle-Zélande × 3
3 *Rosa rugosa* 'Roseraie de l'Haÿ' × 1
4 *Rosa rugosa* 'Frau Dagmar Hastrup' × 2
5 *Crinum* × *powellii* × 3
6 *Escallonia* 'Iveyi' × 2
7 *Nicotiana langsdorfii* × 14
8 *Cistus* × *corbariensis* syn. *hybridus* (ciste) × 3
9 *Polygonum campanulatum* × 3
10 *Phormium tenax* 'Maori Sunrise' × 3
11 *Phlomis russeliana* × 1
12 *Fuchsia magellanica* 'Versicolor' × 1

Escallonia
Le feuillage brillant et sombre d'*Escallonia* 'Iveyi' fournit un excellent fond aux larges panicules de fleurs blanches.

FLEURS ET FEUILLAGE

Au milieu de l'été, les rosiers attirent l'attention, ainsi que les deux phormiums, aux remarquables feuilles en épée. Les tabacs fleurissent au début de l'été et durant les toutes premières semaines d'automne. Les fleurs blanches des escallonias moutonnent au-dessus.

MAGNIFICENCE D'AUTOMNE

Au début de l'automne, les fruits de l'aubépine et d'un des rosiers apportent chaleur et couleur, tandis que le grand phormium, le fuchsia et les crinums portent des fleurs remarquables.

FUCHSIA
Les fleurs rouges et violettes de *Fuchsia magellanica* 'Versicolor' se détachent joliment sur le feuillage aux nuances grises, vertes et roses.

CRINUM
Les fleurs en trompette de *Crinum × powellii* sont blanches ou roses.

ROSIER RUGUEUX
Arbuste plus large que haut, *Rosa rugosa* 'Frau Dagmar Hastrup' porte des fleurs d'un rose argenté.

AUBÉPINE
Les feuilles profondément lobées de *Crataegus filicifolia* sont souvent dentées à leur extrémité, faisant ressortir les fleurs blanches de printemps et les fruits rouges d'automne.

ROSIER RUGUEUX
Rosa rugosa 'Roseraie de l'Haÿ' a des fleurs semi-doubles fortement parfumées, rouge pourpre, mais il ne donne que rarement des fruits.

LIN DE NOUVELLE-ZÉLANDE
Phormium tenax 'Dazzler' a un magnifique feuillage teinté de jaune, de rouge orangé et de bronze.

RENOUÉE
Les élégantes inflorescences ramifiées de *Polygonum campanulatum* portent des petites fleurs roses en clochette.

TABAC
Nicotiana langsdorfii a de plus petites fleurs que les autres tabacs, mais elles sont d'un vert acide qui attire l'attention.

***Fuschia megellicana* 'Versicolor'**

CISTE
Cistus × corbariensis est un des cistes les plus rustiques, et donne une longue succession de fleurs blanches en été.

PHLOMIS
Les feuilles rugueuses de *Phlomis russeliana* sont un excellent couvre-sol, même lorsque les verticilles de fleurs à bractées ne sont pas encore visibles.

PHORMIUM
Phormium tenax 'Maori Sunrise' a des feuilles rayées en forme d'épée qui poussent lentement en donnant un bouquet spectaculaire.

BIEN SOIGNER LES PLANTES DU BORD DE MER

LE VENT ET LE SEL, omniprésents dans les régions côtières, ont souvent des conséquences néfastes, même sur les végétaux les plus robustes. Soyez donc patients : il faudra un certain temps à vos plantes pour se mettre en place dans ces conditions hostiles. Choisissez-les de petite taille : elles se transplanteront plus facilement que des grandes. Installés en automne, l'aubépine, les rosiers et les escallonias auront le temps de bien se fixer avant la floraison. Tuteurez solidement l'aubépine et peut-être aussi les escallonias : ils supporteront d'autant mieux les coups de vent. Un paillis au pied des arbres et des arbustes les aidera à conserver l'humidité nécessaire à leurs racines. Dans les régions froides, il sera même indispensable pour protéger les jeunes pousses des phormiums et des crinums contre les gelées éventuelles.

SOINS ET CULTURE

PRINTEMPS
Paillez autour des arbustes et de l'aubépine. Plantez les phormiums et les fuchsias. Dans les régions froides, ces derniers peuvent être rabattus jusqu'au sol tous les ans, mais ils pousseront de la base. Plantez les rosiers rugueux en plein soleil, et les bulbes de crinum à 30 cm de profondeur. Semez les tabacs et plantez-les dehors.

ÉTÉ
L'aubépine n'a pas besoin d'être taillée régulièrement, mais elle doit être rafraîchie après la floraison. Retirez les pousses fleuries des escallonias quand elles se fanent.

AUTOMNE
Plantez l'aubépine, les phlomis, les rosiers et les escallonias à la fin de la saison. Plantez les renouées légèrement à l'ombre. Les phlomis peuvent devenir envahissants : rabattez-les fortement. Retirez les têtes florales fanées des phormiums.

HIVER
Les rosiers rugueux n'ont pas besoin d'être taillés régulièrement, mais il faut à l'occasion couper les gourmands, ainsi que les tiges mortes au niveau du sol. Rabattez les tiges des renouées et des phlomis.

***Crataegus filicifolia* (aubépine)** *Arbre à feuilles caduques vert foncé, lobées, et fleurs blanches au printemps et au début de l'été. H. et E. 6 m.*

***Rosa rugosa* 'Roseraie de l'Haÿ'** *Rosier vigoureux et dense à fleurs magenta fortement parfumées, en été et en automne. H. 2 m ; E. 1,50 m.*

***Rosa rugosa* 'Frau Dagmar Hastrup'** *Rosier arbustif à fleurs simples, roses et parfumées, et à gros fruits rouges en automne. H. 1,50 m ; E. 1,20 m.*

***Escallonia* 'Iveyi'** *Arbuste à feuilles persistantes vert foncé et brillantes, et fleurs parfumées blanches du milieu à la fin de l'été. H. et E. 3,50 m.*

***Nicotiana langsdorfii* (tabac)** *Vivace dressée, cultivée en annuelle, à fleurs pendantes de vert pâle à vert-jaune en été. H. jusqu'à 1,50 m ; E. 30 cm.*

Crinum × powellii *Bulbeuse à fleurs parfumées blanches ou roses, en forme de trompette, à la fin de l'été et en automne. H. jusqu'à 1 m ; E. 60 cm.*

***Cistus × corbariensis* (ciste)** *Arbuste touffu à feuilles persistantes avec une masse de fleurs blanches à la fin du printemps et en été. H. 75 cm ; E. 1,20 m.*

***Polygonum campanulatum* (renouée)** *Vivace en touffe à feuilles ovales et fleurs en clochette, roses et blanches, en été. H. et E. 1 m.*

***Phormium tenax* 'Dazzler'** *Vivace à feuilles persistantes pointues, dans les tons rouge orangé et bronze, et panicules de fleurs rouges en été. H. jusqu'à 2 m ; E. 1 m.*

***Phormium tenax* 'Maori Sunrise'** *Vivace dressée à feuilles rigides, persistantes et pointues bordées de crème. H. jusqu'à 3 m ; E. jusqu'à 2 m.*

Phlomis russeliana *Vivace à grandes feuilles persistantes en forme de cœur. Des verticilles de fleurs jaune crème apparaissent sur de fortes tiges en été. H. 1 m ; E. 60 cm.*

***Fuchsia magellanica* 'Versicolor'** *Arbuste à feuillage caduc brillamment panaché. Des fleurs élancées rouges et pourpres apparaissent à la fin de l'été. H. 3 m ; E. 2 m.*

VARIATIONS SUR LE PLAN

IL Y A DE MULTIPLES FAÇONS de jongler dans cette composition avec les combinaisons de couleurs. L'aubépine, les rosiers, les fuchsias, les escallonias, les cistes et les crinums ont tous une variété à fleurs blanches, mais également à fleurs d'une grande diversité de roses.

Ce plan suggère comment jouer avec l'équilibre des nuances, en partant du rose pour aller vers le jaune, le gris et le vert citron. Cet arrangement encore plus subtil conserve le ciste blanc d'origine et se construit autour du vert acide des tabacs.

COULEURS PÂLES POUR EMPLACEMENT CÔTIER

Remplacez les escallonias et les fuchsias par des rosiers rugueux que vous disposerez tout autour du massif afin d'en adoucir les limites. Ne prenez que des variétés à fleurs blanches, comme 'Alba' ou 'Blanc Double de Coubert'. L'aubépine familière est remplacée par un eucalyptus, qui transformera radicalement l'esprit de la composition. Cet arbre a en effet quelque chose d'un fantôme, avec son écorce et son feuillage décolorés d'ombres grises.

L'oléaria remplace le phormium du fond, et un pin à croissance lente, celui du devant. Le lupin arborescent est couvert durant tout l'été de fleurs jaunes qui embaumeront le massif entier.

Eucalyptus coccifera
Arbre à feuilles aromatiques persistantes gris-vert et écorce blanche et gris-bleu.
H. jusqu'à 18 m ;
E. jusqu'à 6 m.

***Rosa rugosa* 'Alba'**
Rosier rustique à fleurs blanches parfumées en été et automne, suivies par de gros fruits en forme de tomate.
H. et E. 1-2 m.

Lupinus arboreus
(lupin en arbre) *Arbuste semi-persistant à fleurs jaunes parfumées et feuilles hirsutes vert pâle.*
H. 1 m ; E. 75 cm.

Bupleurum fruticosum
(buplèvre ligneux) *Arbuste persistant à petites fleurs jaunes de l'été au début de l'automne.*
H. et E. 2 m.

Olearia × haastii
Arbuste buissonnant à petites feuilles persistantes, ovales et luisantes. Du milieu à la fin de l'été, il porte des masses de fleurs en marguerite, blanches et parfumées. Sa forme dense sied bien aux bordures.
H. et E. 2 m.

***Pinus mugo* 'Humpy'**
Conifère arbustif bas, rampant, à feuilles en forme d'aiguille et cônes en forme d'œuf.
H. 45 cm ; E. 60 cm.

HÉMÉROCALLES D'ÉTÉ
L'hémérocalle utilisée ici, Hemerocallis *'Lemon Bells', a des tiges dressées couronnées de fleurs jaune citron en trompette, qui ne vivent qu'un seul jour.*

SYMPHONIE EN JAUNE ET BLEU

LES ROSIERS NE DOIVENT JAMAIS ÊTRE SEULS DANS UN MASSIF. Les rosiers arbustifs, en particulier, entourés d'autres arbustes, de vivaces et de bulbes, formeront le cœur d'un angle bien exposé. Ici, un rosier jaune doré entre dans une composition en jaune et bleu, aux côtés d'une sauge de Jérusalem au frais feuillage gris feutré. Des jacinthes bleues et blanches se glissent entre des touffes de brunnéras à fleurs bleues, comme un décor chinois.

LA GLOIRE D'UN ROSIER DORÉ

Ce schéma convient à un massif d'angle adossé à un mur ou à une clôture, de façon que les plantes ne soient vues que de face. Prenez un rosier comme 'Frühlingsgold', qui a de la tenue. Des espèces à grandes fleurs (hybrides de thé) ne conviendraient pas : elles manquent de souplesse. 'Frühlingsgold' a de grandes fleurs simples d'un jaune clair qui devient rose crème en vieillissant. Les étamines sont très belles, tachetant les fleurs de pointillés d'or et de brun. Il est rustique et a plutôt tendance à se dresser qu'à ramper. C'est un agréable voisin qui protège de son ombre les autres plantes.

UNE FOULE DE JOLIS COMPAGNONS

Les rosiers n'ont généralement pas un beau feuillage, mais vous pouvez pallier cet inconvénient en les entourant judicieusement. La sauge de Jérusalem forme un dôme arrondi de feuillage gris persistant, et cache les tiges nues de la base des rosiers. Les hémérocalles et les iris ponctuent de marques verticales les tiges alanguies des autres plantes. Les feuilles vert frais des iris pointent du sol. Les hémérocalles ont aussi un beau feuillage au printemps – assez tendre pour être comestible. Elles comptent parmi les premières plantes herbacées à se montrer durant les jours froids d'hiver, alors que vous êtes à l'affût du moindre signe de vie. Pour cette composition, préférez une variété jaune à une variété orange ou terre cuite. Choisissez 'Lemon Bells', 'Cartwheels' ou encore 'Hyperion'.

Le cératostigma s'épanouit à la fin de l'été, où il est couvert de fleurs bleues, et en automne, où son feuillage se pare d'un rouge vif éclatant.

PLAN

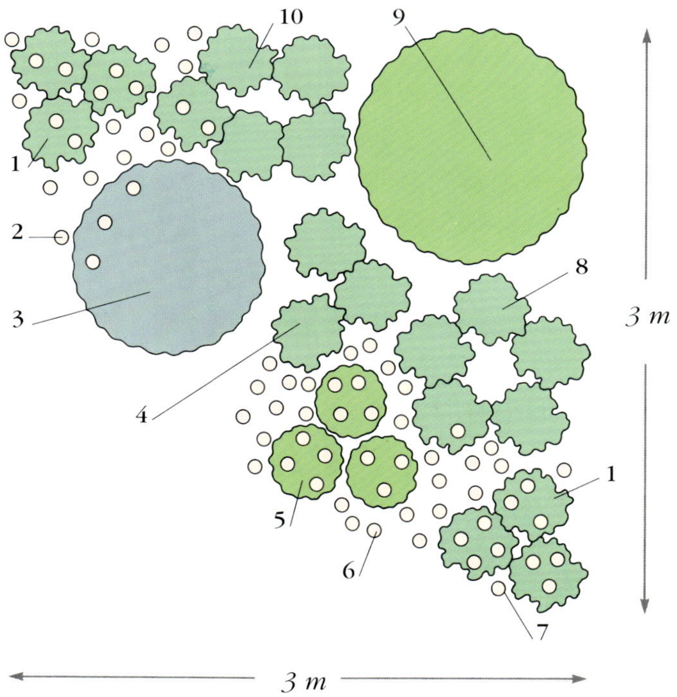

LISTE DES PLANTES

1 *Brunnera macrophylla* 'Hadspen Cream' × 3
2 *Hyacintus orientalis* 'Delft Blue' et 'L'Innocence' (jacinthes) × 25
3 *Phlomis fruticosa* (sauge de Jérusalem) × 1
4 *Hemerocallis* 'Lemon Bells' × 3
5 *Ceratostigma wilmottianum* × 3
6 *Tulipa* 'Candela' × 25
7 *Tulipa* 'Bellona' × 25
8 *Campanula lactiflora* 'Prichard Variety' × 5
9 *Rosa* 'Frühlingsgold' × 1
10 *Iris sibirica* × 5

LES POINTS FORTS

POINT CENTRAL PARFUMÉ
Un rosier richement parfumé est la pièce centrale de cette composition.

PALETTE RESTREINTE
La palette de couleurs se réduit à des nuances complémentaires dans les jaunes et les bleus.

AU PRINTEMPS ET EN ÉTÉ
Les jacinthes et les tulipes offrent leurs couleurs au printemps ; les vivaces et les arbustes leur succèdent en été.

SYMPHONIE ESTIVALE EN BLEU

*Cette composition est superbe au début de l'été, quand le rosier est tout en fleur. Il est accompagné d'*Iris siberica*, mais vous pouvez choisir un autre iris bleu.* Brunnera macrophylla *'Hadspen Cream', au feuillage panaché très voyant, apporte aussi une touche de bleu.*

COMPOSITION DE MI-PRINTEMPS

La symphonie en jaune et bleu débute au printemps, quand les tulipes entrent en scène, partageant les feux de la rampe avec les jacinthes bleues et blanches. Les hémérocalles, plus précoces, montrent des feuilles d'une trentaine de centimètres de haut qui rivalisent avec celles, en forme d'épée, des iris.

JACINTHES
Hyacinthus orientalis 'Delft Blue' est bleu porcelaine et fleurit assez tôt. 'L'Innocence' a des fleurs blanches, cireuses, espacées sur les tiges. Les bulbes forcés, plantés dehors après la floraison, peuvent réclamer une saison ou deux pour refleurir, mais ils sont alors très beaux.

TULIPES
La tulipe 'Bellona' est une simple hâtive, qui porte des fleurs jaune doré au milieu du printemps. 'Candela' fleurit deux semaines plus tôt. Elle est un peu plus grande et d'une aussi jolie couleur, un jaune doré plus clair, plus doux.

SAUGE DE JÉRUSALEM
Les tiges et les feuilles de *Phlomis fruticosa* sont recouvertes d'un feutrage vert-gris et égayées en été par des verticilles de fleurs jaunes.

ROSIER
Le rosier 'Frühlingsgold' ne fleurit qu'une seule fois, mais ses fleurs sont précoces et parfumées.

IRIS
Plus à l'aise dans un sol humide et en plein soleil, *Iris sibirica* s'adapte facilement et fleurit dans toutes sortes de situations.

CAMPANULE
Campanula lactiflora 'Prichard Variety' est la compagne idéale d'un grand nombre de rosiers arbustifs. Il faudra sans doute la tuteurer dans les endroits venteux.

HÉMÉROCALLE
Les hémérocalles sont aussi appréciées pour leurs longues feuilles précoces que pour leurs fleurs, qui, chez *Hemerocallis* 'Lemon Bells', sont jaune citron clair.

CÉRATOSTIGMA
Bien que *Ceratostigma wilmottianum* soit rabattu au niveau du sol en hiver, ses nouvelles pousses donnent une profusion de fleurs d'un bleu éclatant à la fin de l'été.

BRUNNÉRA
D'abondantes fleurs de myosotis sont portées par des tiges sortant du feuillage panaché de *Brunnera macrophylla* 'Hadspen Cream', qui aime l'humidité et l'ombre légère.

SOINS ET CULTURE

PRINTEMPS

Plantez les sauges de Jérusalem et les cératostigmas. Coupez les tiges des tulipes après la floraison, mais laissez les feuilles mourir naturellement. Recouvrez les iris avec une fine couche de compost. Paillez les rosiers. Supprimez les pousses des brunnéras qui sont complètement vertes.

ÉTÉ

Si nécessaire, vaporisez un produit contre le mildiou, les pucerons et les taches noires sur les rosiers. Les sauges de Jérusalem n'ont pas besoin d'une taille régulière, mais rabattez les tiges adventives après la floraison. Coupez les vieilles tiges défleuries d'hémérocalle et de brunnéra. Laissez se faner les feuilles d'iris.

AUTOMNE

Plantez les campanules, les brunnéras et les hémérocalles. Divisez et replantez si nécessaire les touffes en place. Plantez les iris en installant les rhizomes à moins de 2,5 cm de profondeur. Plantez les jacinthes et les tulipes. Rabattez les tiges des campanules après la floraison.

HIVER

Plantez les rosiers, en leur donnant de l'humus. Les années suivantes, taillez-les légèrement en retirant une ou deux pousses à partir de la base.

COMPAGNES POUR ROSIER ARBUSTIF

Des plantes bulbeuses à floraison printanière comme les jacinthes et les tulipes sont parfaites pour entourer un rosier ou un arbuste qui fleurit en été. Elles font gagner une saison, en attendant que les vivaces et les arbustes se soient pleinement épanouis ; en outre, vous pourrez planter des variétés différentes chaque année. Les tulipes, d'ailleurs, doivent être changées tous les deux ans, ce qui a l'avantage de permettre d'expérimenter des formes et des teintes nouvelles. Par exemple, une simple hâtive comme 'Bellona' peut être précédée par une *Tulipa fosteriana* comme 'Candela'. Prenez soin d'enfoncer profondément les bulbes dans le sol : quand vous supprimerez les mauvaises herbes du massif, vous ne risquerez pas de les endommager avec votre binette.

Si vous voulez que vos tulipes refleurissent à coup sûr printemps après printemps, vous devrez sortir les bulbes de terre après chaque floraison, les faire sécher et les entreposer dans un endroit sec, à l'abri des souris, jusqu'au moment de les replanter. Mais si ce travail vous rebute, traitez simplement les tulipes comme des annuelles, en les renouvelant tous les ans.

Rosa **'Frühlingsgold'** *Rosier arbustif portant des fleurs jaune clair parfumées au début de l'été.*
H. 2,10 m ; E. 1,50 m.

Hyacinthus orientalis **'L'Innocence' (jacinthe)** *Bulbeuse à fleurs blanc ivoire.*
H. jusqu'à 20 cm ; E. 10 cm.

Phlomis fruticosa **(sauge de Jérusalem)** *Arbuste persistant formant un dôme de feuilles laineuses grises.*
H. et E. 75 cm.

Iris sibirica *Vivace rhizomateuse à fleurs bleu-violet à la fin du printemps.*
H. 1-2 m ; E. variable.

Hemerocallis **'Lemon Bells' (hémérocalle)** *Vivace à fleurs jaunes au milieu de l'été.*
H. 70 cm ; E. 60 cm.

Tulipa fosteriana **'Candela'** *Bulbeuse à fleurs jaunes au milieu du printemps.*
H. 40 cm ; E. 20 cm.

Ceratostigma wilmottianum *Arbuste à feuilles caduques et fleurs bleu intense en automne.*
H. et E. 1 m.

Hyacinthus orientalis **'Delft Blue' (jacinthe)** *Bulbeuse à fleurs bleu intense en hiver et au printemps.*
H. jusqu'à 20 cm ; E. 10 cm.

Tulipa **'Bellona' (tulipe simple hâtive)** *Bulbeuse à fleurs dorées au début du printemps.*
H. 40 cm ; E. jusqu'à 20 cm.

Campanula lactiflora **'Prichard Variety'** *Vivace à fleurs en clochette en été.*
H. 1,20 m ; E. 60 cm.

Brunnera macrophylla **'Hadspen Cream'** *Vivace à fleurs de myosotis bleues.*
H. 45 cm ; E. 60 cm.

VARIATIONS SUR LE PLAN

SI L'EMPLACEMENT QUE VOUS AVEZ CHOISI est très chaud, sec et abrité – trop chaud et trop sec pour convenir aux rosiers –, vous pouvez remplacer les plantes délicates du plan originel par celles-ci. Toutes sont adaptées aux sécheresses de l'été, mais pas aux rudes gelées de l'hiver. Plusieurs ont un feuillage gris, apanage des plantes qui résistent à la sécheresse.

PLANTES POUR EMPLACEMENT SEC ET ABRITÉ
Installez *Acacia baileyana* pour son feuillage finement divisé, ressemblant plus à des plumes bleues qu'à des feuilles. Il deviendra plus grand qu'un rosier, mais sa légèreté l'empêche de prendre trop d'importance. *Perovskia*, originaire du Tibet et d'Afghanistan, est plus résistante, mais elle a un air méditerranéen avec ses feuilles très découpées, blanc grisâtre en dessous.

Les grandes fleurs majestueuses de la molène se dressent au-dessus d'une étonnante rosette de feuilles blanches et feutrées. Le chardon bleu appartient à une famille qui ne compte que de beaux spécimens. Ses tiges vigoureuses et bleues sont coiffées d'extravagantes fleurs, entourées d'une collerette compliquée du même bleu argenté. En se fanant, ils deviennent jaune pâle, mais sont presque aussi beaux qu'en pleine floraison.

Perovskia atriplicifolia
'Blue Spire'
Sous-arbrisseau dressé à tiges et feuilles fantomatiques vert - gris., et abondantes panicules de fleurs bleu-violet de la fin de l'été à la mi-automne.
H. 1,20 m ; E. 75 cm.

Acacia baileyana
Arbre gracieux à branches arquées, feuilles persistantes bleu-gris et petites fleurs dorées pelucheuses en hiver et au printemps.
H. 6 m ; E. 5m.

Verbascum olympicum
(molène) *Bisannuelle à grandes feuilles grises feutrées et hautes tiges veloutées portant des fleurs jaunes du milieu à la fin de l'été. H. 2 m ; E. jusqu'à 1 m.*

Eryngium alpinum
(chardon bleu des Alpes)
Vivace dressée à rosette basale de feuilles dentées d'où sortent des tiges portant des têtes florales coniques entourées d'épines souples en été.
H. 1 m ; E. 60 cm.

Argyranthemum frutescens, syn. ***Chrysanthemum frutescens***, 'Jamaica Primrose' (anthémis) *Vivace touffue à feuilles en fougère et fleurs jaune tendre en été.*
H. 1 m ; E. 60 cm.

Les jardins verticaux

Quand vous aurez rempli tous les espaces horizontaux dont vous disposez, lancez vers le ciel une nouvelle cohorte de plantes, en les accrochant sur des treillis, en les faisant grimper le long d'un mur, en les laissant pendre d'arches ou de pergolas. Cependant, il faut que les dimensions et le style de telles compositions s'accordent à l'esprit général du jardin. Une voie royale sous une pergola doit déboucher sur un lieu plus remarquable encore et non pas sur un terrain en jachère.

ÉCLATANTE VIGNE
Les feuilles de Vitis coignetiae *peuvent atteindre la taille d'une grande assiette. En automne, elles se colorent vivement de rouge.*

HABILLER UNE PERGOLA

LES FRESQUES DE POMPÉI, la ville romaine ensevelie sous les cendres lors d'une éruption du Vésuve, montrent que déjà, en 79 avant J.-C., les pergolas décoraient souvent les jardins. Recouvertes de plantes grimpantes, elles devenaient de délicieux lieux de promenade. Aujourd'hui, entourées de clématites, de rosiers et de vignes, elles peuvent abriter une allée, ou marquer le passage entre deux parties du jardin.

À Pompéi, les pergolas étaient sans doute couvertes de vigne. Outre leurs raisins, elles proposaient aux promeneurs leur ombre, car, dans les pays chauds, leurs toits de verdure sont très efficaces contre les rayons du soleil.

EMPLACEMENT ET MATÉRIEL

N'installez pas votre pergola n'importe où. Elle doit mener quelque part, et ne pas donner l'impression d'avoir été posée là au hasard. Si vous la construisez vous-même, sachez qu'elle doit être solide. Une vigne est très lourde quand elle est couverte de feuilles, et le tronc tordu d'une glycine développe une force extraordinaire. Plus lente sans doute qu'un boa constrictor, elle est capable, comme lui, de tout écraser. Le bois, les briques, les pierres et le fer peuvent entrer dans la construction des pergolas ; leur plan dépendra en grande partie des matériaux utilisés. Les plus résistantes ont des piliers en brique ou en pierre, reliés en haut par des poutres en bois. Les plus jolies sont souvent faites en treillis, ce qui présente un avantage supplémentaire pour les plantes, en leur offrant toute la place voulue pour accrocher leurs vrilles et de nombreux points d'ancrage pour lier les tiges. Prenez les treillis le plus solides possible.

COUVERT FEUILLU

Les clématites habillent souvent les pergolas mais peuvent paraître un peu légères si elles sont seules. Installez d'abord des plantes

LES POINTS FORTS

PARFUMS CÉLESTES
Les rosiers et les glycines embaument l'air, ce qui augmente le plaisir de marcher ou de s'asseoir sous la pergola.

FEUILLAGE LUXURIANT
Une abondance de plantes au beau feuillage comme la vigne crée une impression de luxuriance.

UN ÉTÉ FLEURI
Les clématites, les glycines et les roses offrent un radieux spectacle à la fin du printemps et en été.

LISTE DES PLANTES

1. *Wistaria sinensis* (glycine de Chine) × 1
2. *Clematis viticella* 'Mme Julia Correvon' × 1
3. *Rosa* 'Félicité et Perpétue' × 1
4. *Solanum jasminoides* 'Album' × 1
5. *Vitis coignetiae* × 1
6. *Clematis* 'The President' × 1
7. *Rosa* 'Rambling Rector' × 1
8. *Clematis macropetala* × 1
9. *Clematis* 'Elsa Spath' × 1
10. *Vitis vinifera* 'Purpurea' × 1
11. *Wistaria floribunda* 'Alba' (glycine du Japon) × 1
12. *Clematis viticella* 'Étoile Violette' × 1

PLAN

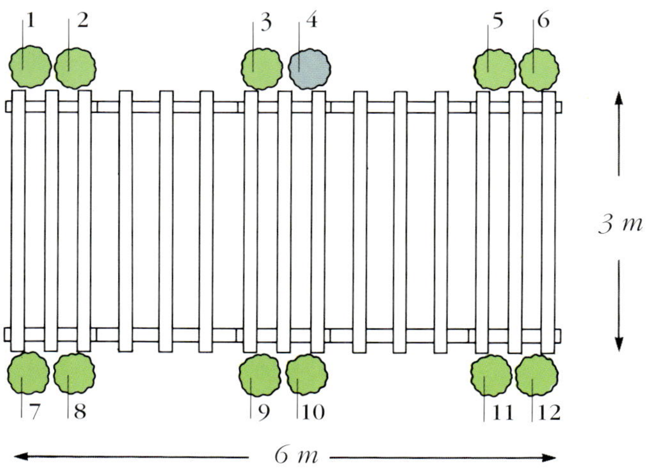

UN DAIS DE COULEUR
À la fin du printemps et au début de l'été, la glycine est chargée de grappes de fleurs mauve et blanc. Certaines clématites sont aussi en fleur, tissant leur couleur sur la toile de fond du feuillage.

GLYCINE DE CHINE
La glycine de Chine, *Wistaria sinensis*, fleurit en longues grappes mauves disposées en hélice sur la tige. Rabattez sévèrement ces tiges pour encourager la floraison.

CLÉMATITE
La clématite 'Mme Julia Correvon' appartient à l'un des plus importants cultivars fleurissant en fin d'été. Tout ce groupe doit être fortement taillé à la fin de l'hiver.

au beau feuillage pour couvrir l'ossature, et ensuite seulement ajoutez les clématites. La vigne est idéale : certaines variétés ont des feuilles vertes et pourpres. Choisissez entre *Vitis* 'Brandt', *Vitis vinifera* 'Purpurea' ou, si vous désirez un raisin sucré, *Vitis* 'Concorde'.

Les glycines conviennent aussi très bien aux pergolas, leurs longues grappes de fleurs pendant comme des grappes de raisin. Quant aux rosiers, ils doivent bien sûr être grimpants ; ceux qui ont de grandes fleurs sont parfois trop raides pour avoir l'air naturel.

Si votre pergola s'étire en longueur, utilisez plusieurs fois les mêmes plantes, mais selon des combinaisons différentes. Vous créerez ainsi une subtile unité.

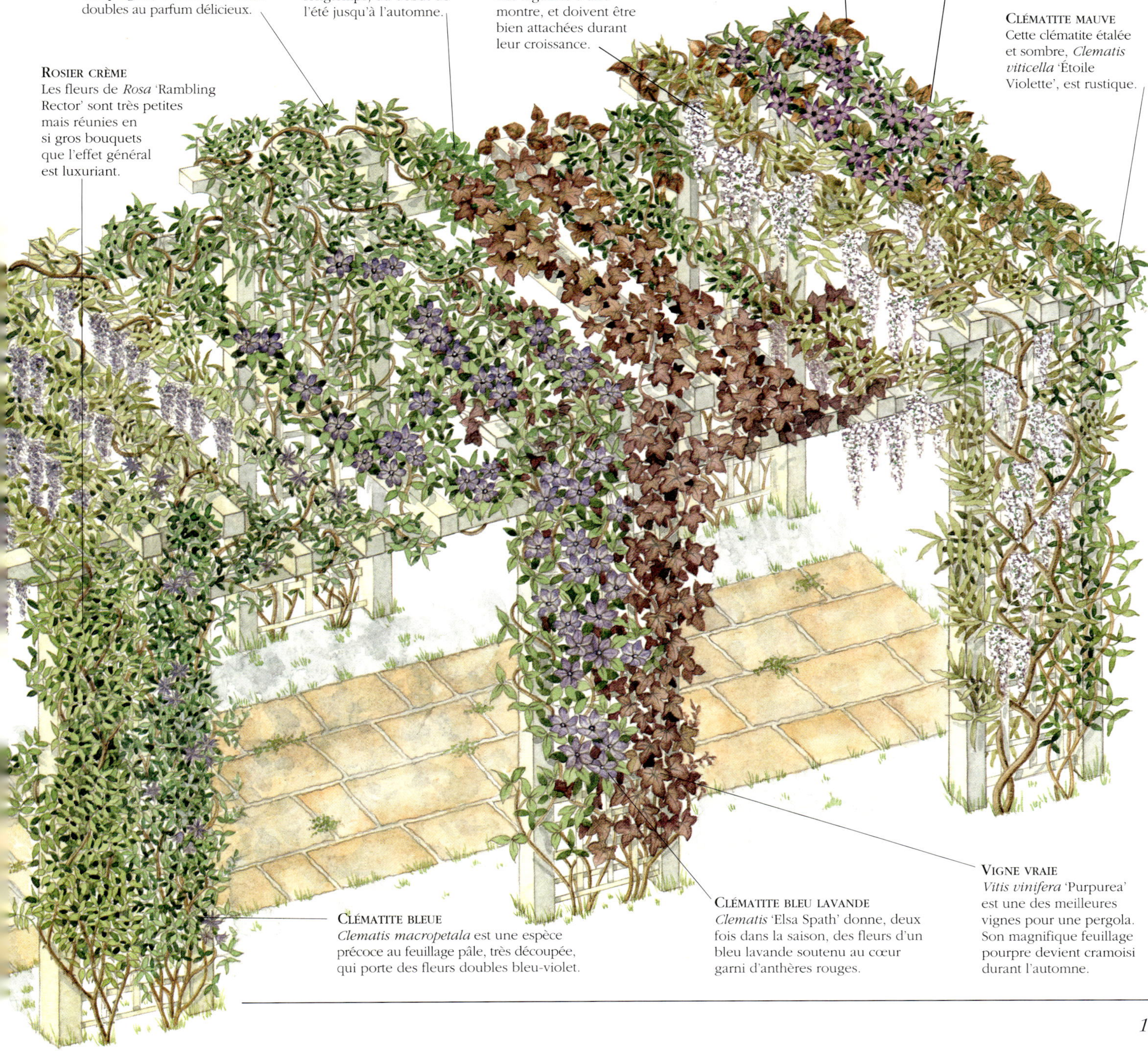

SOINS ET CULTURE

PRINTEMPS
Paillez les glycines, les vignes, les rosiers et les clématites. Attachez les nouvelles pousses de glycine, de vigne et de rosier. Plantez les solanums et attachez-les fermement. Les années suivantes, éclaircissez les pousses malades et coupez les rejets abîmés par le gel. Plantez les clématites. 'Elsa Spath' et 'The President' doivent être légèrement rafraîchies : ôtez les tiges mortes. *Clematis macropetala* n'a pas besoin d'être taillée régulièrement.

ÉTÉ
Disciplinez et attachez les tiges de glycine à mesure qu'elles poussent. Raccourcissez les pousses qui ne sont pas nécessaires au cadre principal, en les rabattant de moitié.

AUTOMNE
Plantez les glycines et les vignes, et attachez-les solidement à leur support. Taillez les rosiers après floraison, dépalissez les vieilles tiges qui ont fleuri et palissez les nouvelles tiges.

HIVER
Rabattez fortement les glycines à la fin de l'hiver. Plantez les rosiers et rabattez-les bien afin d'avoir de nouvelles pousses robustes. À la fin de la saison, taillez les variétés de *Clematis viticella* à moins de 45 cm.

PLANTES GRIMPANTES POUR PERGOLA

UN PALISSAGE PATIENT est le secret d'une pergola bien fournie. C'est un petit travail que vous pouvez exécuter les soirs d'été, si vous avez quelques minutes à lui consacrer avant le dîner. Rangez dans un petit panier les instruments dont vous avez besoin pour l'entretien de votre pergola – un sécateur, du raphia, des liens plastifiés – et emportez-le lors de votre flânerie du soir. À mesure que les tiges de clématite poussent, fixez-les dans des sens différents afin que les fleurs couvrent le plus de surface possible. Soyez impitoyable avec la glycine : il faut la rabattre deux fois par an pour qu'elle fleurisse abondamment.

Wistaria floribunda **'Alba' (glycine du Japon)** *Plante grimpante volubile à feuilles caduques, à fleurs blanches parfumées au début de l'été. H. jusqu'à 9 m.*

Clematis viticella **'Mme Julia Correvon'** *Plante grimpante à feuilles caduques et fleurs rouges en été. H. 2,50-3,50 m ; E. 1 m.*

Rosa **'Rambling Rector'** *Rosier grimpant vigoureux, à bouquets de fleurs crème parfumées en été. H. jusqu'à 6 m.*

Solanum jasminoides **'Album'** *Plante grimpante semi-persistante à fleurs blanches en forme d'étoile en été et en automne. H. jusqu'à 6 m.*

Rosa **'Félicité et Perpétue'** *Rosier grimpant à bouquets de fleurs rose soutenu au milieu de l'été. H. 5 m ; E. 4 m.*

Clematis macropetala *Grimpante à feuilles caduques et fleurs doubles, bleu-violet, à la fin du printemps et en été. H. 3 m ; E. 1,50 m.*

Vitis vinifera **'Purpurea' (vigne vraie)** *Plante grimpante à tige ligneuse et vrilles, à feuilles caduques pourpres, dentées et profondément lobées. Elle porte de petites grappes de raisin violacé à la fin de l'été. H. jusqu'à 7 m.*

Clematis **'The President'** *Plante grimpante à feuilles caduques et fleurs violettes au début de l'été. H. 2-3 m ; E. 1 m.*

Vitis coignetiae **(vigne)** *Plante grimpante à grandes feuilles caduques se colorant en automne. H. jusqu'à 15 m.*

Clematis **'Elsa Spath'** *Plante grimpante à feuilles caduques et larges fleurs bleu lavande soutenu en été. H. 2-3 m ; E. 1 m.*

Wistaria sinensis **(glycine de Chine)** *Plante grimpante à feuilles caduques portant des fleurs mauves au début de l'été. H. jusqu'à 30 m.*

Clematis viticella **'Étoile Violette'** *Plante grimpante à feuilles caduques et fleurs mauves. H. 3-4 m ; E. 1,50 m.*

VARIATIONS SUR LE PLAN

UN FEUILLAGE FOURNI EST INDISPENSABLE si l'on veut une pergola digne de ce nom. La vigne et la glycine mettront du temps à occuper tout l'espace qui leur est alloué. Les jardiniers impatients utiliseront des plantes à croissance rapide. Si vous voulez pimenter les couleurs tendres du plan, rajoutez par exemple un eccrémocarpus ou des bignones aux joyeuses couleurs orange et rouges.

PLANTES GRIMPANTES POUR JARDINIERS PRESSÉS

Utilisez des plantes grimpantes à croissance rapide que vous fixerez sur le même support que la vigne, afin d'accélérer la formation d'une couverture. Il vous faudra sacrifier les clématites, car leurs jeunes tiges s'emmêleraient, interdisant de retirer les grimpantes fragiles à la fin de la saison.

La cobée et le dolique sont vigoureux. La belle-de-jour est plus retenue et peut remplacer le solanum pour s'enrouler autour du rosier. Ses fleurs bleu ciel sont éclatantes, mais elles ont la vie courte : elles s'ouvrent le matin et se fanent le soir.

Dolichos lablab **(dolique d'Égypte)** *Plante grimpante volubile à feuilles caduques et fleurs roses, pourpres ou blanches en été. H. jusqu'à 10 m.*

Convolvulus tricolor **'Heavenly Blue' (belle-de-jour)** *Plante volubile annuelle à croissance rapide qui se couvre de fleurs bleu ciel en été et au début de l'automne. H. jusqu'à 3 m.*

Cobaea scandens **(cobée)** *Plante grimpante à vrilles, souvent cultivée en annuelle, à fleurs vert-jaune devenant mauves en vieillissant. H. 4-5 m.*

Campsis × tagliabuana **'Mme Galen'** ***(bignone)*** *Plante grimpante à feuilles caduques et fleurs orange vif à la fin de l'été et en automne. H. jusqu'à 10 m.*

Tropaeolum speciosum **(capucine vivace)** *Plante vivace grimpante à feuilles caduques et fleurs rouge écarlate, suivies de fruits bleu vif. H. jusqu'à 3 m.*

UN FESTIVAL DE COULEURS ARDENTES

Ces plantes illumineront votre pergola en été et en automne. Perdues dans une masse de feuilles lobées, les flammes des capucines vivaces viendront lécher les supports de la pergola. Utilisez-les pour éclairer la vigne et laissez les eccrémocarpus clignoter à travers le feuillage de la glycine. Il est inutile de cultiver les bignones ailleurs que dans les régions au climat doux, car ils ont besoin d'un long été pour bien s'épanouir. Mis à la place d'un des rosiers, ils changeront l'atmosphère de la pergola et lui donneront un air tropical un peu étrange.

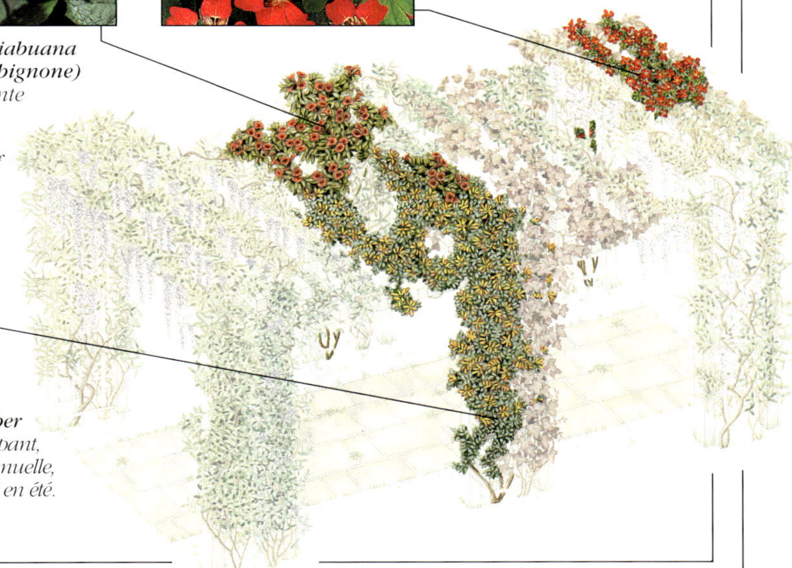

Eccremocarpus scaber *Sous-arbrisseau grimpant, souvent cultivé en annuelle, à fleurs rouge orangé en été. H. 2-3 m.*

JOYAUX VIVANTS
Solidement accrochées aux tiges comme des perles, les baies brillantes de Pyracantha *'Golden Charmer' sont entourées de feuilles persistantes.*

SOINS ET CULTURE

PRINTEMPS
Plantez les jasmins d'Italie, les garryas et les clématites. Paillez bien tous les arbustes. Retirez le bois mort du jasmin d'hiver et accrochez les nouvelles tiges.

ÉTÉ
Dirigez les buissons ardents comme vous le voulez, et les clématites au milieu des garryas.

AUTOMNE
Plantez les buissons ardents, la vigne vierge et le jasmin d'hiver. Pincez la vigne vierge si nécessaire.

HIVER
Taillez les buissons ardents. À la fin de la saison, rabattez les clématites à moins de 45 cm du sol.

RÉCHAUFFER UN MUR AVANT L'HIVER

LES MURS SONT SOUVENT DÉPOUILLÉS DE LEURS ORNEMENTS à l'époque où ils en ont le plus besoin. Cette composition réunit des arbustes et des plantes grimpantes qui couvriront les murs en automne et en hiver. Les couleurs d'automne sont dominées par les tons embrasés de la vigne vierge. Le buisson ardent offre ses fruits d'hiver, et le jasmin défie les pires conditions météorologiques avec ses élégants épis de fleurs jaunes.

COULEURS CHAUDES POUR MUR FRAIS

Vous pourrez habiller avec ces plantes les murs d'une maison, car ceux-ci sont parfois tristes quand ils sont privés de leur environnement par l'arrivée du gel. N'utilisez pas cependant un mur abrité et bien exposé au soleil pour des arbustes comme les pyracanthas. Sauf si, par temps froid, les conditions climatiques sont très dures, cette composition conviendra à une palissade ou à un mur à mi-ombre et frais. Les jaunes, les oranges et les rouges ardents de ce schéma créeront par eux-mêmes une impression de chaleur.

Seuls les jasmins d'Italie et les garryas feront grise mine et dépériront dans des lieux peu cléments. Les autres sont d'une meilleure trempe. Si vous voulez reproduire ce plan dans une région froide, remplacez les deux arbustes les plus fragiles par un cognassier du Japon, par *Cotoneaster horizontalis,* aux rameaux rigides, ou encore par un forsythia.

Les pyracanthas sont plus spectaculaires quand ils sont bien disciplinés. Leurs tiges, longues et droites, se fixent aisément en lignes parallèles, en carrés ou en losanges. Bien que couvertes d'épines, elles se laissent facilement prendre en main. Installez-en une horizontalement sous une fenêtre, ou fixez-la à côté de la fenêtre, en attachant les tiges secondaires de façon à créer une image en miroir, une fenêtre de végétation.

UN MUR VIVANT
Un buisson ardent classiquement taillé contraste avec le feuillage abondant des autres arbustes et des plantes grimpantes. Les couleurs rutilantes des fleurs, des feuillages et des baies illuminent le plus triste des murs.

VIGNE VIERGE
Les feuilles flamboyantes de *Parthenocissus tricuspidata* 'Lowii' sont étonnamment découpées.

BUISSON ARDENT
Pyracantha 'Golden Charmer' est un cultivar rustique donnant des baies orange vif en automne.

LISTE DES PLANTES

1. *Parthenocissus tricuspidata* 'Lowii' (vigne vierge) × 1
2. *Pyracantha* 'Golden Charmer' (buisson ardent) × 1
3. *Clematis tangutica* × 1
4. *Garrya elliptica* × 1
5. *Jasminum humile* (jasmin d'Italie) × 1
6. *Jasminum nudiflorum* (jasmin d'hiver) × 1

PLAN

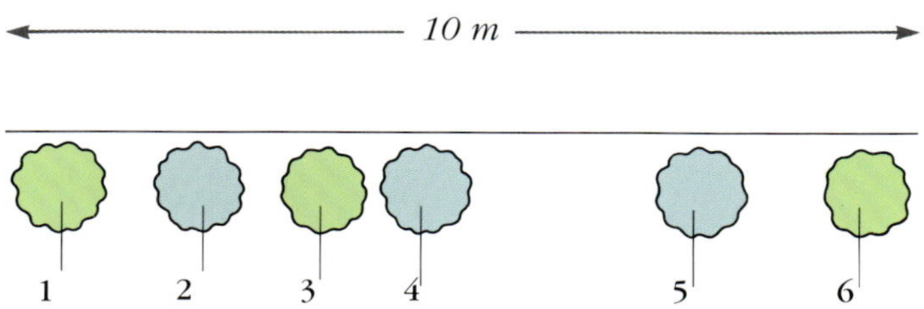

INTÉRÊT RENOUVELÉ

En automne, les baies flamboyantes du buisson ardent – jaunes, orange ou rouges – se marient aux feuilles écarlates de la vigne vierge et aux akènes des clématites. Les garryas ont d'extraordinaires chatons d'un gris-vert très pâle à la fin de l'hiver, mais, épuisés par cette belle performance, ils se reposent tout le restant de l'année. Leur feuillage est persistant, ce qui pallie cet inconvénient, mais vous pouvez leur offrir des habits d'été plus bariolés en laissant une clématite comme *Clematis tangutica* s'enrouler dans leurs branches. Choisissez-les soigneusement. Les chatons des pieds femelles sont moins spectaculaires que ceux des pieds mâles. 'James Roof' est un des plus remarquables, avec ses chatons très longs et ses anthères teintées de pourpre.

Le printemps a aussi son charme : le jasmin d'Italie à feuilles persistantes, *Jasminum humile*, prend le relais de son cousin, le jasmin d'hiver. Pour obtenir un contraste plus marqué, remplacez-le par *Piptanthus nepalensis :* il se couvre de fleurs jaune vif, en forme de pois, au printemps et en été.

Parthenocissus tricuspidata 'Lowi' (vigne vierge) *Plante grimpante robuste à feuilles caduques lobées qui deviennent écarlates en automne. H. jusqu'à 20 m.*

Clematis tangutica *Plante grimpante à fleurs jaunes en forme de lanterne à la fin de l'été et en automne, puis akènes duveteux et argentés. H. jusqu'à 6 m. ; E. 3 m.*

Jasminum humile (jasmin d'Italie) *Arbuste à feuilles persistantes portant des fleurs jaune vif sur de longues pousses vertes, du printemps à l'automne. H. 2,50 m. ; E. 2 m.*

Pyracantha 'Golden Charmer' (buisson ardent) *Arbuste à feuilles persistantes brillantes. et fleurs blanches en été, suivies par des baies orange en début d'automne. H. et E. 3 m.*

Garrya elliptica *Arbuste touffu à feuilles persistantes coriaces et longs chatons gris-vert du milieu de l'hiver au début du printemps. H. 4 m ; E. 3 m.*

Jasminum nudiflorum (jasmin d'hiver) *Arbuste à feuilles caduques vert foncé et fleurs jaunes sur des tiges nues de l'hiver au début du printemps. H. et E. 3 m.*

CLÉMATITE
Les akènes duveteux de *Clematis tangutica* sont aussi décoratifs que ses fleurs pendantes.

GARRYA
Semi-rustique, *Garrya elliptica* profite grandement de la protection d'un mur durant l'hiver.

JASMIN D'ITALIE
Jasminum humile, arbuste buissonnant à feuilles persistantes, a tendance à s'étaler et a donc meilleure allure quand il est fixé sur un support.

JASMIN D'HIVER
Un des arbustes les plus communs fleurissant en hiver, *Jasminum nudiflorum*, offre un spectacle réconfortant durant les mois les plus froids de l'année.

Pâleur parfaite
Les fleurs du rosier 'Mme Alfred Carrière' ont un parfum entêtant et une jolie couleur crème délicatement teintée de rose.

Des cloisons dans le jardin

La présence d'un claustra au milieu d'un jardin crée l'illusion d'ouvrir sur un monde différent. Mais, parce qu'il n'est pas écrasant, il ne donne pas l'impression que les deux espaces sont totalement étrangers. Il provoque toujours un effet de surprise, car rien n'est plus excitant dans un jardin que de le découvrir progressivement.

Un claustra mettra en valeur un jardin tout en longueur. Il crée des espaces plus facilement aménageables, qui peuvent avoir une vocation différente – jardin fruitier ou potager, par exemple. Il permet aussi de marquer un changement de style : il séparera un jardin à la française d'un verger où les arbres se dressent au milieu des hautes herbes. Il peut encore indiquer une modification dans les nuances de couleur, faire la transition entre teintes tendres et teintes vives.

Style et distinction

Le style de la cloison et l'allure générale du jardin vont de pair. Si vous aimez l'originalité, construisez une séparation simple, comme une pergola à un seul côté, avec des poteaux en pin pour les supports verticaux et horizontaux, soutenus par d'autres poteaux en diagonale. Cette construction peu onéreuse se couvre facilement de plantes. Mais en ville, elle pourra paraître trop rustique. Dans un jardin pavé, elle devra être plus élégante. Le claustra présenté ici

Le pouvoir des fleurs
Au début de l'été, les rosiers, les clématites et les chèvrefeuilles sont tout en fleurs et remplissent le treillage de couleurs et de parfums. Les houblons, avec leurs feuilles jaunes, leur font un bel écrin et contrastent fortement avec le feuillage sombre du jasmin.

Double spectacle des clématites
Les clématites 'Lasurstern' donneront deux spectacles fleuris, l'un au début de l'été et l'autre à la fin.

Jasmin officinal
Cultivé dans les jardins depuis longtemps, *Jasminum officinale* a besoin d'espace pour se développer et de soleil pour fleurir à son aise.

Houblon doré
Le houblon doré, *Humulus lupulus* 'Aureus', ne fleurit pas autant que la variété à feuillage vert, mais ses feuilles sont bien plus belles.

Rosier ancien
Délicatement coloré et parfumé, *Rosa* 'Gloire de Dijon' est un beau rosier ancien grimpant.

Les points forts

Séparations décoratives
Des claustras recouverts de plantes grimpantes permettent de diviser un jardin étroit et tout en longueur en espaces plus faciles à aménager.

Ors précieux
Les houblons dorés se font écrin pour les fleurs des rosiers, des chèvrefeuilles et des clématites.

Tourbillon de parfums
L'été est parfumé par les rosiers anciens grimpants, les jasmins blancs et les guirlandes de chèvrefeuilles couleur d'abricot.

Couleurs entrelacées
Les plantes grimpantes se mêlent et forment une tapisserie vivante de jaunes, de blancs et de bleus.

s'organise sur un treillage aux courbes gracieuses. Les bois colorés sont plus pratiques que les bois teintés ; le vert foncé et le bleu-gris s'harmonisent bien avec la plupart des plantes.

Une rangée d'arbres fruitiers constitue une séparation classique... et comestible. Des fils de fer, tendus entre des poteaux, servent de support aux branches des arbres, disposées de façon à former un motif agréable.

HABILLAGE DU CLAUSTRA

L'équilibre entre les plantes a une grande importance. Sur un treillis très élégant, les plantes ne doivent être que décoratives, et ne pas dissimuler complètement la structure sous-jacente. Quand l'écran n'a qu'un rôle de support, des plantes robustes le recouvriront entièrement. Ici, le houblon doré, *Humulus lupulus* 'Aureus', est utilisé comme plante d'ancrage le long des quatre panneaux du claustra. Ses feuilles jaunes donnent le ton et s'harmonisent avec les rosiers crème comme 'Gloire de Dijon' ou 'Mme Alfred Carrière', le chèvrefeuille odorant et les clématites aux variétés de bleus, de jaunes et de blancs.

PLAN

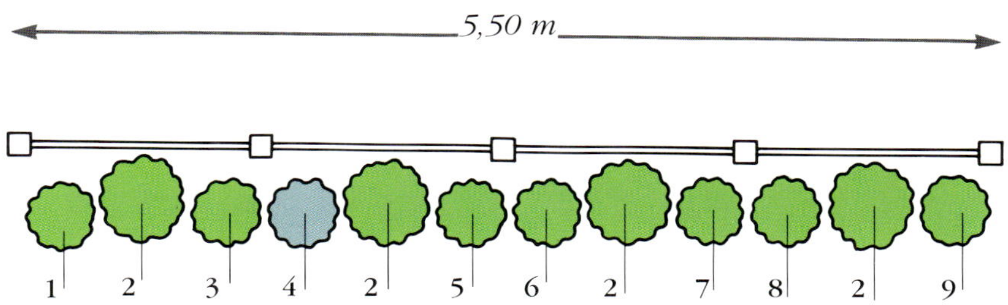

LISTE DES PLANTES

1 *Rosa* 'Gloire de Dijon' × 1
2 *Humulus lupulus* 'Aureus' (houblon doré) × 4
3 *Clematis* 'Lasurstern' × 1
4 *Jasminum officinale* (jasmin officinal) × 1
5 *Clematis orientalis* 'Bill Mackenzie' × 1
6 *Rosa* 'Mme Alfred Carrière' × 1
7 *Clematis* 'Perle d'Azur' × 1
8 *Lonicera* × *americana* (chèvrefeuille) × 1
9 *Clematis* 'Henryi' × 1

CLÉMATITE JAUNE
La vigoureuse *Clematis orientalis* 'Bill Mackenzie' a des fleurs pendantes à pétales épais jaune profond.

ROSIER LONGUE DURÉE
Rosa 'Mme Alfred Carrière' supporte l'ombre et fleurit durant presque tout l'été. Ses fleurs blanches sont légèrement teintées de rose.

CLÉMATITE BLEUE
Clématite à floraison tardive, 'Perle d'Azur' a des fleurs bleu de Chine aux anthères teintées de vert.

CHÈVREFEUILLE
Les remarquables têtes florales du chèvrefeuille *Lonicera* × *americana* n'ont pas sacrifié leur parfum à leur taille.

CLÉMATITE BLANCHE
Les plus intéressantes des clématites sont généralement celles, comme *Clematis* 'Henryi', qui présentent un contraste marqué entre la couleur des étamines et celle des pétales, ici brun chocolat et blanc.

FIXER ET TAILLER LES PLANTES SUR UN TREILLAGE

RARES SONT LES PLANTES GRIMPANTES qui s'accrochent d'elles-mêmes. Toutes celles qui sont présentées ici ont besoin d'être solidement fixées à des supports durant leur croissance. Comme toutes les plantes grimpantes, elles ont besoin de soins attentifs.

Le houblon meurt en hiver ; il faut alors rabattre ses tiges. Quand la croissance reprend, elle est très rapide ; vous devez donc attacher les pousses solidement. Les feuilles forment un bon arrière-plan pour les clématites, qui en ont généralement peu. Les rosiers grimpants fleuriront souvent mieux si vous inclinez les longues tiges à l'horizontale, formant ainsi une arche gracieuse. La tension créée par la courbure fait naître à cet endroit davantage de bourgeons à fleur.

En dehors des qualités architecturales du claustra lui-même, vous n'aurez rien à admirer durant l'hiver. Mais cet inconvénient est compensé par un avantage : la structure relativement dégagée est plus facile à entretenir chaque année. Vous pourrez éventuellement consolider le bois, sans être obligé de commencer par vous battre avec tout un fouillis de verdure.

Clematis **'Lasurstern'**
Grimpante vigoureuse à feuilles caduques et grandes fleurs simples bleues en été.
H. 2-3 m ; E. 1 m.

Rosa **'Gloire de Dijon'**
Rosier thé grimpant à fleurs parfumées rose crème en été et en automne.
H. 4 m ; E. 2,50 m.

Humulus lupulus **'Aureus' (houblon commun doré)**
Plante volubile herbacée à tiges rugueuses et poilues et feuilles jaune doré. Des inflorescences verdâtres en bouquets pendants apparaissent en automne. H. jusqu'à 6 m.

Jasminum officinale **(jasmin officinal)** *Plante grimpante semi-persistante à fleurs blanches parfumées en été.*
H. jusqu'à 12 m.

Rosa **'Mme Alfred Carrière'**
Rosier grimpant à fleurs parfumées crème, en été et en automne.
H. jusqu'à 5,50 m ; E. 3 m.

Clematis orientalis **'Bill Mackenzie'** *Plante grimpante vigoureuse à fleurs jaunes à la fin de l'été.*
H. 7 m ; E. 3-4 m.

Clematis **'Perle d'Azur'**
Plante grimpante volubile à grandes fleurs bleu azur à la fin de l'été.
H. 3 m ; E. 1 m.

Lonicera × americana **(chèvrefeuille)** *Plante volubile ligneuse à feuilles caduques et fleurs parfumées jaunes teintées de rouge en été. H. 7 m.*

Clematis **'Henryi'**
Plante grimpante portant de grande fleurs blanches à anthères chocolat en été.
H. 3 m ; E. 1 m.

SOINS ET CULTURE

PRINTEMPS
Paillez généreusement toutes les plantes. Accrochez solidement en éventail les tiges de houblon sur les treillis. Effeuillez les tiges de jasmin et fixez-les si nécessaire. Plantez les clématites avant que la croissance soit trop avancée.

ÉTÉ
Coupez certaines vieilles tiges des rosiers grimpants et attachez les nouvelles. Traitez-les éventuellement contre les taches noires et l'oïdium. Éclaircissez les chèvrefeuilles après floraison si nécessaire. Traitez contre les pucerons en cas de dégâts. Attachez les nouvelles tiges de clématite.

AUTOMNE
Plantez les houblons, les jasmins et les chèvrefeuilles.

HIVER
Rabattez les tiges de houblon. Plantez les rosiers en pleine terre, bien préparée et additionnée d'engrais organique. Vérifiez que toutes les attaches sont solides. Taillez *Clematis orientalis* à la fin de la saison, en rabattant les tiges à moins de 45 cm du sol. Les autres espèces de clématite n'ont besoin que d'une taille légère afin de rafraîchir certaines des vieilles tiges.

Variations sur le plan

Si vous désirez changer certaines plantes pour un treillage délicat, évitez les grimpantes rampantes, comme la passiflore, qui envahiraient toute la structure. Les plantes qui s'accrochent d'elles-mêmes, comme l'hortensia grimpant ou les lierres, sont aussi déconseillées : elles sont difficiles à retirer et risquent d'endommager les parties en bois de la structure.

Clematis **'Ville de Lyon'** *Plante grimpante à feuilles caduques, couverte à la mi-été de fleurs rouge carmin. Pétales à bordure plus sombre et anthères jaunes. H. jusqu'à 3 m ; E. 1 m.*

Coup d'éclat pour l'été

Pour créer un spectacle étonnant, remplacez sur les quatre panneaux les houblons par le prolifique rosier 'Veilchenblau', et le rosier d'origine par deux vignes feuillues, vertes ou pourpres. La jolie vigne aux feuilles de persil, *Vitis vinifera* 'Ciotat', conviendrait parfaitement. Éliminez la clématite jaune et préférez-lui une clématite rouge comme 'Ville de Lyon', qui s'harmonisera aux nouvelles teintes.

Vitis vinifera **'Purpurea'** *Plante grimpante ligneuse à feuilles caduques bronze pourpre. Les petites fleurs, vertes, insignifiantes, apparaissent en été, suivies de petites grappes de raisin violacé. H. jusqu'à 7 m.*

Rosa **'Veilchenblau'** *Rosier sarmenteux vigoureux, portant en été des fleurs rose-violet, rayées de blanc, en forme de rosette, à odeur fruitée. H. 4 m ; E. 2,20 m.*

Couleurs pour impression de fraîcheur

En utilisant une autre plante que le houblon comme arrière-plan, vous pouvez radicalement changer les nuances de couleur de la composition, et la rendre soit plus profonde, soit plus douce. Installée à la verticale, une variété blanche d'*Euonymus*, mélangée à différents pois de senteur, soit annuels soit vivaces, créera un effet de douceur et de fraîcheur, sans que soit présent aucun jaune.

Euonymus fortunei **'Silver Queen' (fusain)** *Arbuste à feuilles persistantes vert foncé irrégulièrement bordées d'une large bande de blanc. H. 2,50 m ; E. 1,50 m.*

Lathyrus odoratus **'Lady Diana' (pois de senteur)** *Annuelle grimpante à fleurs parfumées violet pâle en été et début automne. H. jusqu'à 2 m.*

Lathyrus odoratus **'Selana' (pois de senteur)** *Annuelle grimpante, vigoureuse, à grandes fleurs parfumées teintées de rose. H. jusqu'à 2 m.*

FRILEUSES POUR PLEIN SOLEIL

NE GÂCHEZ JAMAIS UN MUR ENSOLEILLÉ ET ABRITÉ en y installant des arbustes d'une solidité à toute épreuve comme les pyracanthas ou les cotonéasters. Utilisez-le pour jouer avec des plantes à la limite du rustique. Des désastres surviennent parfois durant les saisons particulièrement froides, mais le plaisir en cas de réussite compensera largement les éventuels accidents.

TEXTURE INTÉRESSANTE
*Les fleurs et les feuilles d'*Acacia dealbata *ont une texture attirante. Les feuilles, plumeuses, ont une allure de fougère ; les fleurs forment des bouquets duveteux de petites boules jaunes.*

DES GRIMPANTES AUX COULEURS DE FLAMME

Des endroits ensoleillés réclament des couleurs chaudes. Ce plan se compose essentiellement d'orange et de jaune, avec le bleu apaisant du céanothe à la fin du printemps. Plus tard, le céanothe servira de support à la clématite jaune *Clematis tangutica.*

Le spectacle sera grandiose à la fin de l'été, quand la bignone *Campsis × agliabuana* 'Mme Galen' commencera à fleurir. Le mot fleurir est en l'occurrence bien faible. Ses fleurs en trompette sont d'un rouge orangé profond mais pas discordant, et se détachent clairement sur le feuillage bien discipliné. Les boutons sont en bouquet et s'ouvrent les uns après les autres durant une longue période. C'est le gel qui aura raison d'eux. La bignone s'accroche d'elle-même, mais de façon moins serrée que le lierre. Les jardiniers prudents l'attacheront au mur à intervalles réguliers afin que les vents d'hiver ne l'emportent pas.

La clématite fleurit au même moment : vous pouvez la laisser vagabonder à son aise sur le céanothe. Rabattez toutes les tiges de la clématite presque au niveau du sol à la fin de l'hiver, chaque année. Cela les maintiendra en bonne forme et redonnera pour un temps tout son espace au céanothe.

Eccremocarpus scaber, une autre plante à vrille, peut enflammer en été le mimosa, qui, lui, fleurit

SOINS ET CULTURE

PRINTEMPS
Plantez le mimosa à la fin de la saison, et installez *Eccremocarpus scaber* à son pied. Plantez la bignone et taillez-la pour encourager la croissance à partir de la base.

ÉTÉ
Arrosez *Eccremocarpus scaber* durant les périodes sèches, et retirez les fruits dès qu'ils apparaissent. Attachez les nouvelles pousses du céanothe.

AUTOMNE
Plantez le céanothe et installez ses jeunes pousses à plat contre le mur. Plantez la clématite à une certaine distance du pied du céanothe.

HIVER
À la fin de l'hiver, rabattez *Eccremocarpus scaber* et taillez la clématite. Rabattez fortement les bignones déjà en place.

EMBRASEMENT DE COULEURS
*À la fin de l'été, la vedette est la bignone, dont la couleur vive répond à celle d'*Eccremocarpus scaber *et contraste avec le jaune des fleurs campanulées de* Clematis tangutica.

MIMOSA
Si la tige principale d'*Acacia dealbata* est endommagée, l'arbuste repart souvent à partir du pied.

BIGNONE DU CHILI
La forme la plus courante d'*Eccremocarpus scaber* est orange, mais il existe des variétés jaunes et rouges. Toutes ont le même feuillage joliment découpé.

LISTE DES PLANTES

1 *Acacia dealbata* (mimosa) × 1
2 *Eccremocarpus scaber* × 1
3 *Ceanothus impressus* × 1
4 *Clematis tangutica* × 1
5 *Campsis × tagliabuana* 'Mme Galen' (bignone) × 1

PLAN

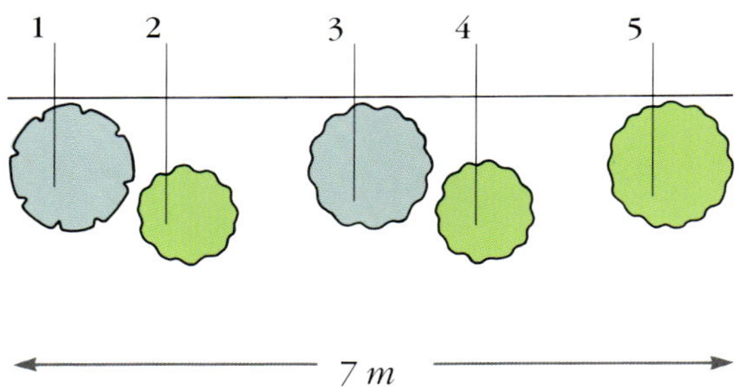

en fin d'hiver. Il arrive que la bignone meure en cette saison, mais elle repartira de la base ligneuse au printemps suivant. Si elle ne s'étiole pas naturellement, rabattez-la avant la floraison du mimosa, afin que rien ne vienne entraver ce magnifique spectacle.

PLANTES FRAGILES POUR EMPLACEMENT CHAUD
Certaines variétés de mimosas sont plus résistantes que d'autres. Ici, c'est la variété semi-rustique des fleuristes, *Acacia dealbata*, qui a été choisie, mais vous pouvez préférer une variété plus délicate comme *Acacia baileyana* ou *Acacia pravissima*. Toutes ont les mêmes attributs : des fleurs de la couleur du soleil, une bonne floraison à la fin de l'hiver et au début du printemps quand la nature est encore endormie, et un feuillage persistant joliment découpé qui hésite entre le gris et le vert.

Si vous disposez d'une serre, vous pouvez cultiver toutes ces plantes en intérieur. La tentation est alors de choisir des plantes encore plus fragiles : une dentelaire du Cap *(Plumbago capoensis),* aux fleurs bleu pâle, remplacerait le céanothe, et *Allemanda cathartica,* aux fleurs en trompette d'un jaune intense, se substituerait à la clématite rustique.

Acacia dealbata **(mimosa)** *Arbre à croissance rapide, à feuilles persistantes plumeuses et fleurs jaunes parfumées en fin d'hiver et au printemps.* H. 8 m ; E. 2 m.

Eccremocarpus scaber *Sous-arbrisseau grimpant, souvent cultivé en annuelle, à fleurs orange en été.* H. 3 m ; E. 2 m.

Campsis × tagliabuana **'Mme Galen' (bignone)** *Grimpante à feuilles caduques et fleurs orange en fin d'été.* H. jusqu'à 10 m.

Clematis tangutica *Plante grimpante à fleurs jaunes durant tout l'été et le début de l'automne.* H. 5 m ; E. 2,50 m.

Ceanothus impressus **(céanothe)** *Arbuste à feuillage persistant à fleurs bleues de la mi-printemps au début de l'été.* H. et E. 3 m.

CLÉMATITE
Les fruits duveteux de *Clematis tangutica* sont aussi plaisantes que ses fleurs jaunes inclinées.

CÉANOTHE
Ceanothus impressus est un des membres les plus agréables de sa famille, avec son feuillage vert sombre et ses fleurs d'un bleu foncé très particulier.

BIGNONE
Les tiges principales de *Campsis × tagliabuana* 'Mme Galen' se fixent seules. Elles ont besoin pour fleurir du mur le plus chaud de votre jardin.

TOILE D'ARAIGNÉE
La joubarbe toile d'araignée, Sempervivum arachnoideum, *doit son nom peu commun aux fils délicats qui relient les pointes des feuilles de la plante.*

ALPINES À L'ASSAUT DES MURS

SEULS LES ALPINISTES ONT FAIT L'EXPÉRIENCE de se trouver suspendus le long d'une paroi rocheuse. Or, les plantes s'adaptent mieux que les hommes à ce mode de vie. Les aubriettes, les gazons d'Espagne, les campanules, les orpins, les draves, les léwisias et les arabettes abandonnent allégrement la position horizontale pour se suspendre dans le vide. Les ramondas, elles, ne poussent pas autrement.

Choisissez parmi ces plantes alpines faciles à cultiver pour embellir un mur d'appui. Vous pouvez aussi les installer sur un mur de clôture ou un mur bordant un chemin. Ce plan et celui de «Collection de plantes miniatures» (pp. 52 à 55), dans lequel les plantes alpines sont cultivées en massif surélevé, ont des points communs.

Le mur doit être conçu de façon que vous puissiez coincer les plantes entre les pierres ou les briques dont il est fait. Si vous le construisez vous-même, laissez des interstices ; si vous utilisez des pierres sèches, mettez les plantes en place pendant que vous les empilez. Dans un mur déjà existant, creusez le mortier ou grattez la terre afin de créer une niche pour chaque plante. Choisissez-les petites et jeunes. Elles se contenteront d'espaces restreints et s'installeront plus facilement que les grandes. Glissez un peu de compost sablonneux autour des racines.

DES PLANTATIONS ALPINES NATURELLES

Avant d'entreprendre vos travaux, observez la nature. Les affleurements de roches calcaires, même ceux qui se situent à 3 000 m d'altitude, offrent une étonnante collection de plantes alpines, dégringolant des crevasses verticales, rampant le long des corniches. N'oubliez jamais cette étonnante adaptation. La plupart des plantes présentes ici s'étendront progressivement et formeront de vastes tapis d'aspect très naturel. Quand vous les installerez pour la première fois, évitez de les disposer de façon trop répétitive : variez les distances qui les séparent.

La vergerette, *Erigeron karvinskianus*, fleurit longtemps, à l'inverse des plantes alpines qui, elles, s'épanouissent surtout au printemps. Ses fleurs changent de couleur en vieillissant, passant du blanc à des roses de plus en plus foncés avant de se faner.

LISTE DES PLANTES

1 *Erigeron karvinskianus* (vergerette mucronée) × 5
2 *Sedum spathulifolium* 'Cape Blanco' (orpin) × 1
3 *Aubrieta deltoidea* 'Argenteo Variegata' (aubriette) × 1
4 *Sempervivum arachnoideum* (joubarbe toile d'araignée) × 3
5 *Armeria maritima* (gazon d'Espagne ou œillet marin) × 1
6 *Campanula cochleariifolia* (campanule) × 1

UNE COMPOSITION VERTICALE
Un tel arrangement est fait pour un petit jardin où l'on dispose de peu d'espace horizontal. Il permet aussi d'adoucir l'aspect d'un mur neuf et un peu trop voyant. Les plantes choisies ici ont besoin de soleil.

VERGERETTE
Très semblable à la pâquerette des gazons, *Erigeron karvinskianus* est une charmante plante de rocaille.

SOINS ET CULTURE

PRINTEMPS
Plantez gazons d'Espagne, vergerettes, joubarbes et campanules. Raccourcissez les vergerettes au début de la saison afin de les ordonner avant l'apparition de nouvelles pousses.

ÉTÉ
Retirez les fleurs fanées des gazons d'Espagne et des orpins. Rabattez de moitié les tiges rampantes de l'aubriette. Enlevez les têtes florales et les rosettes mortes des joubarbes là où c'est nécessaire.

AUTOMNE
Plantez les aubriettes et les orpins. Coupez les bouquets de campanules afin d'éliminer les fleurs mortes.

HIVER
Les oiseaux arrachent parfois les plantes, comme les orpins, en cherchant des insectes. Étendez éventuellement un filet en coton afin de les protéger.

Si vous avez de la chance, elles essaimera sur le mur, se faufilant dans de très petits espaces où vous n'auriez jamais pensé voir pousser des plantes.

DU FEUILLAGE COLORÉ POUR TOUT L'HIVER

L'orpin, la joubarbe, l'aubriette et le gazon d'Espagne ont des feuilles persistantes : le mur ne sera donc pas complètement nu en hiver. Tous apprécient le bon drainage qu'offre un habitat vertical. Le gazon d'Espagne forme d'épaisses touffes de feuilles linéaires, couronnées en été, durant une longue période, par des fleurs roses papyracées, portées par des pédoncules nus.

Chez la joubarbe, les rosettes de feuilles meurent après la floraison, mais en donnant naissance à de jeunes pieds qui se serrent autour de la plante mère. *Sempervivum arachnoideum*, l'espèce proposée ici, a des feuilles entourées d'une fine toile qui semble avoir été filée par la plus active des araignées.

L'aubriette est une des plantes les plus utilisées dans les rocailles, à juste titre. Elle s'adapte bien et se cultive aisément. Ses nuances vont du rose au violet foncé. La variété de ce plan a des feuilles panachées et des fleurs rose lavande.

Erigeron karvinskianus **(vergerette mucronée)** *Vivace qui s'étend, à feuilles en forme de lance et têtes florales blanches devenant roses en vieillissant. H. 10-15 cm ; E. variable.*

Sedum spathulifolium **'Cape Blanco' (orpin)** *Vivace à feuilles persistantes succulentes vert argenté en rosette et petits bouquets de minuscules fleurs jaunes en été. H. 5 cm ; E. variable.*

Aubrieta deltoidea **'Argenteo Variegata' (aubriette)** *Vivace compacte rampante à feuilles persistantes panachées et fleurs rose au printemps. H. 5 cm ; E. 15 cm.*

Sempervivum arachnoideum **(joubarbe toile d'araignée)** *Vivace tapissante à feuilles persistantes en rosette, couvertes de filaments blanchâtres. H. 5-12 cm ; E. jusqu'à 10 cm.*

Armeria maritima **(œillet marin ou gazon d'Espagne)** *Vivace formant une touffe à feuilles persistantes, ressemblant à de l'herbe, et fleurs roses en été. H. 10-15 cm ; E. 20 cm.*

Campanula cochleariifolia **(campanule)** *Vivace étalée portant des grappes de fleurs blanches, roses ou bleu pâle sur des tiges frêles, en été. H. 8 cm ; E. variable.*

ORPIN
Sedum spathulifolium 'Cape Blanco' a des feuilles succulentes intéressantes toute l'année. Il forme lentement un tapis dense.

AUBRIETTE
Les feuilles d'*Aubrieta deltoidea* 'Argenteo Variegata' sont largement panachées de crème.

GAZON D'ESPAGNE
Armeria maritima a besoin de soleil et d'un bon drainage pour s'épanouir.

CAMPANULE
Se propageant par stolons souterrains, *Campanula cochleariifolia* forme des tapis bas surmontés de fleurs qui ressemblent à des dés à coudre.

JOUBARBE TOILE D'ARAIGNÉE
Les joubarbes sont de bonnes plantes de rocaille, mais *Sempervivum arachnoideum* est particulièrement étonnante avec sa toile de filaments tissée autour de ses feuilles.

CRÉER DE NOUVEAUX POINTS DE MIRE

UN SUPPORT COUVERT DE GRIMPANTES isolé ou intégré dans un massif ou une plate-bande joue, dans un jardin, le rôle d'une sculpture qui focalise l'attention. Un tel élément en hauteur rompt la monotonie d'un parterre tout en longueur. Parmi les touffes au contour flou et arrondi de tant de plantes vivaces, un support bien décoré devient un point de repère, tel un phare en mer.

L'ÉCLAT DE L'OR
Jusqu'à la fin de l'automne, Rosa *'Golden Showers' donne des fleurs parfumées jaunes qui deviennent crème en se fanant. Ce rosier supporte un peu d'ombre.*

SOINS ET CULTURE

PRINTEMPS
Paillez généreusement toutes les plantes. Attachez les nouvelles pousses de rosier et de chèvrefeuille. Plantez les clématites et attachez les tiges dès leur apparition. Plantez les graines de capucine en pots ou semez-les directement dehors.

ÉTÉ
Coupez les fleurs fanées des rosiers et attachez les nouvelles pousses. Enlevez le bois mort des chèvrefeuilles après la floraison. Traitez contre les pucerons si nécessaire.

AUTOMNE
Plantez les chèvrefeuilles. Après la floraison, détachez et coupez les tiges déjà vieilles et attachez les nouvelles.

HIVER
Plantez les rosiers et rabattez-les fortement afin d'avoir de nouvelles pousses. À la fin de la saison, taillez *Clematis* 'Ascotiensis' à moins de 45 cm du sol.

Une telle structure attire le regard, masquant éventuellement un environnement extérieur déplaisant. Dans un espace réduit, elle vous offre davantage de surface pour vos plantations. Les espaces horizontaux d'un jardin sont vite comblés, tandis que les verticaux sont parfois sous-employés.

Le style du support, comme pour les pergolas et les treillages, dépendra de celui du jardin. Dans un endroit rustique, liez trois ou quatre perches de noisetier bien solides et installez-y les plantes. Dans un lieu plus classique, installez une structure métallique ou, comme ici, un obélisque de treillage couronné d'éléments décoratifs. Des cannes de bambou ne conviendront pas : elles sont trop provisoires, trop légères.

***Rosa* 'Golden Showers'**
Rosier grimpant rigide à fleurs parfumées jaunes en été et en automne.
H. 2 m ; E. 2,20 m.

DES GRIMPANTES POUR UN SUPPORT À QUATRE CÔTÉS
En été, les couleurs chaudes se mêlent gaiement. Le jaune crème du rosier se marie bien avec les teintes plus fortes des capucines, à son pied.

LISTE DES PLANTES

1 *Rosa* 'Golden Showers' × 1
2 *Clematis macropetala* 'Markham's Pink' × 1
3 *Tropaeolum majus* (grande capucine) × 11

Tropaeolum majus
(grande capucine)
Annuelle grimpante à fleurs en trompette rouges, jaunes ou orange durant tout l'été.
H. 2 m ; E. 1,20 m.

Clematis macropetala
'Markham's Pink'
Clématite à fleurs précoces, pendantes, rose-mauve, fin printemps et début été.
H. 3 m ; E. 1,50 m.

ROSIER GRIMPANT
Le feuillage du rosier 'Golden Showers' est abondant et brillant, et met en valeur les belles fleurs jaune crème.

CLÉMATITE PRÉCOCE
Clematis macropetala 'Markham's Pink', à floraison printanière, a des fleurs pendantes d'un rose tendre.

GRANDE CAPUCINE
Les fleurs couleur de feu de ces capucines, *Tropaeolum majus,* sont accompagnées de feuilles d'un vert frais.

Les supports en bois peuvent être peints ou «lazurés», pour atténuer les contrastes et faire ressortir le grain du bois. Les couleurs le plus souvent employées sont le noir ou le blanc, mais vous préférerez peut-être choisir une nuance plus douce – gris, vert pâle, bleu soutenu.

COLONNES, PYLÔNES OU OBÉLISQUES

Utilisez-les avec modération. Comme les points d'exclamation ou les ultimatums, ils perdent en effet tout leur sens quand on s'en sert abusivement ! Assurez-vous qu'ils méritent leur importance. Choisissez bien leur emplacement et les plantes qui y grimperont. Quant aux couleurs, elles se marieront ou s'opposeront, à condition que l'harmonie soit respectée et semble parfaitement naturelle.

Les rosiers anciens grimpants et sarmenteux s'adaptent bien sur un trépied. Ils sont faciles à vivre et ont un abondant feuillage. Évitez les rosiers buissonnants rigides à grandes fleurs (hybrides de thé), ainsi que certaines vignes comme 'Kiftsgate', qui auraient tôt fait d'envahir le plus imposant des supports.

Pour le support à quatre côtés, le rosier grimpant 'Golden Showers' est accompagné de capucines annuelles qui fleuriront jusqu'aux premières gelées. Elles sont associées à des clématites 'Markham's Pink', une variété précoce qui se fera remarquer au printemps. Quant à la colonne triangulaire, dans des tons plus frais, elle allie le rosier 'Albéric Barbier', semi-persistant, à un chèvrefeuille et à une clématite tardive, 'Ascotiensis'.

Le rosier grimpant parfumé 'New Dawn' sera également à sa place sur une colonne, ses fleurs roses s'entrelaçant avec un pois de senteur vivace ou un solanum bleu tardif. Les clématites conviendront aussi très bien, mais elles sont toujours plus à leur avantage en compagnie d'autres plantes que seules.

LISTE DES PLANTES

1 *Rosa* 'Alberic Barbier' × 1
2 *Clematis* 'Ascotiensis' × 1
3 *Lonicera periclymenum* 'Belgica' (chèvrefeuille) × 1

ROSIER GRIMPANT
Rosa 'Albéric Barbier', né en France en 1900, est un des meilleurs rosiers grimpants avec ses petites fleurs crème.

CHÈVREFEUILLE
Le parfum de *Lonicera periclymenum* 'Belgica', à floraison précoce, est encore plus pénétrant le soir et attire les papillons de nuit pour la pollinisation.

CLÉMATITE TARDIVE
Les fleurs bleu lavande pâle de *Clematis* 'Ascotiensis' ont des étamines verdâtres.

PLANTES POUR COLONNE TRIANGULAIRE
Les belles fleurs bleu lavande de la clématite offrent un contraste somptueux avec les fleurs crème du rosier. Le parfum vient des roses et, au début de l'été, du chèvrefeuille. Le feuillage du rosier est semi-persistant et très brillant ; il demeure intéressant par son volume et sa texture bien après la disparition de ses jolies petites fleurs.

***Rosa* 'Albéric Barbier'**
Rosier grimpant vigoureux, à feuillage semi-persistant vert brillant et boutons jaune tendre donnant des fleurs blanc crème.
H. jusqu'à 5 m ; E. 3 m.

***Lonicera periclymenum* 'Belgica' (chèvrefeuille de Hollande)** *Grimpante buissonnante à feuilles caduques et fleurs très parfumées en été.*
H. jusqu'à 7 m.

***Clematis* 'Ascotiensis'**
Clématite vigoureuse, tardive, à grandes fleurs simples et plates, à pétales pointus bleu lavande en été.
H. 3-4 m ; E. 1 m.

DES COULEURS FRAÎCHES
Dans un lieu partiellement à l'ombre, les fleurs pâles comme celles de cette clématite, Clematis *'Mrs George Jackman', rayonnent pourtant gaiement.*

SOINS ET CULTURE

PRINTEMPS
Plantez les clématites. Retirez les fleurs fanées des hydrangéas et coupez les tiges trop éloignées du mur. Taillez le jasmin, retirez les vieilles tiges et attachez les nouvelles pousses qui partent de la base. Paillez généreusement tous les arbustes.

ÉTÉ
Attachez les jeunes tiges d'hydrangéa. Fixez les clématites au milieu des hydrangéas.

AUTOMNE
Plantez les hydrangéas, le jasmin et le lierre.

HIVER
À la fin de la saison ou au début du printemps, retirez toutes les tiges séchées des clématites qui ne présentent aucun signe de vie. Sur un mur de maison, retirez le lierre des gouttières et des tuiles du toit.

ÉCLAIRER UN MUR SOMBRE

LES MURS ET LES CLÔTURES OMBRAGÉS peuvent être habillés aussi élégamment que s'ils étaient ensoleillés, à condition toutefois de ne pas manquer de lumière. Bien entendu, la composition sera colorée, mais les feuillages pousseront merveilleusement et des plantes comme le lierre seront beaucoup plus heureuses dans la pénombre.

Certains murs ne sont pas directement ensoleillés, bien qu'en été quelques rayons obliques puissent les atteindre en début et en fin de journée. Vous savez au moins à quoi vous en tenir. D'autres sont bien plus perfides. Embrasés au lever du jour, ils sont fatals aux plantes qui ont froid la nuit : le réchauffement trop rapide peut fait éclater les parois des cellules végétales.

PLANTES AIMANT L'OMBRE
La plante vedette d'un mur ombragé sera l'hortensia grimpant. Une fois en place, il s'agrippe aussi bien que le lierre. Ses feuilles sont d'un vert frais et brillant quand elles apparaissent, et deviennent, lors de certains automnes, d'un joli jaune clair. Il porte des inflorescences délicates de petites fleurs blanches au milieu de l'été.

LISTE DES PLANTES
1 *Jasminum nudiflorum* (jasmin d'hiver) × 1
2 *Hydrangea petiolaris* (hortensia grimpant) × 2
3 *Clematis* 'Mrs George Jackman' × 1
4 *Hedera helix* 'Glacier' (lierre) × 1
5 *Clematis* 'Nelly Moser' × 1

PLAN

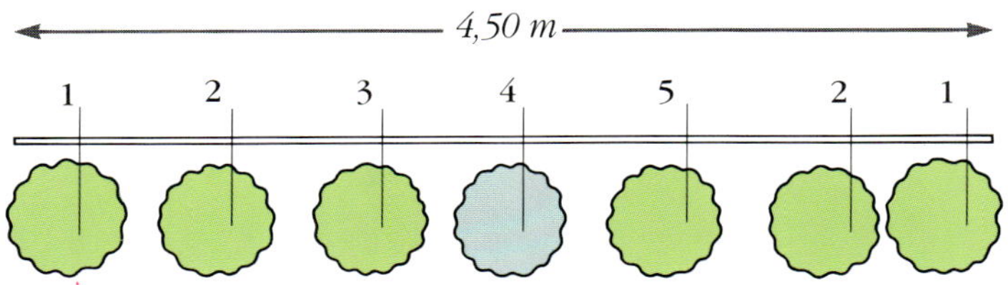

D'UNE SAISON À L'AUTRE
Au début de l'été, les clématites et les hydrangéas fleuriront en même temps, mais les clématites continueront tout l'été. Puis les hydrangéas refleuriront. en été. Enfin, en hiver, les fleurs de jasmin feront leur apparition.

JASMIN
Jasminum nudiflorum, arbuste indispensable dans tous les jardins, a des fleurs jaune brillant qui sont les bienvenues en hiver.

HORTENSIA GRIMPANT
Hydrangea petiolaris a besoin d'un sol humide et frais pour s'épanouir.

CLÉMATITE CRÈME
Clematis 'Mrs George Jackman', qui fleurit par intermittence tout l'été, a des fleurs crème et des étamines marron foncé.

Les plantes mettent parfois du temps à progresser sur le mur : elles ne veulent en effet prendre aucun risque tant qu'elles ne se sentent pas bien fixées. Attachez solidement les tiges à leur support, et, si elles ne poussent pas, tendez-les avec de la ficelle.

Le jasmin à floraison hivernale, *Jasminum nudiflorum,* est très répandu, mais à juste titre. Quelques variétés fleurissent au début de l'hiver, et, à cette époque de l'année, leurs fleurs jaune brillant sont particulièrement bien accueillies. Il ne peut grimper sans support ; plantez-le par exemple à côté d'un hydrangéa, sur lequel vous enroulez ses fines pousses vertes, ses branches, plus fortes, étant encore dénudées à ce moment.

Plusieurs clématites s'adaptent facilement à l'ombre. Certaines, même, la préfèrent. Toutes apprécient d'avoir leurs racines au frais. Un cultivar comme 'Nelly Moser' garde ainsi mieux ses couleurs qu'au soleil. Les tons pâles des deux espèces de clématite proposées ici attireront bien d'avantage le regard que ne le feraient des espèces plus sombres.

Jasminum nudiflorum **(jasmin d'hiver)**
Arbuste à feuillage caduc vert sombre et fleurs jaune vif sur de minces tiges vertes sans feuilles, en hiver et au début du printemps.
H. et E. jusqu'à 3 m.

Clematis **'Nelly Moser'**
Clématite précoce à larges feuilles rose-mauve aux pétales rayés de rose sombre.
H. jusqu'à 3,50 m ; E. 1 m.

Hedera helix **'Glacier' (lierre)** *Plante grimpante rustique à feuilles persistantes gris-vert argenté, utile pour tapisser les murs et les clôtures.*
H. 3 m ; E. 2 m.

Hydrangea petiolaris **(hortensia grimpant)** *Arbre à feuilles caduques avec, en été, de délicates grappes de fleurs blanches.*
H. jusqu'à 15 m.

Clematis **'Mrs George Jackman'** *Clématite précoce portant de grandes fleurs blanc crème au début du printemps.*
H. 2-3 m ; E. 1 m.

LIERRE
Hedera helix 'Glacier' est un lierre vigoureux aux feuilles joliment panachées de gris-vert et de blanc.

CLÉMATITE ROSE
La précoce *Clematis* 'Nelly Moser' a une rayure médiane éclatante le long de chaque pétale rose lilas.

Les endroits oubliés

*Tout jardin a ses laissés pour compte :
les abords des poubelles, les interstices
entre les marches de pierre,
les enchevêtrements de tuyaux,
tous ces endroits que vous aimeriez
dissimuler. Il ne tient qu'à vous de le faire.
De nombreuses plantes préfèrent l'ombre
et l'humidité au grand soleil,
et certaines ont un feuillage
suffisamment épais pour cacher
les endroits les moins agréables
de votre jardin.*

ÉVENTAIL DÉPLOYÉ
Les feuilles de Melianthus major *se déploient : des petits éventails plissés donnent des rameaux de folioles aux bords déchiquetés. C'est l'une des plantes les plus somptueuses qui soient.*

SOINS ET CULTURE

PRINTEMPS
Fin avril, composez votre potée en utilisant du bon compost frais. Avant d'installer le pot à l'extérieur, endurcissez vos plantes dans un endroit frais.

ÉTÉ
Retirez les têtes fanées des chrysanthèmes. Enlevez les feuilles mortes et pincez les immortelles, qui risquent d'envahir les autres plantes. Nourrissez et arrosez régulièrement.

AUTOMNE
Mettez le pot sous abri avant l'arrivée des gelées. Faites hiverner les plantes adultes ou faites des boutures afin d'avoir de nouveaux plants l'année suivante
Les phormiums vivent plusieurs années;. les immortelles, les pélargoniums et les chrysanthèmes ont meilleure allure si on les renouvelle tous les printemps.

HIVER
Si vous conservez des plantes dans le pot, maintenez-les au frais et assurez-vous que le compost convient.

UN POT CACHE-MISÈRE

LES BOUCHES D'ÉGOUT ET LES CONDUITES D'EAU n'ont rien de séduisant pour le regard quand vous allez dans votre jardin pour profiter de sa beauté et de sa sérénité. Ce pot débordant de plantes magnifiques dissimulera tous ces éléments certes nécessaires, mais souvent disgracieux, que ce soit à la maison ou au jardin — sauf en hiver. Grâce à lui, le vulgaire quotidien deviendra paradis.

Dans cette composition, il ne faut pas que le pot semble arrivé là par hasard. Choisissez-le de grande taille (au moins 60 cm de diamètre), mais n'oubliez pas que l'ensemble doit rester maniable : si la tuyauterie qu'il dissimule a une fuite, il faut que vous puissiez intervenir.

DES PLANTES POUR ORNER ET CACHER

Pour obtenir un maximum d'efficacité, vous avez besoin de plantes qui prennent de l'ampleur aussi bien que de la hauteur, pour mieux masquer ce que vous voulez cacher. Ici, les mélianthes, les phormiums et les immortelles seront vos trois meilleurs alliés. Installez aussi un phormium à feuillage sombre, pas géant bien sûr, mais plutôt compact comme 'Bronze Baby' ou 'Tom Thumb'. Les autres éléments devront être à la fois vigoureux et feuillus. *Begonia fuchsioides* est parfait avec ses feuilles foncées et brillantes et ses fleurs rouges, en forme de clochette, ressemblant à celles d'un fuchsia. Utilisez aussi un pélargonium, éventuellement panaché comme ici, ou à feuilles sombres et odorantes, 'Chocolate Peppermint' par exemple, ou les deux. Et, parmi toutes ces plantes à beau feuillage, mettez-en une qui fleurit abondamment : un chrysanthème à fleurs de marguerite serait idéal.

Toutes ces plantes sont fragiles. Si vous disposez d'un abri ou d'une serre, gardez-y votre pot après l'avoir créé jusqu'à ce qu'il n'y ait plus de risque de gelée. Au début de l'été, il sera bien fourni et pourra remplir son office. En hiver, en revanche, il ne vous servira à rien et il vous faudra inventer un autre camouflage.

Pelargonium crispum 'Variegatum' *Plante vivace à feuilles panachées de crème. H. 1 m ; E. 45 cm.*

Melianthus major (mélianthe) *Arbuste à port étalé, à grandes feuilles persistantes à folioles vert glauque et fleurs rouge-brun. H. et E. jusqu'à 2 m.*

Helichrysum petiolare (immortelle) *Arbuste à tiges argentées et rampantes et feuilles persistantes grises feutrées H. 30 cm ; E. 1,50 m.*

Phormium tenax 'Bronze Baby' *Plante vivace à feuilles raides en forme d'épée, couleur bronze. H. et E. 60 cm.*

Chrysanthemum gracile 'Chelsea Girl' *Sous-arbuste à feuilles persistantes gris-vert et fleurs en forme de marguerite. H. et E. jusqu'à 75 cm.*

Begonia fuchsioides *Plante arbustive à feuilles persistantes et fleurs rouges pendantes. H. jusqu'à 1,20 m ; E. 30 cm.*

Liste des plantes

1 *Melianthus major* (mélianthe) × 1
2 *Chrysanthemum gracile* 'Chelsea Girl' × 1
3 *Pelargonium crispum* 'Variegatum' × 1
4 *Helichrysum petiolare* × 1
5 *Phormium tenax* 'Bronze Baby' × 1
6 *Begonia fuchsioides* × 1

Plantations en réduction

Une composition en pot est un massif en miniature qui pose les mêmes problèmes de formes, de couleurs et de textures.

Bégonia
Moins spectaculaire que ses parents à grandes fleurs, *Begonia fuchsioides* est une plante élégante à fleurs pendantes comme les fuchsias.

Phormium
Les feuilles raides et verticales de *Phormium tenax* 'Baby Bronze' contrastent avec les touffes basses des pélargoniums.

Mélianthe
Des feuilles gris-vert profondément dentées sont le principal atout de *Melianthus major*. Peu de feuillages sont aussi beaux.

Hélichrysum
Une des plantes les plus employées en pot '*Helichrysum petiolare*' tisse une toile de feuilles grises autour des autres plantes de la composition.

Chrysanthème
'Chelsea Girl' est un cultivar à fleurs blanches de *Chrysanthemum gracile*, avec un beau feuillage argenté et joliment découpé.

Pélargonium
Pelargonium crispum 'Variegatum' est cultivé pour ses feuilles marquées de crème beaucoup plus que pour ses petites fleurs.

Une floraison merveilleuse
Si vous enlevez régulièrement les fleurs fanées, la pensée sauvage, Viola tricolor, *donnera des fleurs au printemps, tout l'été et jusqu'à l'automne.*

Plantations dans les dallages

Le terme terrasse est utilisé par les agents immobiliers pour désigner les espaces carrelés vaguement adjacents à un bâtiment. Les constructeurs adorent les dallages, car ils donnent une illusion de propreté. Ils déversent à l'arrière de la maison les détritus qu'ils ne devraient pas laisser derrière eux et, juste avant de partir, les recouvrent de dalles de gravier. Quelques plantes peu exigeantes peuvent transformer celles-ci.

Tout le monde ne souhaite pas forcément mettre des plantes entre les dalles d'une terrasse. Certains préfèrent ne rien y mettre et la passer au désherbant, afin qu'elle reste d'un entretien facile. Si vous ne faites pas partie de ces méticuleux, poursuivez votre lecture, et imaginez comment vous pourrez meubler les interstices entre les dalles, même s'il vous faut faire sauter un coin du revêtement afin de disposer d'un peu plus d'espace. Les entrepreneurs vous ont peut-être facilité le travail ! Ne les blâmez pas pour leur négligence ; exploitez-la pour votre plaisir.

Des plantes rampantes aromatiques

Les plantes que vous choisirez devront toutes être basses et rampantes, et capables de survivre à l'agression éventuelle d'un pied qui les écraserait. Optez pour des couleurs qui s'harmoniseront avec celle du revêtement, qu'il soit en pierre, en brique ou en béton.

Les plantes aromatiques comme le thym sont ici très utiles. Loin de bouder quand on les écrase, elles offrent alors leur parfum. *Thymus serpyllum*, la forme la plus courante de thym rampant, est la plus indiquée pour les interstices entre les pavés. Il existe une variété particulièrement intéressante, 'Coccineus', dont les feuilles gris-vert sont ponctuées de petites fleurs rose foncé. Vous pouvez, si l'envie vous en prend, créer une composition faite uniquement de ce thym serpolet, car il comporte aussi des variétés à fleurs blanches. *Thymus caespititius* possède les mêmes caractéristiques.

Liste des plantes

1 *Thymus serpyllum* 'Coccineus' (thym serpolet) × 1
2 *Trifolium repens* 'Purpurascens' (trèfle pourpre) × 1
3 *Acaena microphylla* × 1
4 *Viola tricolor* (pensée sauvage) × 1
5 *Phlox douglasii* 'Lilac Cloud' × 4
6 *Thymus serpyllum* 'Albus' × 1

Des plantes dans le dallage
Avant de décider de l'emplacement de vos plantes, pensez aux accès de la terrasse et aux endroits où vous pourrez ranger vos outils de jardinage et vos plantes en pots. Si la terrasse est assez grande, enlevez une ou deux dalles afin de disposer de plus d'espace pour vos plantations.

Soins et culture

Printemps
Installez toutes les plantes dans des poches de bon compost mélangé à du sable afin d'assurer un drainage correct. Le thym et les phlox sont plus à l'aise dans un endroit ouvert et ensoleillé. Les acaénas supporteront une ombre partielle, tout comme les pensées sauvages et les trèfles pourpres.

Été
Enlevez les fleurs fanées du thym afin de lui conserver son aspect compact. Laissez grainer quelques pieds de pensée sauvage pour qu'ils puissent disperser quelques graines au hasard dans les interstices des pavés.

Automne
Enlevez les feuilles mortes qui se trouvent dans les touffes de feuillage.

Hiver
Pas de travaux de jardinage.

UN TAPIS COLORÉ

Acaena microphylla n'a pas un parfum très remarquable, mais, comme le thym, ses feuilles sont persistantes ; ses petites fleurs, à bractées épineuses, donnent en automne et en hiver des petits fruits rouges très décoratifs. Les phlox, plantes alpines gazonnantes, s'adaptent bien entre les pavés et présentent eux aussi une grande variété de couleurs – rose, mauve et blanc. L'une des formes rampantes, *Phlox douglasii* 'Lilac Cloud', a des fleurs rose lilas au début de l'été. Pour obtenir encore plus de couleur, essayez *Phlox douglasii* 'Crackerjack', qui donne une profusion de fleurs rouge cramoisi.

Aucune plante ne pousse sur un sac en plastique, des vieux journaux ou des débris de ciment, qui constituent souvent les fondations d'un dallage. Retirez les détritus et remplacez-les par du compost. Un bon départ permet parfois de surmonter par la suite bien des désagréments.

Thymus serpyllum **'Coccineus' (thym serpolet)**
Arbuste rampant à feuilles vertes odorantes et fleurs cramoisies.
H. 8 cm ; E. 20 cm.

Trifolium repens **'Purpurascens' (trèfle pourpre)**
Couvre-sol vivace à feuillage semi-persistant vert bronze.
H. 8 cm ; E. 30 cm.

Acaena microphylla
Plante vivace compacte portant en automne des petits fruits rouges décoratifs.
H. 5 cm ; E. 15 cm.

Viola tricolor **(pensée sauvage)**
Plante vivace à vie courte ou annuelle, à fleurs colorées d'un mélange de blanc, de jaune et de pourpre.
H. et E. 5-15 cm.

Phlox douglasii **'Lilac Cloud'**
Plante vivace à feuilles persistantes et fleurs abondantes lavande pâle.
H. jusqu'à 5 cm ; E. 20 cm.

Thymus serpyllum **'Albus' (thym serpolet)**
Arbuste rampant à petites feuilles vert brillant, à peine parfumées, et fleurs blanches.
H. 8 cm ; E. 20 cm.

PHLOX
Les jolies fleurs de *Phlox douglasii* 'Lilac Cloud' ont un œil central proéminent.

TRÈFLE POURPRE
Les feuilles bronze du trèfle *Trifolium repens* 'Purpurascens' sont bordées de vert brillant. De petites fleurs papillionacées apparaissent tout l'été.

ACAÉNA
Les feuilles d'*Acaena microphylla* sont teintées de bronze quand elles sont jeunes. Les fleurs à bractées épineuses de l'été se transforment en jolis fruits rouges.

PENSÉE SAUVAGE
Aussi à l'aise au soleil qu'à mi-ombre, la charmante pensée sauvage, '*Viola tricolor*', donne des fleurs durant une longue période.

THYM SERPOLET
Thymus serpyllum 'Albus', plante naine et délicieusement parfumée, est couvert de fleurs blanches durant tout l'été.

MERVEILLES D'HIVER
Les fleurs en forme de coupe de l'helléborine, Eranthis hyemalis, *forment un tapis d'or à la fin de l'hiver et au début du printemps.*

SOINS ET CULTURE

PRINTEMPS
Plantez les fougères et arrosez-les beaucoup. Quand de nouvelles frondes se déplient, coupez les anciennes, qui sont abîmées. Plantez les montbrétias. Les années suivantes, coupez les feuilles mortes au début du printemps. Plantez les helléborines en vert, si possible. Quand elles sont passées, plantez les pensées.

ÉTÉ
Taillez les buis à la fin de la saison. Maintenez l'humidité autour des fougères. Retirez régulièrement les fleurs fanées des pensées; à la fin de l'été, rafraîchissez le feuillage.

AUTOMNE
Plantez les buis à cette saison ou au printemps, et mettez beaucoup de poudre d'os. Plantez les cyclamens en recouvrant à peine les bulbes. Plantez les helléborines si vous n'en n'aviez pas trouvé au printemps.

HIVER
Pas de travaux de jardinage.

UNE BANDE ÉTROITE

LES LIVRES TRAITANT D'AMÉNAGEMENT DES JARDINS parlent abondamment des problèmes posés par les massifs trop étroits, ceux qui ne présentent pas un bon équilibre entre largeur et longueur. Ils ne permettent pas de créer des contrastes entre différents groupes de plantes ; les fleurs ont l'air de poser pour une photo de classe. Il n'est hélas parfois pas possible de faire autrement. Quand la marge de manœuvre est mince, nécessité fait loi. Vous parviendrez toujours à exploiter les possibilités de votre bande de terrain.

COMBINAISONS DE FORMES

Cette composition comporte des buis persistants, taillés alternativement en cône et en boule, et alignés sur toute la longueur du massif. La disposition en une seule rangée, comme ici, évite le casse-tête de tenter d'en faire rentrer plusieurs dans un espace insuffisant.

La façon dont vous allez remplir les espaces entre les buis dépendra de la place dont vous disposez et de la situation du massif, appuyé peut-être contre un mur. La disposition proposée serait idéale pour une bande de terrain étroite enserrée entre un chemin et une clôture. L'ombre lui conviendra sans doute mieux que le soleil.

Au pied d'un mur de soutien, essayez les fougères persistantes *Phyllitis scolopendrium* (langue de cerf), plantées en alternance avec des crocosmias. Leurs feuilles brillantes en forme de lanière contrastent fortement avec le feuillage bien pomponné des buis et les feuilles en épée aux profondes nervures des crocosmias. Certaines scolopendres ont des formes étranges : les frondes sont parfois divisées au point de ressembler à des bouquets de persil. La forme est ici plus importante que la couleur. Pourtant, vous assisterez en été à une violente explosion de rouge sur les tiges florales arquées des crocosmias. Choisissez un cultivar comme 'Lucifer', à la fois robuste et d'un rouge résolument violent. Il n'est rien de plus déplaisant dans un jardin qu'un rouge honteux de l'être.

BADIGEONNAGE DE COULEURS

Utilisez des bulbes pour avoir des flots de couleurs à des saisons différentes, dans tous les espaces disponibles entre les buis. Commencez par des helléborines : à la fin de l'hiver, leurs fleurs jaunes, claires et brillantes contrasteront avec les buis sombres.

Ici, elles sont disposées en une ligne étroite à l'avant du massif, mais vous pouvez aussi bien les disposer en touffes entre les buis. Elles meurent au milieu du printemps et ne s'épanouiront plus de toute l'année.

N'oubliez pas qu'elles doivent, si possible, être plantées en vert, juste après la floraison.

PLAN

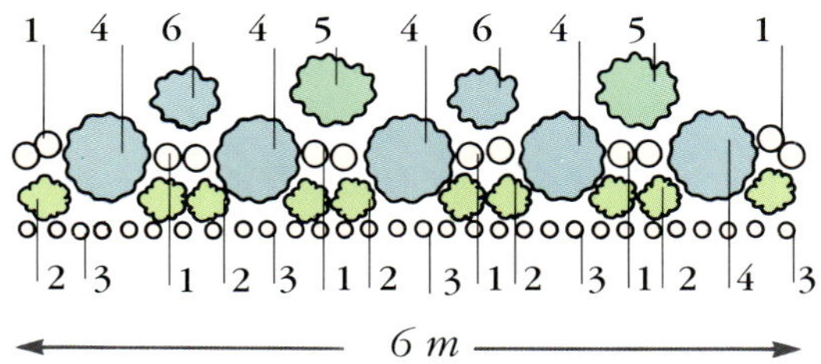

LISTE DES PLANTES

1 *Cyclamen heredifolium* var. *album* × 12
2 *Viola* hydride 'Jaune d'or' (pensée) × 10
3 *Eranthis hyemalis* (helléborine) × 30
4 *Buxus sempervirens* (buis commun) × 5
5 *Crocosmia* 'Lucifer' (montbrétia) × 2
6 *Phyllitis scolopendrium* (langue de cerf) × 2

LANGUE DE CERF
Les larges frondes coriaces en forme de lanière de *Phyllitis scolopendrium* sont intéressantes tout au long de l'année.

HELLÉBORINE
À l'état sauvage, *Eranthis hyemalis* pousse dans les bois ; une position ombragée peut donc lui convenir dans le jardin.

Les bulbes séchés, vendus à la fin de l'été, ne prennent pas aussi facilement.

Les perce-neige assureront eux aussi une première floraison printanière, si vous n'en avez pas déjà installé ailleurs. Comme toutes les fleurs blanches, ils sont particulièrement frais et élégants au milieu d'un feuillage sombre. À moins que vous ne préfériez attendre le début de l'automne pour jouir de ces taches immaculées ; elles vous seront alors offertes par *Cyclamen hederifolium* var. *album,* que vous aurez planté entre les buis. Ses fleurs aux pétales recourbés sont suivies par une profusion de feuilles aux motifs argentés. Il ne vous reste plus qu'à installer une dernière plante entre les hellébories et les cyclamens. Choisissez des pensées ou des violettes, mais limitez-vous à une seule teinte pour conserver un effet général simple et clair.

Buxus sempervirens **(buis commun)** *Arbre ou arbuste dense à petites feuilles persistantes, luisantes, vert foncé.* *H. et E. 1,20 m.*

Crocosmia **'Lucifer' (montbrétia)** *Plante à bulbe formant une touffe, à feuilles en épée et épis de fleurs rouges.* *H. jusqu'à 1,20 m ;* *E. jusqu'à 25 cm.*

Phyllitis scolopendrium **(langue de cerf)** *Fougère persistante à frondes en forme de langue, coriaces, vert vif.* *H. 75 cm ; E. 45 cm.*

Eranthis hyemalis **(helléborine)** *Plante bulbeuse portant des fleurs jaunes reposant sur une coupe de bractées.* *H. et E. jusqu'à 10 cm.*

Cyclamen hederifolium **var. *album* (cyclamen de Naples)** *Plante bulbeuse à fleurs en automne et feuilles marbrées.* *H. 8 cm ; E. 30 cm.*

Viola **hybride 'Jaune d'or' (pensée)** *Plante vivace cultivée en annuelle, à fleurs jaunes munies d'un court éperon.* *H. 15-20 cm ; E. 20 cm.*

UN SPECTACLE CLASSIQUE
Une approche classique, avec un plan bien organisé et un choix de couleurs restreint, crée un effet élégant et soigné sur un terrain de forme disgracieuse.

UN FEUILLAGE CHARNU
Les feuilles succulentes, en forme de cuiller, de Sedum kamtschaticum *'Variegatum' sont d'un vert subtil et bordées de crème.*

ENTRE LES MARCHES

LES MANIAQUES DE L'ORDRE ET DE LA PROPRETÉ ne supporteraient sans doute pas que des plantes viennent gâcher les petits chemins et les escaliers qu'ils ont minutieusement balayés et désherbés. Mais d'autres, pour lesquels le jardinage est aussi poésie, seront heureux de les voir envahir les marches qu'ils gravissent si souvent.

Parfois, bien sûr, la place manque. Certaines marches sont si fortement cimentées qu'il faudrait un marteau piqueur pour y planter ne serait-ce qu'un pépin. Dans ce cas, mieux vaut ne rien faire. Mais d'autres sont plus accommodantes. Vous pourrez en retirer quelques briques ou utiliser des fissures déjà existantes.

Les marches les plus faciles à habiller sont celles qui reposent directement sur le sol et qui laissent la terre à découvert entre les différents niveaux. C'est le type d'escalier qui grimpe à flanc de talus, bordé de fleurs.

SÉLECTION DE PLANTES À FEUILLES

Seules certaines plantes conviendront ici. Elles ne doivent pas trop grandir pour ne pas vous faire trébucher ou gêner le passage. Elle ne doivent pas être envahissantes au point de s'étendre de façon anarchique. Elles doivent enfin pouvoir tirer bénéfice de la fraîcheur de la terre qui se trouve sous les marches. Cette composition est donc simple. Ne mettez pas plus de deux espèces de plantes par niveau si vous voulez éviter désordre et encombrement. Choisissez-les pour leurs feuilles plus que pour leurs fleurs. Rien n'est plus approprié que les plantes pour adoucir les angles agressifs d'une maçonnerie.

Les petites fougères conviennent parfaitement, même si elles sont en plein soleil. Leurs racines sont à l'aise dans le sol frais et humide, en dessous des marches. La petite fougère *Ceterach officinarum*, dont les frondes ont un revers brun, fera merveille, ainsi que la fausse capillaire, *Asplenium trichomanes,* ou encore, en sol acide, la fougère à feuilles de persil *Cryptogramma crispa.*

LISTE DES PLANTES

1 *Asplenium trichomanes* (fausse capillaire) × 2
2 *Euphorbia cyparissias* (euphorbe) × 1
3 *Ceterach officinarum* × 3
4 *Saxifraga moschata* 'Cloth of Gold' (saxifrage) × 2
5 *Sedum kamtschaticum* 'Variegatum' (orpin) × 2
6 *Sedum obtusatum* (orpin) × 1

PLAN

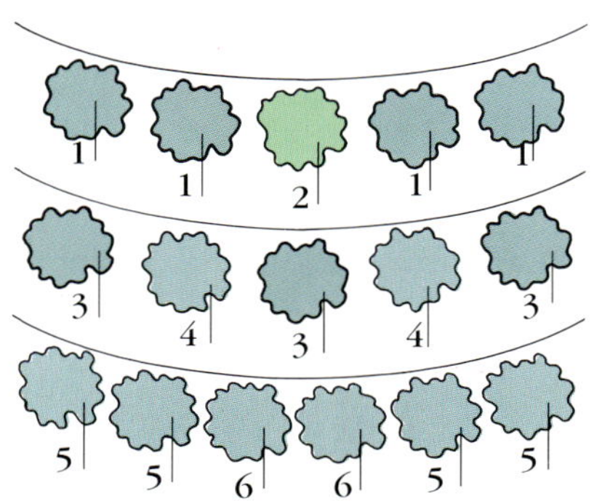

DES MARCHES FLEURIES
Les lignes architecturales d'une volée de marches offrent un emplacement de choix aux frondes luxuriantes des fougères et aux épis de fleurs aériennes d'une euphorbe.

FAUSSE CAPILLAIRE
Une des fougères les plus élégantes, *Asplenium trichomanes,* apprécie la fraîcheur qu'elle trouve sous les marches.

ORPIN PANACHÉ
Les feuilles charnues de *Sedum kamtschaticum* 'Variegatum' sont bordées de crème.

SOINS ET CULTURE

PRINTEMPS
Plantez les fougères par temps humide entre la mi-printemps et le début de l'automne. Mélangez du terreau de feuilles à votre sol.

ÉTÉ
Coupez les têtes florales fanées de l'euphorbe, des saxifrages et des orpins.

AUTOMNE
Plantez l'euphorbe, les saxifrages et les orpins, en ajoutant du sable si le sol est lourd et humide.

HIVER
Retirez les frondes mortes des fougères à la fin de la saison avant l'apparition des nouvelles.

OMBRE ET SOLEIL

Si les marches bénéficient à la fois d'ombre et de soleil, plantez les fougères à l'ombre : c'est ce qu'elles préfèrent. Mariez la fougère *Ceterach officinarum*, le polypode nain *Polypodium polypodioides*, ou encore le plus grand et plus rustique *Polypodium virginianum* avec une euphorbe naine comme *Euphorbia cyparissias*. Celle-ci risque d'être envahissante, mais il est facile de la discipliner si elle s'étale inconsidérément. Ses feuilles, plumeuses, sont accompagnées de fleurs jaune acide à la fin du printemps. Mettez une asplénie à côté d'un saxifrage moussu. *Saxifraga moschata* 'Cloth of Gold' a des rosettes de feuilles dorées et, comme les fougères, aime l'ombre.

Si les marches sont vraiment exposées au soleil, choisissez deux orpins parmi les espèces succulentes, comme *Sedum kamtschaticum* 'Variegatum', ou *S. spathulifolium* 'Cape Blanco', qui a des rosettes de feuilles gris-vert tachées de pourpre. *S. obtusatum* a des feuilles grasses qui deviennent d'un somptueux rouge bronze en été. La joubarbe *Sempervivum arachnoideum*, couverte de filaments blancs comme une toile d'araignée, sera elle aussi une bonne compagne.

Asplenium trichomanes
(fausse capillaire)
Fougère semi-persistante aimant les sols calcaires.
H. 15 cm ;
E. jusqu'à 30 cm.

Euphorbia cyparissias
(euphorbe)
Vivace à feuilles abondantes vert grisâtre et fleurs vert acide.
H. et E. 30 cm.

Ceterach officinarum
Fougère semi-persistante à frondes vert foncé en forme de lance, dont le revers est brun à maturité.
H. et E. 15 cm.

Saxifraga moschata
'Cloth of Gold' (saxifrage)
Plante à feuilles persistantes et fleurs blanches.
H. 15 cm ; E. 30 cm.

Sedum kamtschaticum
'Variegatum' (orpin) *Vivace à feuilles semi-persistantes et fleurs jaune orangé.*
H. jusqu'à 8 cm ; E. 20 cm.

Sedum obtusatum **(orpin)**
Vivace à feuilles persistantes et charnues, qui deviennent rouge bronze en été.
H. 5 cm ; E. 15 cm.

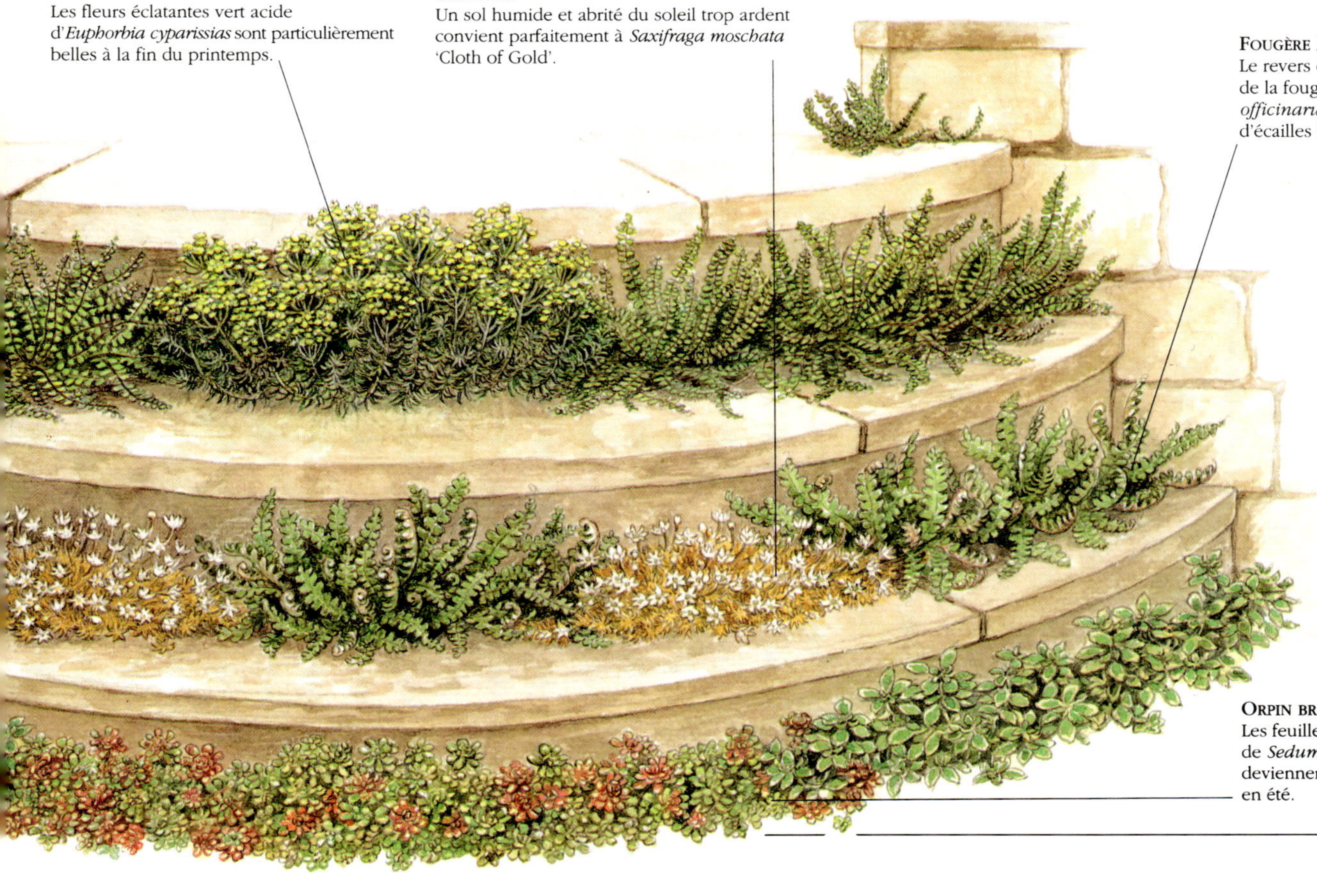

DE BEAUX BOUQUETS
Les fleurs simples, jaunes, du chrysanthème des moissons, Chrysanthemum segetum, *qui apparaissent en été et au début de l'automne, sont idéales pour faire des bouquets.*

UN REMBLAI DE CAILLOUX

IL N'Y A QUE DEUX FAÇONS de résoudre le problème posé par un remblai de cailloux : soit vous enlevez les pierres à la main – et vous trouverez certainement de bonnes raisons pour repousser ce travail à plus tard ! —, soit vous acceptez la volonté de la nature et vous décidez de le couvrir de plantes qui affectionnent ce genre de terrain. Si vous optez pour cette dernière solution, vous vous éviterez une tâche pénible et vous pourrez vous féliciter pour votre sens de l'écologie.

Contrairement à une opinion très répandue, il y a un large choix de plantes qui s'épanouiront véritablement dans ce lieu bien drainé, à commencer par celles qui poussent à flanc de colline dans les régions méditerranéennes, ou sur les pentes montagneuses de l'est de la Turquie. À l'instar des habitats naturels, l'emplacement que vous choisirez doit être dégagé et ensoleillé.

Le sol entre les pierres est forcément très bien drainé. La période la plus délicate pour les plantes proposées ici sera celle de leur installation, juste après la plantation. Il faudra pailler et arroser jusqu'à ce que leurs racines se soient profondément enfoncées, prêtes à capter nourriture et eau.

Ne tentez pas de donner des limites nettes à votre composition : elles peuvent rester irrégulières et se fondre naturellement dans le terrain avoisinant. Imaginez une petite portion de montagne venue se poser dans votre cour. Rehaussez l'effet en ajoutant du gravier et des pierres, afin d'obtenir une continuité.

DES ÉCLATS DE JAUNE SOLEIL

Le volume est ici donné par trois plantes : l'armoise citronnelle plumeuse, aux touffes de feuillage gris persistant, le romarin aromatique, clouté de petites fleurs bleues, et *Ceratostigma plumbaginoides,* aux bouquets de fleurs bleu intense qui s'épanouissent à la fin de l'été. La lavande, avec ses feuilles et ses fleurs aromatiques, conviendra aussi très bien.

LISTE DES PLANTES

1 *Ceratostigma plumbaginoides* × 1
2 *Artemisia abrotanum* (armoise citronnelle) × 1
3 *Chrysanthemum segetum* (chrysanthème des moissons) × 22
4 *Meconopsis cambrica* (pavot jaune) × 22
5 *Rosmarinus officinalis* 'Severn Sea' (romarin) × 2
6 *Asphodeline lutea* (bâton de Jacob) × 5

UNE COMPOSITION POUR UN SOL SEC
Un bout de terrain sec et pierreux peut devenir attirant grâce à des fleurs aux couleurs chaudes accompagnées de bleus et de gris frais.

CÉRATOSTIGMA
Ceratostigma plumbaginoides a des fleurs bleues et des feuilles qui deviennent rouges en automne.

PAVOT JAUNE
Meconopsis cambrica se ressème spontanément et porte des fleurs jaune citron ou orange intense.

SOINS ET CULTURE

PRINTEMPS
Plantez l'armoise citronnelle, les romarins et le cératostigma. Les années suivantes, taillez simplement les tiges mal placées ou gelées. Plantez les chrysanthèmes en terrines couvertes, puis repiquez les jeunes plants. Ne les sortez que lorsque les risques de gelée sont écartés.

ÉTÉ
Retirez les fleurs fanées si nécessaire.

AUTOMNE
Retirez les tiges florales fanées de l'armoise citronnelle au début de la saison. Plantez les bâtons de Jacob et les pavots jaunes.

HIVER
Rabattez les tiges des bâtons de Jacob à la fin de la saison.

Sous ce dais peu élevé, vous pouvez dérouler des tapis jaunes. Choisissez notamment le pavot jaune, *Meconopsis cambrica*, qui donne des fleurs soyeuses durant une longue période. Il se ressème spontanément et abondamment, et dans un endroit aussi aride que celui-ci, une telle bonne volonté vous comblera d'aise.

Ajoutez de la hauteur avec des épis de bâton de Jacob jaune, aux feuilles herbeuses gris-vert et qui, à la fin du printemps, se couvrent de fleurs jaunes étoilées. Les épis de graines, après la floraison, sont très décoratifs : laissez-les en place durant l'hiver.

Pour la fin de l'été, plantez une annuelle à floraison tardive comme le chrysanthème des moissons, *Chrysanthemum segetum*, qui s'épanouira quand les pavots seront fanés. Il a de jolies petites fleurs en forme de marguerite portées par de solides tiges raides qui se détacheront sur le feuillage des bâtons de Jacob et des pavots, à défaut de profiter du leur, sans grand intérêt.

Ceratostigma plumbaginoides *Vivace touffue à fleurs bleues sur des tiges rougeâtres. H. 30 cm ; E. 45 cm.*

Artemisia abrotanum (armoise citronnelle) *Arbuste à feuilles aromatiques semi-persistantes et fleurs jaunes. H. et E. 75 cm.*

Chrysanthemum segetum (chrysanthème des moissons) *Annuelle érigée à fleurs jaunes en forme de marguerite. H. 45 cm ; E. 30-45 cm.*

Meconopsis cambrica (pavot jaune) *Vivace à fleurs jaunes et orange et feuilles à l'allure de fougère. H. jusqu'à 45 cm ; E. 30 cm.*

Rosmarinus officinalis 'Severn Sea' (romarin) *Arbuste persistant à branches arquées et fleurs bleu vif. H. jusqu'à 30 cm ; E. 1,20 m.*

Asphodeline lutea (bâton de Jacob) *Vivace portant des épis de fleurs jaunes en étoile. H. jusqu'à 1,20 m ; E. jusqu'à 1 m.*

ARMOISE CITRONNELLE
Les tiges érigées et rigides d'*Artemisia abrotanum* sont revêtues d'un feuillage aromatique dentelé, malheureusement caduc.

CHRYSANTHÈME DES MOISSONS
Brillantes et nombreuses, les fleurs en forme de marguerite de *Chrysanthemum segetum* éclairent la fin de l'été.

ROMARIN
Le romarin 'Severn Sea' est un cultivar prostré et plus fragile que *Rosmarinus officinalis*, utilisé en cuisine.

BÂTON DE JACOB
Les épis floraux rigides d'*Asphodeline lutea* s'élèvent au-dessus de touffes de feuilles herbeuses gris bleuâtre.

Toutes sortes de plantes en pots

Le béton et le macadam ont la détestable habitude de réquisitionner certains endroits du jardin où il serait beaucoup plus agréable de voir des fleurs et du feuillage : à côté de la porte d'entrée, sous la fenêtre de la cuisine, autour d'un banc. Dans ce cas, il y a peu ou pas de terre ; les pots et les bacs en tout genre, débordants de plantes, sont vos meilleurs alliés.

Joliment rempli
Remarquables dans les massifs, les lis sont également de fort belles plantes à cultiver en pots. Lilium *'Enchantment' s'épanouira au soleil ou partiellement à l'ombre.*

Soins et Culture

Printemps
Installez à l'extérieur les pélargoniums et l'aéonium quand tout risque de gel est écarté. Semez les capucines dans le pot que vous installerez plus tard dehors. Plantez le pittosporum, et coupez les tiges folles si nécessaire.

Été
Retirez les fleurs fanées des pélargoniums. Nourrissez et arrosez bien les lis.

Automne
Retirez les pélargoniums, et rabattez-les. Installez-les pour l'hiver dans une serre ou un endroit à l'abri du gel ou faites des boutures pour l'année suivante. Plantez les lis en pots, dès que possible. Gardez-les sous abri jusqu'à ce que des petites pousses apparaissent.

Hiver
Rentrez l'aéonium dans une véranda fraîche pour l'hiver. N'arrosez pas trop.

Dans le chapitre intitulé «Un pot cache-misère» (pp. 130-131), une demi-douzaine de plantes ornent un grand pot destiné à camoufler des conduites d'eau ou autres installations sanitaires. Ici, les plantes ont chacune leur pot. Vous pourrez ainsi changer la composition selon le temps et l'espace.

L'avantage de ce type de plantation est sa grande souplesse : il est possible de remplacer une plante dès qu'elle perd de son intérêt. Quand les lis sont fanés, par exemple, éloignez-les et mettez sur le devant de la scène d'autres plantes en plein essor.

Des plantations sur mesure

L'association de plusieurs pots permet de décorer n'importe quel espace, quelle que soit sa forme. Dans un angle étroit et profond, vous pourrez mettre un arbuste à feuillage persistant qui deviendra une toile de fond pour des pélargoniums ou des lis. Devant une porte d'entrée, installez des plantes qui s'épanouiront au fil des saisons : des camélias et des crocus précoces céderont la place à des pélargoniums aux feuilles odorantes, annuelles à floraison estivale, puis à des arbustes persistants en hiver.

Les plantes doivent être adaptées au milieu où elles se trouvent. Certaines, comme l'érable du Japon, *Acer japonicum* 'Aureum', se flétrissent en plein soleil. Utilisez-le dans un coin d'ombre en arrière-fond pour des pots de lis royaux et d'*Alchemilla mollis* vert acide. Le blanc est toujours mis en valeur par une certaine obscurité.

Cette composition utilise des fleurs très colorées pour illuminer un espace nu, recouvert de béton. Des lis orange vif se dressent derrière des pots de pélargoniums 'Distinction', aux feuilles sombres. Il s'agit d'un cultivar dense à fleurs rouges, mais n'importe quel pélargonium à feuillage sombre conviendra. Si vous le voulez rose, comme 'The Boar', qui a aussi de jolies feuilles à tache centrale foncée, prenez des lis différents, blancs par exemple, ou des capucines rouge foncé 'Tip Top Acajou'. Méfiez-vous des formes trop grandes, qui auront besoin d'être tuteurées.

Plantez dans un pot séparé des grandes capucines ou des soucis des jardins, *Calendula officinalis*.

Un feuillage persistant apportera de la substance. Installez un buis taillé en cône ou en boule, ou un arbuste comme un osmanthus, un fusain ou un pittosporum. En pleine terre, ils deviennent parfois imposants. En pot, leur croissance sera jugulée, et vous pourrez les tailler à votre aise pour leur conserver la forme que vous voudrez.

Lis jaune
Lilium 'Destinée' porte parfois sur la même tige jusqu'à dix fleurs, dont l'extrémité des pétales est retournée.

Grande capucine
Tropaeolum majus 'Alaska' est une capucine peu répandue aux feuilles marbrées de blanc.

UN GROUPE HARMONIEUX

Quand vous regroupez des pots, combinez les plantes de façon à faire contraster les formes et les caractères et à obtenir un bon équilibre. Prenez des plantes dressées pour avoir de la hauteur et des plantes rampantes pour créer une composition d'un effet informel et apaisant afin d'adoucir les lignes trop nettes des pots.

PITTOSPORUM
Les tiges noires de *Pittosporum tenuifolium* contrastent joliment avec ses feuilles ondulées, vert moyen.

AÉONIUM
Aeonium arboreum 'Schwarzkopf' est une succulente pourpre foncé, assez fragile.

LIS ORANGE
Les brillantes fleurs rouge orangé de *Lilium* 'Enchantment' apparaissent au milieu de l'été.

PÉLARGONIUM
Pelargonium 'Distinction' est un pélargonium zonal à fleurs écarlates et feuilles presque noires.

LISTE DES PLANTES

1 *Lilium* 'Enchantment' (lis) x 9
2 *Tropaeolum majus* 'Alaska' (grande capucine) x 15
3 *Pittosporum tenuifolium* x 1
4 *Pelargonium* 'Distinction' x 5
5 *Lilium* 'Destinée' (lis) x 9
6 *Aeonium arboreum* 'Schwarzkopf' x 1

Lilium **'Enchantment'**
Bulbeuse donnant au début de l'été des fleurs orientées vers le haut, légèrement inclinées, rouge orangé ponctué de noir à la gorge. H. 1 m ; E. jusqu'à 30 cm.

Tropaeolum majus **'Alaska' (grande capucine)**
Annuelle à feuilles panachées et fleurs en trompette orange ou jaunes en été et au début de l'automne. H. et E. 30 cm.

Pittosporum tenuifolium
Arbuste à feuilles persistantes ovales, brillantes, vert moyen, à bord ondulé, portant des fleurs pourpres au parfum de miel à la fin du printemps. H. et E. 1,20 m.

Pelargonium **'Distinction'**
Plante vivace fragile à feuilles presque noires et petites fleurs simples rouge écarlate. H. 15-20 cm ; E. 10 cm.

Lilium **'Destinée' (lis)**
Bulbeuse portant au début de l'été des fleurs en coupe redressées, jaunes et ponctuées de taches brunes. H. 1-1,20 m ; E. jusqu'à 30 cm.

Aeonium arboreum **'Schwarzkopf'** *Plante grasse vivace touffue, à tiges couronnées d'une rosette de longues feuilles en forme de cuiller pourpre noirâtre. H. jusqu'à 60 cm ; E. 1 m.*

BELLES DES PRÉS

PARFUM DU SOIR
Les fleurs de l'onagre bisannuelle, Œnothera biennis, *sont surtout parfumées quand elles s'ouvrent le soir. Chaque fleur ne vit qu'un seul jour, mais la floraison est sans cesse renouvelée.*

SOINS ET CULTURE

PRINTEMPS
Installez les plants de glaïeul et de camassia dans des trous pratiqués dans le gazon. Ajoutez de la poudre d'os au mélange de terreau. Semez des graines d'onagre bisannuelle à la fin du printemps.

ÉTÉ
Vers la fin de l'été, tondez la prairie pour la première fois de la saison. Installez les plants d'onagre bisannuelle à l'extérieur afin qu'ils poussent jusqu'à l'automne.

AUTOMNE
Coupez l'herbe plusieurs fois au cours de l'automne pour qu'à la fin de la saison, elle soit réduite à un tapis ras. Plantez les géraniums, les ancolies et les onagres bisannuelles dans des trous pratiqués dans l'herbe.

HIVER
Pas de travaux de jardinage.

IL EST INUTILE DE COUPER L'HERBE D'UN JARDIN toutes les semaines. Une fois que vous aurez assimilé cette notion révolutionnaire, de nouvelles possibilités s'offriront à vous. Au lieu de vous échiner à tondre les talus escarpés, les angles inaccessibles ou le tour des arbres, laissez donc faire la nature. Dans les vergers, ou à la frontière entre votre pelouse et la campagne environnante, l'herbe sera agréable sous vos pas. Tracez de larges chemins à la tondeuse, en faisant alterner les plages de gazon bien tondu et d'herbes folles.

Ne vous faites pas d'idées fausses à propos des coquelicots et des bleuets : ils ne viendront jamais ondoyer au vent dans votre prairie. Ils ne fleuriront que si vous les semez dans une terre nue et préparée ; ce sont des annuelles qui aiment un sol bien retourné. C'est pourquoi ils abondent dans les champs de blé : après une lutte pour la première place avec les céréales, ils se ressèment spontanément et resurgissent après les labours suivants. Là où il y a toujours de l'herbe, dans un verger par exemple, les coquelicots meurent.

DES PLANTES POUR UNE PRAIRIE FLEURIE
Vous pouvez décorer agréablement une prairie non tondue avec différentes sortes de plantes : des bulbes et des vivaces qui poussent bien dans la nature et qui sont capables de rivaliser avec les fleurs sauvages. Installez des glaïeuls, *Gladiolus byzantinus* par exemple, qui donne des gerbes de feuilles en épée suivies d'épis de fleurs magenta. Plantez aussi des camassias, dont les grands épis de fleurs en étoile blanches ou bleues se comportent très bien au milieu du tapis vert. Ces deux espèces s'acclimateront plus facilement si vous mettez des plantes déjà feuillues et non pas des bulbes secs. Retirez un carré de gazon et installez-les dans la terre nue, afin qu'ils puissent se développer avant que leurs voisins ne viennent les entourer.

Les ancolies peuvent être utilisées de la même façon, et sont absolument charmantes dans l'herbe. Transplantez en automne des onagres bisannuelles cultivées à partir de graines. Les unes comme les autres sont particulièrement belles durant la première moitié de l'été. Il vous faudra faucher à la fin de l'été, et, si vous avez

UN CHAMP DE FLEURS
La palette de couleurs est ici très étendue afin de garder un air naturel à la composition. Des taches de couleurs vives se mêlent à une brume légère d'herbes folles.

LISTE DES PLANTES

1. *Gladiolus byzantinus* (glaïeul) × 3
2. *Geranium phaeum* (géranium livide) × 1
3. *Aquilegia vulgaris* (ancolie) × 5
4. *Œnothera biennis* (onagre bisannuelle) × 3
5. *Camassia leichtlinii* (camassia) × 5

GLAÏEUL
Dans les sols légers, *Gladiolus byzantinus* se développera vite, et donnera des gerbes de fleurs magenta au début de l'été.

GÉRANIUM LIVIDE
Geranium phaeum, qui fleurit même à l'ombre, a des fleurs pourpre sombre à la fin du printemps.

des plantes à floraison tardive, vous les décapiterez forcément. Ensuite, vous devrez tondre peut-être encore trois fois avant la fin de l'automne. Puis vous ne recommencerez qu'au printemps. Dans un gazon tondu ras, des plantes comme les onagres bisannuelles, les fritillaires et les primevères s'épanouiront pleinement.

Des géraniums comme *Geranium pratense* 'Plenum Violaceum', ou d'autres, de taille un peu plus grande, comme 'Kashmir Purple', 'Mrs Kendall Clarke' ou *Geranium psilostemon*, relèveront encore la splendeur de la prairie. Fauchez après la première floraison. Vous aurez peut-être la chance d'en avoir une autre par la suite.

Toutes les plantes dont le nom vernaculaire finit par «des prés», comme la reine des prés *(Filipendula ulmaria)* seront tout à fait à l'aise dans ce milieu. Mais n'en mettez tout de même pas trop : elles envahiraient le terrain et auraient tôt fait de le transformer en un massif comme les autres.

Gladiolus byzantinus (glaïeul) *Plante à bulbe donnant des épis dressés de fleurs rose foncé en été. H. 38-75 cm ; E. 6 cm.*

Geranium phaeum (géranium livide) *Vivace en touffe donnant des fleurs violet-brun à la fin du printemps. H. 75 cm ; E. 45 cm.*

Aquilegia vulgaris (ancolie) *Vivace feuillue portant des fleurs rose-violet ou blanches au début de l'été. H. 1 m ; E. 50 cm.*

Œnothera biennis (onagre bisannuelle) *Bisannuelle érigée à fleurs jaune pâle parfumées en été-automne. H. 1 m ; E. 30 cm.*

Camassia leichtlinii (camassia) *Plante bulbeuse à feuilles dressées et fleurs étoilées, bleu-violet ou blanches, en été. H. 1-1,50 m ; E. 30 cm.*

CAMASSIA
De longs épis de fleurs étoilées, allant du blanc au bleu foncé, s'élèvent des bulbes de *Camassia leichtlinii* au début de l'été.

ONAGRE BISANNUELLE
Les grands épis de fleurs jaunes, soyeuses et abondantes d'*Œnothera bienis* s'élèvent d'une rosette de feuilles basales.

ANCOLIE
Les fleurs bien pleines à éperon court d'*Aquilegia vulgaris* sortent d'un feuillage élégamment divisé.

LE GUIDE DU JARDINIER

Si vous désirez développer ou adapter le plan d'un massif, inspirez-vous de ce guide du jardinier. Les plantes décrites dans cet ouvrage sont regroupées selon leurs affinités pour des conditions particulières ou selon leurs caractères, de façon qu'il soit facile de déterminer celles qui conviennent à chaque partie du jardin. Utilisez cette liste pour embellir les massifs, ajouter des plantes sur un terrain plus vaste, remplacer des espèces pour adapter un plan à vos goûts ou aux conditions spécifiques de votre jardin, ou combiner des fleurs pour créer de nouvelles compositions.

PLANTES POUR EMPLACEMENTS OMBRAGÉS

Acer palmatum 'Dissectum'
Arum italicum 'Pictum'
Asplenium trichomanes
Astilbe × *arendsii*
Brunnera macrophylla
Camellia × *williamsii* 'Brigadoon'
Carex elata 'Bowles Golden'
Ceterach officinarum
Convallaria majalis
Cornus alba 'Elegantissima'
Crataegus laciniata
Cyclamen hederifolium
Decaisnea fargesii
Galanthus nivalis
Hamamelis × *intermedia* 'Arnold Promise'

Helleborus orientalis

Helleborus
Hosta
Hydrangea
Ligularia przewalskii
Mentha × *gentilis* 'Variegata'
Pernettya mucronata 'Mulberry Wine'
Phyllitis scolopendrium
Pieris 'Forest Flame'
Polygonatum × *hybridum*
Polygonum campanulatum
Polypodium
Polystichum setiferum
Rhododendron
Tellima grandiflora 'Purpurea'
Tiarella wherryi
Viburnum opulus 'Compactum'
Viburnum plicatum 'Mariesii'

PLANTES SUPPORTANT UNE OMBRE SÈCHE

Ajuga reptans 'Atropurpurea'
Alchemilla mollis
Berberis thunbergii f. *atropurpurea*
Bergenia ciliata
Brunnera macrophylla 'Hadspen Cream'
Buxus sempervirens
Cortaderia selloana 'Sunningdale Silver'
Cotoneaster horizontalis
Epimedium perralderianum
Euonymus fortunei 'Silver Queen'
Hedera helix
Iris foetidissima
Lamium maculatum 'White Nancy'
Mahonia × *media* 'Charity'
Pittosporum tenuifolium
Pulmonaria saccharata
Salvia officinalis 'Purpurascens'
Saxifraga × *urbium*
Vinca minor 'Argenteo Variegata'

PLANTES POUR SOL SABLEUX ET BIEN EXPOSÉS

Acacia dealbata
Aeonium arboreum 'Schwarzkopf'
Agave
Antirrhinum majus
Brachycome iberidifolia
Chrysanthemum segetum
Cistus × *corbariensis*
Cleome hassleriana
Crocus
Echeveria
Foeniculum vulgare 'Purpureum'
Helianthemum 'Wisley Pink'
Iris (excepté *I. laevigata* et *I. pseudacorus*)
Juniperus
Lavandula
Linaria maroccana 'Fairy Lights'
Nepeta 'Six Hills Giant'
Origanum vulgare 'Aureum'
Papaver orientale
Pelargonium
Pennisetum villosum
Pernettya mucronata 'Mulberry Wine'
Rosmarinus
Scilla siberica 'Atrocoerulea'
Sedum
Sempervivum
Verbena
Vitis vinifera 'Purpurea'

Sempervivum tectorum

PLANTES POUR SOLS LOURDS ET ARGILEUX

Berberis thunbergii f. *atropurpurea*
Choisya ternata
Cornus alba 'Elegantissima'
Cotoneaster horizontalis
Crataegus filicifolia
Eucalyptus gunnii
Eucalyptus niphophila
Filipendula
Hedera helix
Humulus lupulus 'Aureus'
Iris laevigata 'Variegata'

Lysichiton americanus

Lysichiton americanus
Malus
Matteuccia struthiopteris
Osmunda regalis
Philadelphus
Primula florindae
Primula japonica
Prunus 'Tai Haku'
Pyracantha
Pyrus communis 'Marguerite Marillat'
Rosa filipes 'Kiftsgate'
Salix lanata
Sorbus
Viburnum
Vitis coignetiae

PLANTES PRÉFÉRANT UN SOL ACIDE

Abies koreana
Camellia × *williamsii* 'Brigadoon'
Erica × *darleyensis* 'Ghost Hills'
Gentiana sino-ornata
Hamamelis × *intermedia* 'Arnold Promise'
Lithodora diffusa 'Heavenly Blue'
Magnolia × *soulangeana*
Osmunda regalis
Pernettya mucronata 'Mulberry Wine'
Pieris 'Forest Flame'
Pinus pumila 'Compacta'
Rhododendron

PLANTES POUR EMPLACEMENTS MARÉCAGEUX

Astilbe × *arendsii*
Carex elata 'Bowles Golden'
Cimicifuga simplex
Cornus alba 'Elegantissima'
Eupatorium ligustrinum
Eupatorium rugosum
Filipendula
Hemerocallis citrina
Iris laevigata 'Variegata'
Iris pseudacorus 'Variegata'
Iris sibirica
Ligularia przewalskii
Lobelia syphilitica
Lysichiton americanus
Matteuccia struthiopteris
Osmunda regalis
Polygonum campanulatum
Primula florindae
Primula japonica
Rodgersia
Zantedeschia aethiopica 'Crowborough'

PLANTES POUR LITTORAL VENTEUX

◆ = plantes tolérant le sel
Antirrhinum majus
Arbutus unedo ◆
Bupleurum fruticosum
Calendula officinalis
Crinum × *powellii*
Eccremocarpus scaber
Erigeron karvinskianus ◆
Eryngium × *oliverianum*

Eryngium × *oliverianum*

Eschscholzia californica
Eucalyptus coccifera ◆
Eucalyptus gunnii ◆
Euonymus fortunei 'Silver Queen' ◆
Euphorbia characias subsp. *wulfenii*
Felicia amelloides 'Santa Anita'
Galtonia candicans
Hyacinthus orientalis

Kniphofia caulescens

Ilex aquifolium 'Argentea Marginata' ◆
Kniphofia caulescens
Kniphofia 'Percy's Pride'
Laurus nobilis
Lavandula angustifolia 'Hidcote'
Matthiola
Narcissus
Nerine bowdenii
Phormium tenax ◆
Pulsatilla vulgaris
Pyracantha
Rosmarinus
Salvia argentea
Scilla siberica 'Atrocoerulea'
Sedum spathulifolium 'Cape Blanco'
Sempervivum arachnoideum
Senecio maritima 'Silver Dust' ◆
Senecio 'Sunshine' ◆
Viola cornuta
Wistaria sinensis

PLANTES POUR HAIES ET COUPE-VENT

Arbutus unedo
Buxus sempervirens
Choisya ternata

Arbutus unedo

Cortaderia selloana 'Sunningdale Silver'
Crataegus filicifolia
Ilex aquifolium
Laurus nobilis
Lavandula
Phormium tenax
Pittosporum tenuifolium
Pyracantha × *wateri*
Rosa 'Felicia'
Rosa 'Penelope'
Rosa rugosa
Rosmarinus officinalis

PLANTES POUR DALLAGES ET FISSURES

Acaena microphylla
Armeria maritima
Aubrieta deltoidea
Campanula carpatica
Campanula cochleariifolia
Erigeron karvinskianus
Helianthemum 'Wisley Pink'
Lithodora diffusa 'Heavenly Blue'
Lobelia erinus
Phlox douglasii
Sedum spathulifolium
Sempervivum
Thymus praecox
Thymus serpyllum
Trifolium repens 'Purpurascens'
Viola tricolor

PLANTES À FLEURS PARFUMÉES

Acacia dealbata
Cheiranthus 'Bredon'
Choisya ternata
Daphne × *burkwoodii* 'Somerset'
Daphne odora 'Aureomarginata'
Dianthus
Galium odoratum
Hamamelis × *intermedia* 'Arnold Promise'
Hyacinthoides hispanica
Hyacinthus
Iris graminea
Jasminum officinale
Lathyrus odoratus
Lavandula
Lilium
Lonicera
Mahonia × *media* 'Charity'
Malus floribunda
Narcissus
Nicotiana sylvestris
Oenothera biennis
Pelargonium (certains)
Philadelphus
Pittosporum tenuifolium
Rhododendron luteum
Robinia pseudoacacia

Robinia pseudoacacia 'Frisia'

Rosa
Viburnum × *bodnantense* 'Dawn'
Wistaria

PLANTES À FEUILLES AROMATIQUES

Artemisia abrotanum
Calendula officinalis
Coriandrum sativum
Eucalyptus
Foeniculum vulgare 'Purpureum'
Laurus nobilis
Mentha × *gentilis* 'Variegata'
Myrrhis odorata
Nepeta 'Six Hills Giant'
Origanum vulgare 'Aureum'
Pelargonium (certains)
Rosmarinus
Salvia officinalis 'Purpurascens'
Thymus

SOINS ET CULTURE

LES PLANTES ESSAIERONT DE POUSSER, quelles que soient les conditions du milieu. Mais il leur arrivera de mourir, même si vous êtes l'expert le plus habile du monde. Bien des moyens sont pourtant à votre disposition pour favoriser, sans l'entraver, leur passage dans la vie ; ce chapitre est un guide pratique qui vous indique comment leur conserver leur plus bel aspect. La meilleure façon d'apprendre à connaître les plantes est d'observer comment elles poussent dans un jardin. Plus vous passerez de temps avec elles, mieux vous comprendrez leurs besoins. Comme les êtres humains, certaines ont des exigences spécifiques qu'il serait insensé d'ignorer. Tenez compte des conditions dominantes de votre jardin, sans les combattre.

PRÉPARER LE SOL ET PLANTER

Le sol est un mélange de matières organiques, d'eau et de petits morceaux de roche. La taille de ces particules de roche et la quantité de matière organique rendent le sol lourd ou léger, fertile ou stérile. L'adjonction d'engrais, de terreau de feuilles ou de compost peut en corriger la composition. Dans les terrains sableux, l'humus joue le rôle du ciment et les aide à retenir l'eau. Dans les sols argileux, il facilite le drainage. Vous pouvez améliorer votre sol, mais certainement pas transformer son type de base. Ne vous évertuez pas à changer un sol alcalin en sol acide. Si vous voulez à tout prix des rhododendrons et des azalées, trouvez un sol acide !

Le support idéal est le terreau, récompense du bon jardinier, dit-on, quand il ira au paradis ! Il n'est ni trop humide, ni trop sec, ni collant, ni sablonneux. Il renferme un mélange équilibré d'argile, de sable et d'humus, avec juste ce qu'il faut d'éléments minéraux. Si vous travaillez beaucoup dans ce domaine, vous aurez votre terreau ici et maintenant, sans attendre l'autre monde.

PRÉPARATION DU SITE

Bêcher est indispensable pour préparer un massif. Dans les sols lourds, cette opération expose des mottes qui pourront être cassées par le gel. Elle permet aussi d'aérer le sol et d'enterrer des mauvaises herbes. Dans les sols légers, il n'est pas nécessaire de retourner la terre ; il suffit de griffer sans aller en profondeur. Une couche de compost à champignons, étendue à la surface, évitera la germination des mauvaises herbes. Elle sera décomposée par les vers

PLANTATION EN PLEINE TERRE

1 Creusez un trou deux fois plus large que la motte des racines. Mélangez la terre que vous avez retirée avec du compost ou de la poudre d'os. Retournez la terre au fond du trou. Placez une main à la surface du pot de la plante et renversez le tout pour la faire sortir. Ne cassez pas les radicelles. Installez la plante dans le trou.

2 Utilisez un bâton pour vérifier que le haut de la motte de racines est au même niveau que le sol alentour. Ajustez éventuellement la profondeur en ajoutant ou retirant de la terre sous la plante. Si vous plantez un arbre, enfoncez un tuteur, sans toucher la pelote de racines. Mettez autour de la plante un mélange de sol et de compost.

3 Tassez le sol autour de la plante, à l'aide de votre talon ou de votre poing, pour qu'il ne reste pas d'air autour des racines. Arrosez abondamment et, pour les arbustes, les arbres et les plantes vivaces qui aiment l'humidité, étendez une couche épaisse de compost bien décomposé suivant un cercle de 30 à 45 cm.

4 Votre plante n'a peut-être pas besoin d'être taillée. Mais si vous voyez des tiges ou du bois endommagés, coupez-les afin que la croissance s'effectue correctement. Sur un arbuste ou un arbre, retirez les tiges qui poussent vers le centre, ainsi que toutes celles qui risquent de détruire l'équilibre de la plante.

et enrichira la terre, plus efficacement que vous ne le feriez vous-même.

Si les mauvaises herbes sont trop récalcitrantes, un herbicide qui ne laisse pas de résidus assainira le sol avant que vous le couvriez de compost. Quand elles seront mortes, vous pourrez commencer directement vos plantations. Attaquez les sols lourds argileux au début de l'hiver, mais ne touchez aux sols légers qu'à la fin du printemps. Les meilleures époques pour planter arbres, arbustes et vivaces sont le printemps ou l'automne. Dans la plupart des cas, la motte doit affleurer le niveau du sol. Les rhizomes d'iris sont plus à l'aise au-dessus du niveau du sol ; en revanche, les plantes qui aiment l'humidité, comme les hostas, se trouvent mieux légèrement en creux.

Niveaux de plantation

Plantations courantes (aster)

Plantations en creux (hosta)

Plantes en pots

Vous pouvez créer des arrangements de pots décoratifs. Choisissez un pot avec des trous et ajoutez dans le fond une couche de matériel de drainage, par exemple des morceaux de poterie cassée. Recouvrez de matériau fibreux – fibres de cocotier ou motte de tourbe à l'envers. Placez les plantes à la profondeur et dans le mélange qui leur conviennent. Installez-les, tassez fermement autour, et arrosez beaucoup.

Si vous cultivez des plantes en massif et qu'elles soient trop fragiles pour passer l'hiver dehors, mettez-les dans le sol avec leur pot. Vous les en retirerez facilement pour les abriter jusqu'à la saison suivante.

Bulbes

Plantez les bulbes dès que vous pouvez vous en procurer. On les vend généralement secs, mais vos chances de succès avec les espèces précoces, comme le perce-neige et l'aconit, augmenteront nettement si vous les plantez «en vert» , juste après la floraison, quand ils ont encore des feuilles vertes. Mettez-les à la profondeur correspondant au changement de couleur, près de la base de la tige. Les bulbes sont à leur avantage en touffes dispersées sous les arbres ou dans l'herbe. Ils préfèrent les sols légers, qui se réchauffent plus rapidement au printemps et sont généralement mieux drainés.

Bonne profondeur

Dans les crevasses d'un mur

Avant de faire des plantations dans un mur ou un sol pavé, retirez un peu de mortier et remplacez-le par du compost. Choisissez des orpins, des saxifrages, des joubarbes, qui poussent naturellement dans ces conditions.

1 *Mettez les racines de la plante dans l'interstice, à l'aide d'une cuiller ou d'une truelle. Installez la plante en pressant avec les doigts, et ajoutez si nécessaire un peu de compost.*

2 *Quand toutes les plantes sont en place, arrosez-les du haut du mur, ou humidifiez-les avec un pulvérisateur. Maintenez une forte humidité jusqu'à ce que les plantes soient bien fixées.*

Arbustes grimpants

Avant de planter, fixez les supports, comme les fils métalliques ou les treillis, avec des charnières afin de pouvoir les baisser, pour repeindre le mur, par exemple. Le pied d'un mur est sec : il est donc préférable de ne pas planter à moins de 50 cm du pied. Ensuite, installez et attachez (voir pp. 150-151) : c'est la clef du succès. Les plantes grimpantes doivent être attachées au mur, sinon elles étoufferont celles qui poussent au-dessous d'elles.

Treillis

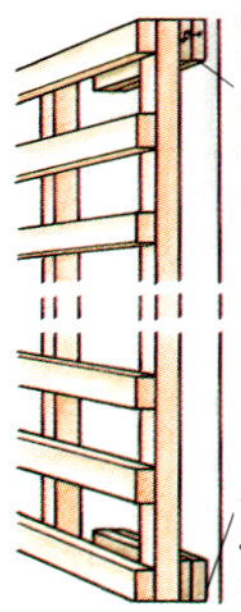

1 *Creusez un trou plus grand que la motte de racines. Bêchez le sol. Trempez les racines dans l'eau, puis installez la plante dans le trou, en l'inclinant à 45°. Étalez les racines en les écartant du mur.*

2 *Remettez la terre sortie du trou autour des plantes, et tassez plusieurs fois. Détachez-les de leur tuteur et coupez les tiges faibles ou endommagées, ou celles qui poussent vers l'extérieur. Étalez et attachez les pousses restantes.*

PRENDRE SOIN DES PLANTES

Dans la nature, les plantes choisissent seules ce qui leur convient le mieux. Dans un jardin, elles doivent s'accommoder de ce que vous leur offrez. Si vous vous efforcez d'apprendre ce dont chacune a besoin, vous en serez amplement récompensé. L'importance des soins que vous devrez leur apporter dépendra des espèces que vous choisirez.

NOURRITURE ET ARROSAGE

La nourriture et l'eau sont aussi nécessaires aux plantes qu'aux êtres humains. C'est au jardinier qu'il incombe de s'assurer que chacune d'elles en reçoit la quantité qui lui est nécessaire. Il ne s'agit pas de ne leur donner que des fertilisants chimiques. Ceux-ci agissent vite, mais ils nourrissent les plantes plutôt que le sol et dérangent l'équilibre délicat de ce dernier. Ils n'offrent pas un ensemble d'éléments nutritifs aussi équilibré que celui qui se trouve dans une bonne terre. Les nitrates provoquent une croissance rapide, mais les plantes nourries uniquement de cette façon renferment une proportion d'eau trop élevée, ce qui entraîne un excès de sève et les rend plus sensibles aux parasites et aux maladies.

Quand elles sont cultivées dans l'espace confiné d'un pot ou d'une jardinière, elles doivent se contenter de ce régime de nourritures industrielles. En pleine terre, vous utiliserez plus facilement des fertilisants à base d'algues, d'os ou de corne.

PAILLER ET DÉSHERBER

Les engrais organiques augmentent la fertilité du sol et améliorent sa composition. La technique la plus simple consiste à employer un paillis épais qui retient l'humidité et jugule les mauvaises herbes. Mais tous les paillis n'ont pas les mêmes qualités. Les graviers, par exemple, ne nourrissent pas, mais, en petites quantités, ils sont excellents autour des plantes alpines et des herbes méditerranéennes. Ils évitent les éclaboussures de boue et assurent un bon drainage autour des pieds.

Les mauvaises herbes détournent la nourriture et l'eau de vos plantes, et risquent de ralentir leur croissance. Le paillis les tient en échec, mais n'assure pas le rôle d'un désherbant. Retirez les mauvaises herbes annuelles quand elles sont encore jeunes, bien avant la floraison ou la montée en graine. Utilisez une binette ou une houe pour les retirer ou traitez-les avec un produit comme le glyphosate, qui ne laisse pas de résidus.

PAILLER
Quand vous paillez, étendez le matériel autour de la plante sur une surface égale à son envergure, en dégageant bien les tiges. Un paillis doit être épais de 5 à 10 cm si l'on veut empêcher la germination des mauvaises herbes annuelles, mais il ne peut rien contre les vivaces.

TUTEURER ET ATTACHER

La meilleure façon de résoudre le problème du tuteurage est de ne cultiver que des plantes... qui n'en ont pas besoin, ce qui n'est pas évident. Les tuteurs à collier de serrage doivent rester discrets et ne pas s'imposer aux plantes en leur donnant l'air d'un malade portant une minerve. Certaines plantes, comme les delphiniums, les supportent tout naturellement, car elles y ont été habituées très tôt. Mais tuteurer une digitale, c'est mettre une gazelle en cage, c'est lui retirer son âme. Un support, quel qu'il soit, doit respecter la nature. Des brindilles courbées et tissées, un peu comme un casier à homard, ou installées en palissade autour de la plante offrent un maximum d'efficacité pour un minimum d'inconvénients. Et elles n'agresseront pas le regard le temps que les plantes les recouvrent.

UNE SEULE TIGE
Attachez les plantes à tige isolée comme les glaïeuls à une canne de bambou avant qu'ils n'atteignent 30 cm de haut. Quand les boutons de fleurs commencent à se former, attachez la tige à la canne juste au-dessous des boutons.

TUTEURS POUR TOUFFES
Utilisez des tuteurs de ce genre pour les plantes en touffe ou à tiges multiples. Enfoncez-les profondément dans le sol quand la plante est encore jeune, et fixez les tiges sur les supports.

TUTEURAGE OBLIQUE
Un tuteur oblique comme celui-ci permet à un arbre de remuer naturellement dans le vent. Enfoncez-le dans le sol, sans toucher aux racines, en l'inclinant à 45° dans le sens opposé aux vents dominants. Attachez-y l'arbre par un collier de serrage. Fixez solidement sans endommager l'écorce, et réajustez à mesure que l'arbre grandit.

Rabattre et diviser

De nombreuses plantes, comme les rosiers et certaines vivaces, fleurissent plus abondamment quand on retire au fur et à mesure les fleurs fanées (voir ci-contre). Les arbustes cultivés pour leur feuillage panaché ne doivent conserver aucune feuille unie. Un bon nombre de vivaces et de bulbeuses trop serrées se porteront mieux si on les divise (voir p. 152).

Les vivaces herbacées doivent être rabattues à la fin de la saison. Elles paraîtront plus ordonnées, et cela leur évitera d'être contaminées par les tiges en décomposition.

Contrôler les maladies et les insectes

Si vous offrez à vos plantes ce dont elles ont besoin, elles seront beaucoup moins vulnérables aux maladies et aux insectes. Les insecticides ont l'inconvénient de détruire les bons comme les mauvais compagnons. Les coccinelles sont utiles, car elles se nourrissent de pucerons. Gardez les ichneumons, amateurs de chenilles, en plantant des verges d'or et des fenouils. Les mille-pattes et les scarabées se délectent de limaces.

Les conditions climatiques ont une grande influence sur les maladies. Il y a de bonnes et de mauvaises années pour le mildiou, la rouille, les taches noires et la cloque. Les fongicides ne sont efficaces que si vous les appliquez à intervalles réguliers et avec assiduité. Facilitez-vous la tâche en choisissant des variétés peu fragiles.

Retirer les têtes fanées
Le but de cette opération est de stimuler le plus tôt possible le développement de nouvelles tiges et, par la suite, de fleurs, durant toute la saison de floraison. Sur un rosier buisson à fleurs en bouquet comme celui-ci, coupez la fleur centrale de la touffe pour stimuler les autres boutons. Quand les fleurs sont fanées, enlevez toute la touffe, ce qui favorisera l'apparition d'un nouveau bouton sur une tige bien développée.

Retirer les intruses
Certains arbustes panachés sont issus de plantes aux feuilles vertes qui ont donné des tiges mutantes, appelées sports. Parfois, certaines d'entre elles redeviennent comme le pied mère. Mais elles renferment plus de chlorophylle et sont plus vigoureuses ; elles risquent de supplanter la variété. Coupez-les dès que vous les voyez.

Protéger contre le gel et le vent

En général, il est préférable de se satisfaire du climat, sans s'y opposer. Mais les jardiniers audacieux n'ont de cesse d'étendre les possibilités de leur lopin de terre. Les plantes semi-rustiques devront être protégées durant les mauvais jours de l'hiver, surtout quand elles sont jeunes et donc particulièrement vulnérables. Entourez arbres ou arbustes d'un paillasson ou d'une mousse isolante, par exemple, tenus en place par un filet de fil de fer. Même si toutes leurs tiges ont gelé et ont dû être coupées au ras du sol, de nombreux arbustes repartiront à la base quand ils posséderont un bon réseau de racines. Pour protéger des plantes cultivées pour leur feuillage, comme les palmiers et les cordylines, attachez les feuilles et enveloppez-les dans des sacs. Pour les petites plantes et les semis, utilisez des cloches en verre ou en plastique, des tunnels en plastique ou une large et épaisse couche de paillis. Vous pouvez aussi les installer en pots dans les massifs et les rentrer sous abri aux premières gelées.

Double filet
Protégez les plantes fragiles du vent avec un écran qui cassera sa force. Les plus efficaces sont les écrans perméables comme ce filet flexible qui sert aussi d'abri temporaire aux plantes pendant qu'elles se fixent.

Cloche
Mettez les jeunes plants, les plantes herbacées et les jeunes arbustes sous cloche. Bouchez les extrémités avec des plaques de verre ou du plastique pour arrêter le vent. Arrosez. Retirez les cloches durant la journée si la température s'élève.

Monticule de terre
Dans les régions froides, protégez des attaques du gel les rosiers buissons ou les plantes comme les agapanthes en formant un monticule de terre autour de leur collet sur une hauteur de 12 cm environ.

Toile de jute
Pour protéger les plantes feuillues contre le gel, attachez les feuilles et enveloppez-les dans une toile de jute. Enroulez un paillasson autour du pied.

TAILLER ET PALISSER

La taille permet au jardinier d'augmenter les performances d'une plante et de l'encourager à donner plus de fleurs, de feuilles et de fruits. Vous le ferez d'ailleurs plus pour votre plaisir que pour son bien-être, car elle ne mourra pas si vous ne la taillez pas. Ceux qui ont connu des jardins abandonnés le savent bien : elle n'en deviendra que plus grande.

POURQUOI TAILLER ?

Une bonne taille révèle la nature et les inclinaisons d'une plante. Si celle-ci fleurit sur du bois jeune, comme le buddléia et le pérovskia, vous aurez intérêt à la tailler à chaque saison afin de l'inciter à fleurir plus abondamment. Des arbustes comme le cornouiller, à l'écorce d'hiver si décorative, bénéficient aussi d'une taille sévère ou ravalement (voir ci-contre), car la couleur de l'écorce est toujours plus belle sur le bois jeune que sur le vieux. Compensez l'effort que vous leur demandez en les nourrissant généreusement. De nombreux arbres, arbustes, rosiers et plantes grimpantes ont besoin qu'on retire leurs tiges mortes, improductives ou peu robustes. Mais n'utilisez pas votre sécateur comme une arme offensive. Abutilon, érable, camellia, cotonéaster, magnolia et rhododendron n'ont pas besoin d'être taillés régulièrement. Vous n'avez qu'à retirer les tiges mortes et éclaircir les branches trop nombreuses ou emmêlées.

Si vous vous servez de cisailles, vos arbustes auront probablement l'air de sortir de chez le coiffeur. Ne taillez jamais toutes les tiges à la même hauteur. Retirez-en certaines en les coupant à la base ou à leur jonction avec d'autres branches. De cette façon, vous conserverez l'allure naturelle de l'arbuste. Si vous ne faites que raccourcir les tiges, faites-le au-dessus d'un bourgeon extérieur ou d'une tige secondaire.

Avant de vous engager dans un travail de taille, ayez bien à l'esprit son but. Certains arbustes comme les cotinus, les forsythias, les jasmins d'hiver, les spirées, les philadelphus

OÙ COUPER?
Quand vous taillez, coupez juste derrière un bourgeon ou un rejet sains.

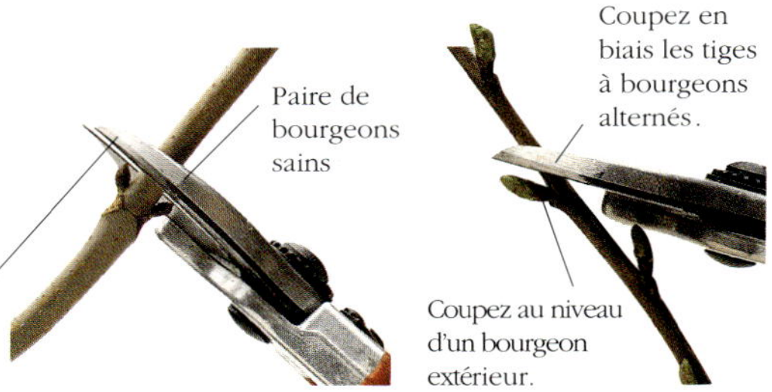

TAILLER DES ROSIERS

Taillez les rosiers quand ils sont en sommeil, entre la chute des feuilles et le printemps. Les rosiers buissons à grosses fleurs (hybrides de thé) nécessitent une taille vigoureuse, éventuellement au taille-haies, méthode très efficace selon le résultat d'expériences menées en Angleterre. Certains rosiers arbustes ou anciens fleurissent plus volontiers sur le vieux bois, et devront donc être taillés plus légèrement. Cependant, la plupart doivent l'être fortement après leur plantation, pour stimuler leur croissance.

ENLEVER LES VIEILLES TIGES
À la base des rosiers adultes, enlevez de temps en temps les vieilles tiges improductives pour stimuler les nouvelles pousses.

RACCOURCIR LES REJETS
Certains rosiers buissons, comme Gallica, *produisent de nombreux rejets très fins. Taillez-les après la floraison, aux deux tiers.*

VIEUX BOIS
Coupez régulièrement le très vieux bois qui n'a pas donné de fleurs depuis longtemps. Utilisez un sécateur ou, si les tiges sont très épaisses, des cisailles, en les coupant à 5-8 cm du sol. Sur les arbustes bien installés, coupez le vieux bois après la floraison, et rabattez les jeunes tiges de moitié.

BOIS MORT
Tous les arbustes, à un stade de leur croissance, voient mourir certains de leurs rejets ou même des branches entières. Ce bois mort doit être taillé au-dessus d'une paire de bourgeons, de feuilles ou de pousses.

TIGES TROP FINES
Taillez les tiges trop faibles, trop fines ou mal orientées juste au-dessus du sol. Efforcez-vous d'équilibrer l'arbuste en lui gardant un centre ouvert. Ne taillez que légèrement les pousses fortes.

RAVALEMENT
Cette technique est utile pour les cornouillers et autres plantes cultivées pour leur écorce d'hiver. Elle stimule la croissance de nouvelles tiges, qui ont une plus belle couleur que les tiges âgées. Coupez toutes les tiges à la base, au printemps, avant que la croissance nouvelle ne commence. Après cette taille sévère, paillez autour de la plante et nourrissez abondamment.

et les weigélas doivent être traités sur trois ans. Chaque année, après la floraison, retirez un tiers des vieilles tiges pour encourager la croissance des nouvelles à partir de la base. Après trois ans de ce traitement, vous aurez régénéré l'arbuste en entier.

Pincer une plante est une méthode de taille légère, employée notamment sur les chrysanthèmes pour les forcer à produire davantage de boutons de fleurs. Vous effectuerez cette opération au printemps, quand la croissance est la plus rapide.

QUAND TAILLER ?

En général, la floraison des arbustes en hiver, au printemps ou au début de l'été est fonction de leur développement au cours de l'année précédente. Vous les taillerez éventuellement après la floraison. Ceux qui fleurissent en été ou en automne portent leurs fleurs sur le bois nouveau poussé plus tôt durant la saison de croissance. Il vaut mieux ne pas y toucher jusqu'au début du printemps de l'année suivante.

La taille est stimulante, car elle permet aux arbustes de trouver de l'énergie dans des bourgeons dormants afin de remplacer ce qu'ils ressentent comme une perte. Si vous taillez un buddléia ou un caryoptéris à la fin de l'été, juste après la floraison, la nouvelle tige apparaîtra au moment des premières gelées. Ces plantes, ainsi que les céanothes, les cératostigmas, les lavatères et les pérovskias à feuilles caduques ne doivent donc pas être touchés avant le printemps.

PALISSER

Pour les plantes et arbustes grimpants, le palissage et la fixation sont aussi importants que la taille. Rares sont ceux qui se fixent seuls. Le jasmin de Virginie et le lierre possèdent des racines adventives adhérentes. L'hydrangéa grimpant se fixe également bien, mais beaucoup d'arbustes ont besoin de soins attentifs et d'une bonne attache durant les premières années de leur installation. Une fois ce travail réalisé, il est bien plus facile de voir ce qu'il faut tailler ou garder.

Les murs offrent un abri aux arbustes fragiles, comme les céanothes. S'ils s'en éloignent, ils risquent d'être la proie du vent et du gel. Bien étalés le long du mur, ils seront mieux protégés. Si vous les attachez bien pour les empêcher de se balancer à leur gré, vous créerez autour d'eux un espace de culture supplémentaire. Pour obtenir un effet classique, attachez-les sur des fils de fer parallèles, passés dans des pitons fixés au mur.

TAILLER DES CLÉMATITES

Les clématites se répartissent en trois groupes selon la taille dont elles ont besoin. Le premier, à floraison précoce, comprenant notamment *Clematis alpina* et *C. macropetala,* ne réclame que peu ou pas de taille du tout. Le deuxième, qui comprend des cultivars à grandes fleurs précoces tels 'Henryi' et 'Niobe', ne demande qu'une taille légère au début du printemps. Le troisième, à floraison tardive, nécessite une taille sévère : 'Perle d'Azur' et 'Jackmanii' doivent être rabattus à moins de 45 cm du sol à la fin de l'hiver ou au début du printemps.

CLÉMATITES PRÉCOCES À GRANDES FLEURS
Quand vous taillez des clématites du deuxième groupe, coupez les vieilles tiges au niveau d'une paire de vigoureux bourgeons pour stimuler de nouvelles tiges florales.

CLÉMATITES TARDIVES
Au début du printemps, taillez sévèrement toutes les tiges au-dessus de la paire la plus basse de vigoureux bourgeons, à 15-45 cm au-dessus du sol.

PLANTES GRIMPANTES SUR PERGOLAS ET ARCHES

Peu et souvent, telle est la devise qui doit présider au palissage des plantes sur les pergolas et les arches. Il faut attacher les tiges tout au long de la saison de croissance. Étalez-les pour couvrir la plus grande surface possible. Palissez les tiges des espèces volubiles autour de leur support, en vous assurant qu'elles vont dans la bonne direction. Certaines plantes grimpantes poussent dans le sens des aiguilles d'une montre, d'autres dans le sens inverse. Après la floraison, coupez les tiges mortes ou malades et taillez comme il convient.

FIXATION
Attachez les tiges latérales dans leur direction de croissance naturelle. Aidez les tiges grimpantes en entourant les poteaux d'un filet en métal pour en faire des supports.

TAILLE
À la fin de l'été, rabattez toutes les tiges au tiers de leur longueur pour aider la croissance latérale. Déliez les rosiers rampants, coupez les vieilles tiges et attachez les nouvelles.

MULTIPLIER LES PLANTES

Multiplication est un mot fourre-tout que les jardiniers emploient quand il s'agit d'augmenter le nombre de leurs plantes. Celles-ci, superbement prodigues par nature, ont généralement plusieurs façons naturelles de le faire. Seules les annuelles, qui accomplissent leur cycle vital en un an, se ressèment uniquement par leurs graines. Beaucoup d'autres, comme de nombreuses vivaces et quelques bulbeuses, tout en produisant des graines qui germent facilement, peuvent aussi être divisées. Les arbustes se multiplient en général par des méthodes végétatives comme le bouturage et le marcottage.

CULTURE À PARTIR DE BOUTURES

La multiplication peut devenir une véritable obsession. C'est avec les yeux d'une mère que vous observerez la croissance de votre première bouture. Si vous débutez, commencez avec des géraniums. Le succès est quasiment assuré. Ils ont du mal à passer l'hiver, sauf dans les régions où il ne gèle pas. Les boutures sont donc une garantie.

Pour commencer, recherchez des tiges neuves, touffues, vert brillant, sans fleurs afin que la bouture puisse consacrer toutes ses forces à s'installer dans le sol, sans se soucier de ce qui se passe en surface. Préparez les boutures (voir en haut à droite) et installez-les dans un compost facilitant la progression des racines. Le mélange de tourbe et de sable est classique, mais un mélange de vermiculite et de compost de fibres sera tout aussi efficace.

Certaines boutures produisent plus facilement des racines dans une atmosphère humide et confinée : conservez-les donc dans un sac en plastique ou dans un germoir. Les géraniums n'en ont pas besoin. Installez le pot dans un endroit éclairé, aéré, et gardez le compost humide mais pas détrempé.

PRÉLEVER DES BOUTURES
Prélevez des boutures de 7 à 12 cm en haut de tiges vigoureuses. Coupez juste sous une attache de feuille et retirez les feuilles les plus basses. Enfoncez les boutures dans le compost en formant un cercle dans le pot et arrosez. Couvrez d'un sac en plastique, en vous assurant qu'il ne touche pas les tiges Quand celles-ci ont pris racine, installez-les dans des petits pots.

Les racines apparaîtront dans les dix jours. Vous pouvez faire cette opération n'importe quand, mais la fin de l'été est le meilleur moment pour multiplier les plantes en vue de la fin du printemps suivant. C'est aussi la meilleure saison pour faire des boutures d'autres vivaces fragiles, comme les ostéospermums, les chrysanthèmes et les penstémons. Pour bon nombre d'arbustes comme les fuchsias, la saison la plus indiquée est le printemps.

Les géraniums peuvent aussi être multipliés au début de cette saison, mais il faudra faire hiverner le pied mère dans un lieu protégé du gel. Forcez la plante sous abri afin d'obtenir de nouvelles boutures en la taillant, en la nourrissant et en l'arrosant généreusement à la fin de l'hiver.

DIVISION DES PLANTES

De nombreuses vivaces et quelques arbustes drageonnants qui donnent beaucoup de rejets peuvent se propager par division. De cette façon, vous vous débarrasserez des parties improductives et vous aiderez la plante à se régénérer. La division s'effectue de préférence quand les plantes sont en sommeil, entre l'automne et le début du printemps, en évitant les périodes froides, humides ou sèches.

MULTIPLICATION PAR DIVISION

1 Les vivaces, comme les hélianthes, se multiplient bien par division de touffes. Les parties vigoureuses se trouvent à la périphérie. Soulevez la plante avec une fourche et sectionnez-les avec une bêche.

2 Détachez avec précaution les rejets séparés de la touffe, en vous assurant que chaque groupe a plusieurs tiges et de bonnes racines. Veillez à ne pas endommager les racines.

3 Coupez toutes les longues tiges qui demeurent sur les nouvelles plantes et replantez-les à la même profondeur qu'avant, dans un sol enrichi de compost ou de poudre d'os. Tassez le sol tout autour, et arrosez beaucoup. Gardez bien humide jusqu'à ce que les plantes soient fixées.

MULTIPLICATION PAR SEMIS

1 Il y a plusieurs façons de semer régulièrement les graines à la surface du compost. Vous pouvez les disperser à l'aide d'une feuille de papier pliée, comme ici, ou les faire tomber avec votre pouce et votre index. Couvrez d'une fine couche de compost tamisé ou de vermiculite.

2 Recouvrez le pot d'une plaque de verre ou d'un film plastique afin de retenir l'humidité. Vérifiez s'il faut conserver dans l'obscurité ou à la lumière. Un placard aéré constitue un bon germoir pour les graines qui ont besoin d'obscurité. Une véranda est idéale pour les autres.

3 Le temps de germination varie considérablement. Inspectez donc régulièrement les pots et découvrez-les dès l'apparition des plantules. Quand elles ont leurs premières vraies feuilles, mettez-les dans de plus grands récipients, en terrine ou dans des pots individuels.

4 Les plantes ont besoin d'être à l'aise pour pousser, aussi faut-il les arroser régulièrement. Endurcissez-les progressivement en sortant les terrines ou les pots durant les belles journées et en les rentrant pour la nuit. Quand elles seront assez fortes, vous pourrez les laisser à l'extérieur.

LES SEMIS

Pour le non-initié, les semis font toute la différence entre le novice et le jardinier chevronné. Ils ne sont pourtant pas aussi difficiles qu'on veut bien le faire croire, et ne nécessitent pas tout un équipement compliqué. Un germoir à chaleur contrôlée active le processus de germination, mais il n'est pas indispensable. À un stade de leur développement, les semis doivent être capables de vivre seuls. Plus ils seront solides, plus ils seront productifs.

Si vous êtes néophyte, évitez de semer des graines à croissance complexe. Certaines ont besoin de gel, ou de périodes alternées de froid et de chaleur, avant de germer. Ces conditions reflètent en général celles de leur habitat naturel. La plupart ne réclament que chaleur et humidité.

Toutes n'ont pas besoin de lumière. Les némésias, les pensées et les verveines, par exemple, éclosent mieux dans l'obscurité. Les eupatoires, les alysses, les mufliers, les lobélias, les mimulus, les impatientes, les tabacs et les pétunias, eux, ont besoin de lumière.

Le principe du semis est généralement simple. Prenez un pot ou un plateau en plastique propre. Remplissez de compost et tassez. Dispersez les graines sur cette surface, puis couvrez-les d'une fine couche de compost ou de vermiculite. Cette dernière drainant bien, son épaisseur importe peu, ce qui n'est pas le cas avec le compost. Arrosez abondamment avant de recouvrir d'une plaque en verre ou en plastique, que vous retirerez dès l'apparition des premières plantules.

BULBES TROP SERRÉS

Si les bulbes sont à l'aise, ils croîtront, en donnant chacun une grosse touffe. C'est un véritable plaisir pour les yeux, mais plus ils sont serrés, moins ils donneront de fleurs. Il faut donc les séparer et les replanter en enlevant ceux qui ont séché.

1 Quand les bulbes sont au repos et que le feuillage est sec, retirez la touffe entière du sol et détachez les bulbes en éliminant tous ceux qui sont trop secs.

2 Séparez chaque bulbe. Ceux qui ont une floraison précoce, comme les perce-neige et les aconits, doivent être divisés juste après la floraison.

DIVISION DES VIVACES RHIZOMATEUSES

Les plantes rhizomateuses comme les iris barbus se propagent aussi par division des touffes. Les éclats extérieurs sont les meilleures parties des touffes. Replantez les rhizomes en mettant les racines au ras du sol ou juste au-dessus.

1 Retirez une touffe d'iris et séparez-la en fragments à un seul éventail de feuilles. Écartez les rhizomes non productifs à vieilles racines et sans feuilles.

2 Nettoyez les rhizomes avec un couteau aiguisé, et coupez les racines trop longues. Taillez les feuilles et replantez les rhizomes à 12 cm les uns des autres.

INDEX

Les numéros de page qui apparaissent en gras (**107**) se réfèrent à des plantes décrites dans les plans principaux ou dans les variations. Les numéros de page en romain (150) renvoient au texte sur la plante ou à un thème, tandis que les numéros en italique *(11)* indiquent les illustrations et les légendes.

A

B

C

D

E

F

G

R

S

Quelques bonnes adresses...

La plupart des plantes citées dans cet ouvrage se trouvent chez tous les bons pépiniéristes. En cas de difficulté, la Société nationale d'horticulture de France (SNHF, 88, rue de Grenelle, 75007 Paris) et ses sections spécialisées sont les références en la matière.

Les adresses suivantes sont celles de grands spécialistes qui sauront vous transmettre leur passion. Tous éditent un catalogue de vente par correspondance.

- Ets Pelizzaro (plantes méditerranéennes), 290, chemin de Léouse, 06220 Vallauris
- La Vallée blonde (vivaces), l'Hôtellerie, 14100 Lisieux
- Bambouseraie de Prafrance (bambous), Générargues 30140 Anduze
- Yves Dupont (fougères), rue de Bellevue, 45081 Orléans
- André Eve (roses anciennes), Morailles, 45300 Pithiviers-le-Viel
- Bureau (pélargoniums), Savennières, 49170 Saint-Georges-sur-Loire
- Baumaux (dahlias, graines annuelles...), 11, rue des Quatre-Églises, 54000 Nancy
- Schryve Jardin (bulbes) 1315, route de Steentje, 59270 Bailleul
- Un jardin de cottage (vivaces, *Viola...*), 4, rue Laurent Pillard, 88100 Saint-Dié-des-Vosges
- Patrick Nicolas (lierres, *Sedum*, *Sempervivum...*), 8, sentier du Clos-Madame, 92190 Meudon

REMERCIEMENTS

La plupart des compositions présentées dans cet ouvrage n'ont pas de provenance particulière. Elles sont, le plus souvent, le fruit de mes propres expériences dans mon jardin. Cependant, je tiens à remercier Mr et Mrs Paice, de Bourton House, dont le jardin a inspiré le passage sur les plantes en pots (pp. 130-131), ainsi que les jardiniers de Kingston Maurward, du collège d'agriculture du Dorset, où j'ai vu pour la première fois la plate-bande tropicale des pages 32 à 35.

Ma reconnaissance va également à toute l'équipe de Dorling Kindersley, qui m'a aidée et soutenue avec compétence et gentillesse.

ILLUSTRATEURS

Sharon Beeden pp. 24-25, 28-29, 32-33, 36-37, 44-45, 48-49, 52-53, 58-59, 66-67, 78-79 ;
Martine Collings pp. 40-41, 62-63, 70-71, 74-75, 82-83, 88-89, 92-93, 96-97, 100-101, 104-105 ;
Catharine Slade pp. 110-111, 114-115, 116-117, 126-127 ;
Vanessa Luff pp. 120-121, 132-133, 134-135, 138-139 ;
Ann Winterbottom pp. 122-123, 124-125 ; David Ashby p. 130-131 ;
Gill Tomblin pp. 136-137, 140-141, 142-143 ;
Karen Cochrane pour tous les plans.
Et aussi : Sally Hynard, Will Giles, Liz Pepperell, Sandra Pond, Michael Shoebridge, Ross Watton.

CRÉDITS PHOTOGRAPHIQUES

hg = en haut à gauche ; **hd** = en haut à droite ; **chg** = au centre en haut à gauche ; **ch** = au centre en haut ; **chd** = au centre en haut à droite ; **sg** = supérieur gauche ; **sc** : supérieur centre ; **sd** = supérieur droit ; **cgs** = centre gauche supérieur ; **cds** = centre droit supérieur ; **cg** = centre gauche ; **cd** = centre droit ; **cig** = centre inférieur gauche ; **ci** = centre inférieur ; **cid** = centre inférieur droit ; bg = en bas à gauche ; **bd** = en bas à droite ; **bc** = en bas au centre ; **bcg** = en bas au centre à gauche ; **bcd** = en bas au centre à droite.

p. 10 Eric Crichton : **bg** ; Steven Wooster : **cd** ; **p. 11** Will Giles : **bd** ; **p. 12** Stephen Robson : **hg** ; Steven Wooster : **hd** ; Will Giles : **bc** ; **p. 13** Steven Wooster : **hd, bg** ; **p. 14** Eric Crichton : **bg** ; Steven Wooster : **ch** ; **p. 15** Steven Wooster : **hg** ; Eric Crichton : **bd** ; **p. 16** Stephen Robson : **bg** ; Steven Wooster : **hd** ; **p. 17** Steven Wooster : **bg** ; Stephen Robson : **hd, bd** ; **p. 18** Steven Wooster : **sc** ; Will Giles : **bc** ; **p. 19** Steven Wooster : illustration principale ; **p. 20** Steven Wooster : **hd, bd** ; **p. 21** Steven Wooster : **bg** ; Stephen Robson : **hd** ; **p. 26** Harry Smith : **cd** ; Will Giles : **bcd, bd** ; **p. 27** Eric Crichton : **cgs** ; Will Giles : **cds** ; Gillian Andrews : **bd** ; **p. 30** A-Z Botanical Collection : **chg, bd** ; Andrew Lawson : **hd** ; **p. 31** Guernsey Clematis Nursery Ltd : **bg** ; **p. 34** Harry Smith : **cg, hd** ; **p. 35** The Garden Picture Library : **bcd** ; **p. 38** Neil Holmes : **cgs** ; Harry Smith : **hg, chd** ; **p. 42** Harry Smith : **cgs** ; Will Giles : **hd** ; **p. 43** Harry Smith : **hg** ; **p. 46** Harry Smith : **bg, bd** ; Pat Brindley : **cig** ; Will Giles : **hd** ; **p. 47** Pat Brindley : **bcg** ; **p. 51** Harry Smith : **bd, bg** ; The Garden Picture Library : **hg** ; **p. 54** Harry Smith : **sg** ; Gillian Beckett : **bcg, bcd** ; Will Giles : **sd** ; Eric Crichton : **hd** ; **p. 61** Pat Brindley : **bd, bg** ; Eric Crichton : **bc** ; **p. 64** Gillian Beckett : **bd** ; Harry Smith : **cgs** ; **p. 65** Will Giles : **bcg** ; Harry Smith : **hg** ; **p. 68** Will Giles : **cds** ; Harry Smith : **bd** ; Pat Brindley : **hd** ; **p. 69** Derek Gould : **bc** ; **p. 76** Harry Smith : **bg** ; **p. 80** Will Giles : **cgs** ; A-Z Botanical Collection : **cig** ; Harry Smith : **bcd** ; Brogdale Slide Library : **ci** ; **p. 84** Harry Smith : **hg** ; **p. 85** Christopher Brickell : **bd** ; **p. 90** Diana Grenfell : **chd** ; **p. 91** Harry Smith : **bg** ; **p. 95** Harry Smith : **hd** ; **p. 98** Harry Smith : **cd** ; **p. 99** Photos Horticultural : **bg** ; Harry Smith : **bd** ; **p. 102** Eric Crichton : **bcd** ; Will Giles : **bcg** ; **p. 103** Hazel le Rougetel/ Biofotos : **cg** ; Will Giles : **bg** ; **p. 106** Harry Smith : **cig, hg, cid, bg** ; Pat Brindley : **hd** ; **p. 107** Harry Smith : **cig, bg** ; **p. 112** Hazel le Rougetel/Biofotos : **sg** ; Harry Smith : **ci** ; **p. 113** Harry Smith : **bg** ; Pat Brindley : **cds** ; **p. 118** Harry Smith : **bg** ; p. 119 Harry Smith : **bg, bd, sd** ; p. 121 Harry Smith : **hg, ch, hd** ; **p. 124** Suttons Seeds : **bg** ; **p. 127** Pat Brindley : **bd** ; **p. 130** Will Giles : **hd, bg** ; **p. 139** Harry Smith : **hg, bc** ; **p. 141** Harry Smith : **bg** ; **p. 143** Harry Smith : **hg**.

AMÉNAGEZ VOTRE JARDIN
Publié par Sélection du Reader's Digest
Photogravure : Bright Arts (HK) LTD Hongkong
Impression et reliure : Butler & Tanner, Frome, Grande-Bretagne

PREMIÈRE ÉDITION
Achevé d'imprimer : février 1995
Dépôt légal en France : mars 1995
Dépôt légal en Belgique : D.1995.0621.20
Imprimé en Grande-Bretagne
Printed in Great Britain